普通高等教育“经济管理类专业”精品教材

金融学基础

梁　刚　朱　琳　张　艳　主编

中国原子能出版社
China Atomic Energy Press

图书在版编目（CIP）数据

金融学基础 / 梁刚，朱琳，张艳主编. -- 北京 ：中国原子能出版社，2020. 8 （2021.9 重印）
ISBN 978-7-5221-0709-7

Ⅰ. ①金… Ⅱ. ①梁… ②朱… ③张… Ⅲ. ①金融学-高等学校-教材 Ⅳ. ①F830

中国版本图书馆 CIP 数据核字（2020）第 133154 号

金融学基础

出版发行 中国原子能出版社（北京市海淀区阜成路 43 号 100048）
责任编辑 王青 刘佳
责任印制 潘玉玲
印　　刷 三河市南阳印刷有限公司
发　　行 全国新华书店
开　　本 787 mm×1092 mm 1/16
印　　张 13. 5
字　　数 340 千字
版　　次 2020 年 8 月第 1 版 2021 年 9 月第 2 次印刷
书　　号 ISBN 978-7-5221-0709-7
定　　价 68. 00 元

网址：http：//www. aep. com. cn **E-mail：atomep123@126. com**

前　言

《金融学基础》作为金融专业的基础理论课程教材，采用宽口径金融的研究范畴，涵盖了货币与汇率、信用与利率、金融资产与价格、金融市场与交易、金融机构与业务运作、货币需求与供给、金融监管、金融发展等几乎所有金融活动。

本书以开放经济为环境，以实体经济运作为基础，从各经济主体的财务活动中引出金融的供求；以货币、信用及其价格等基本要素为基础，阐明各要素之间的关联性；以金融机构和金融市场为载体，阐释金融运作的基本原理；以利率为连接微观金融与宏观金融的纽带，说明其作用机理；以宏观调控和金融监管为保证，研究金融发展的稳健与效率问题。

本书突出对金融学基本知识、基本理论的介绍和基本管理技能的传授，力求规范化、准确化、简洁化。本书条理清晰、结构分明、由浅入深、层层推进，介绍了国内外金融理论和实践的最新动态。在编写过程中，我们坚持从金融专业人才培养的要求出发，以提高学生的整体素质为基础和以培养学生的应用能力为主线，努力使本书成为一本符合 21 世纪金融专业人才教学实际需要、特色鲜明的教材。

由于编者水平、时间和资料所限，本书难免会有纰漏和不足之处，望广大读者批评指正。

编　者

目 录

第一章　金融学导论

学习目标

通过本章的学习，掌握金融的概念及构成要素；了解金融的产生和发展；了解金融的作用。

案例引入

美国次贷危机蔓延为全球金融海啸

1994—2006 年，有超过 900 万户的美国家庭购买了新的住房，其中约 20%的家庭借助于次级抵押贷款（以下简称次贷）。从 2001 年开始，美国联邦储备系统（以下简称美联储）在两年半内将基准利率从 6.5%下调到 1%，经济随之恢复。从 2002 年起，美国房价每年上涨 10%。2005 年，房价上涨了 17%。2003—2006 年 4 年间美国平均房价涨幅超过 5%。与此同时，一些房贷发放机构推出“零首付”“零文件”等住房贷款优惠方式，甚至以编造虚假信贷为诱惑，造成当时买房者的理念是：在房价上涨和利息下调情况下，次贷交不起，大不了卖掉房子抵债。此举造成表面繁荣的假象，而实际上埋下了危机的隐患。

房价的不断攀升刺激了美国人的住房投机行为，导致房贷资信标准较低的次级抵押贷款规模迅速膨胀。到 2007 年初，美国房地产市场房屋价值总计约 21 万亿美元，其中约 8 万亿美元是投机炒作的增值，资产泡沫占房屋总价值的 38%。可是随着房价涨速放缓，加上联邦基准利率提高到 4%的高位，众多低收入借款人无力还贷，违约严重，引起了抵押贷款公司的破产。2007 年 3 月，新世纪金融公司宣布破产，揭开了美国次贷危机的序幕。

2008 年 4 月，美国第五大投资银行贝尔斯登公司被摩根大通集团收购。同年 9 月，美国第四大投资银行雷曼兄弟公司由于亏损严重而申请破产保护。此外，美林证券被美国银行收购，退出投资银行业务；摩根士丹利宣布转型为“银行控股公司”，退出投资银行业务。华尔街所骄傲的投资银行业务陷入深度危机，这也标志着更为汹涌的一轮金融风暴的开始。不久，美国的次贷危机迅速演变为全球性金融海啸，严重拖累了实体经济增长。时至今日，这次危机对全球经济的影响尚未完全消除。

资料来源：曹龙骐，刘群，杨文．金融学案例与分析［M］．4 版．北京：高等教育出版社，2015.

第一节　金融的概念和构成要素

一、金融的概念

简单来说，金融就是资金的融通，是货币流通和信用活动及与之相联系的经济活动的总称。广义的金融泛指一切与信用货币的发行、保管、兑换、结算、融通有关的经济活动，甚至包括金银的买卖；狭义的金融专指信用货币的融通。

二、金融的构成要素

（一）金融交易对象

金融的主要交易对象是货币及各种衍生品。货币是金融活动的载体，具有价值尺度、流通手段、支付手段、贮藏手段和世界货币五大职能。货币的形态经历了从实物货币发展为金属货币，又渐渐转变为纸币的过程，现在又出现了支票、电子货币等形式，货币形态日益丰富多样。货币制度是以法律形式规范货币流通的组织形式，包括对本位货币材料和货币单位的规定，使得货币的功能得以正常发挥。

（二）金融交易场所

金融市场是金融活动进行的主要场所，包括货币市场、外汇市场、保险市场、衍生品金融市场等。金融市场的形态包括有形市场和无形市场两种。有形市场是指交易者集中在有固定地点和交易设施的场所内进行交易的市场；无形市场是指交易者利用电讯手段进行交易的市场，如场外交易市场、全球外汇市场和现代证券交易所市场等。

（三）金融机构

银行是人们在日常生活中接触最多的金融机构，除此之外还有保险公司、证券公司、信用合作社、财务公司等非银行金融机构。金融机构是连接资金盈余方和短缺方的重要桥梁，发挥着资金集聚、资金调配等重要作用。

（四）金融交易方式

金融交易的方式以信用方式为代表。金融工具一般是信用关系的书面证明或是债权债务契约关系的文书。金融交易方式可以分为直接融资和间接融资。直接融资是指没有中介机构介入，资金短缺方直接向资金盈余方获取资金的融资方式；间接融资是指资金短缺方与资金盈余方不发生直接的金融联系，而是通过银行等中介机构联系在一起的融资方式。

（五）金融制度

金融制度是指有关金融活动、组织安排、监督管理及创新的一系列在社会上通行或被社会采纳的习惯、道德、戒律和法规等构成的规则集合，也是与金融市场、金融组织和金融活动相关的各种规则的总和。它是金融运行的行为规范和制度保障。

金融各要素之间有着密切的联系。金融活动一般以货币为主要载体，并通过金融工具进行交易，在金融市场中发挥着重要作用，实现货币资金从盈余方向短缺方的合理转移，同时，金融制度和调控机制在其中发挥着监督与调控作用。

第二节 金融的产生和发展

金融业起源于公元前2000年巴比伦寺庙和公元前6世纪希腊寺庙的货币保管与收取利息的放款业务。公元前5世纪至公元前3世纪在雅典和罗马先后出现了银钱商和类似银行的商业机构。在欧洲，从货币兑换业和金匠业中发展出了现代银行。最早出现的银行是1580年的意大利威尼斯银行。1694年英国建立了第一家股份制银行——英格兰银行，这为现代金融业的发展确立了最基本的组织形式。此后，各资本主义国家的金融业迅速发展，对加速资本的积累和生产的集中起到了巨大的推动作用。19世纪末20世纪初，主要资本主义国家进入垄断资本主义阶段。以信用活动为中心的银行垄断资本与工业垄断资本相互渗透，形成金融资本，控制了资本主义经济的命脉。

我国金融业的起点可以追溯到周代出现的办理赊贷业务的机构，《周礼》称之为“泉府”。南齐（479—502）时出现了以收取实物作为抵押进行放款的机构——质库，即后来的当铺，当时由寺院经营，至唐代改由贵族垄断，宋代时出现了民营质库。明朝末期钱庄（北方称银号）曾是金融业的主体，后来又陆续出现了票号、官银钱号等其他金融机构。由于长期的封建统治，现代银行在我国出现较晚。鸦片战争以后，外国银行开始进入我国，最早的是1845年的英国丽如银行，随后又相继设立了英国的麦加利银行（即渣打银行）和汇丰银行、德国的德华银行、日本的横滨正金银行、法国的东方汇理银行、俄国的华俄道胜银行等。中国人自己创办的第一家银行是1897年成立的中国通商银行。辛亥革命后，特别是第一次世界大战开始后，我国的银行业开始有较快的发展，银行逐步成为金融业的主体，钱庄、票号等相应退居次要地位，并逐步衰落。我国银行业的发展基本上是与民族资本主义工商业的发展互为推进的，这表明了金融业与工商业之间的紧密联系及对国民经济的重要影响。

现代金融业经过长时间的历史演变，从古代社会比较单一的形式逐步发展成多种门类的金融机构体系。在现代金融业中，各类银行占有主导地位。商业银行是现代银行最早和最典型的形式。中央银行的建立是金融业发展史上的一个里程碑。除银行外，现代金融业中还包括各种互助合作性金融组织，如财务公司、证券公司、保险公司等，现代金融业的经营手段已经十分现代化，电子计算机和自动化服务已经相当普及。

在我国建立较早的金融机构是第一次国内革命战争时期在广东、湖南、江西、湖北等地的农村信用合作社，以及1926年12月在湖南衡山柴山洲特区由农民协会创办的柴山洲特区第一农民银行。随着革命战争的发展，各革命根据地纷纷建立起农村信用合作社和银行。1948年12月1日，中国人民银行在河北石家庄市成立。中华人民共和国成立后，革命根据地和解放区的银行逐步并入中国人民银行。政府没收了国民党的官僚资本银行，并对私营金融业进行了社会主义改造。在此基础上建立起了高度集中、统一的国家银行体系。同时，政府在广大农村地区发动和组织农民建立了大批集体性质的农村信用合作社。

高度集中的“大一统”国家银行体系与众多的农村信用合作社相结合是 20 世纪 50~70 年代我国金融业的最显著特点。从 1979 年起，我国开始对金融业进行体制改革。中国人民银行摆脱了具体的工商信贷业务，开始行使中央银行的职能；国家专业银行逐一成立；保险公司重新成立并大力发展国内外业务；股份制综合性银行和地区性银行开始建立；信托投资机构大量发展；租赁公司、财务公司、城市信用合作社、合作银行、证券公司、证券交易所、资信评估公司、中外合资银行、外资银行等都得到一定程度的发展，形成了一个以专业银行为主体、中央银行为核心、各种银行和非银行金融机构并存的现代金融体系。

第三节　金融的作用

在现代社会中，经济越来越依赖于金融，金融对经济的影响无处不在，金融业创造的产值在各国经济中的比重越来越大。可以说，没有发达的金融，就没有发达的经济。金融不仅在经济运行过程中占据核心地位，而且时刻影响着我们的生活。

一、金融是现代经济运行的核心

（一）金融具有动员储蓄、促进投资、实现经济增长的重要作用

除了满足日常生活所需外，家庭及个人存在大量的剩余资金，银行、证券等金融机构为这些闲散资金提供了保值、增值的渠道，尤其是银行以储蓄存款的方式吸纳了大量的资金。从整个社会的角度看，得益于金融机构的吸收储蓄存款，社会投资资金不断增加，社会生产力得以提高。所以，金融对实体经济的增长起着至关重要的作用。

（二）金融能够优化资源配置

金融正常、有效的运行是充分而有效地筹集、融通和使用货币资金，合理配置社会资源，保持国民经济良性循环的重要条件。金融通过吸收个人和家庭的存款，大量聚集盈余资金，再以贷款形式发放给需要资金的企业或个人，从而实现资源的优化配置。具体来看，金融可以使资金盈余者利用本期消费不完的资金进行投资，在未来产生收入和回报，从而实现金融资源的跨期分配。另外，发达地区的居民可以通过购买相对落后地区发展项目的股票或债券，将资金注入这些地区，实现资金在不同地区间的转移，从而完成金融资源在空间上的分配。

（三）金融推动产业结构升级

产业结构升级是区域经济发展的关键。产业优化需要资金支持，金融作为其重要的支持者，能够调整信贷资金的投向，集中资金，加大对基础设施、基础产业、支柱产业和高新技术产业等的投资力度，以此达到调整产业机构的目的。同时，金融为优势企业的融资提供了上市这条重要途径，以优势企业带动整个产业的发展，从而促进产业结构的优化升级。

（四）金融促进企业的成长

一方面，企业通过增加生产要素的投入扩大生产规模。金融是企业获取生产要素的主

要来源，也是进一步发展的主要助推力量，因为这一过程的实现需要借助银行或者股票市场获得所需的生产资金。另一方面，对于通过收购、兼并或资产重组扩大经营规模的企业而言，需要通过资本市场的运作才能实现目的。无论哪种情况，都与金融有着密不可分的关系。

（五）通过金融业自身的产值增长为经济发展作出直接贡献

目前，国际上衡量一国经济发展状况的重要指标就是国民生产总值（gross national product，GNP）或国内生产总值（gross domestic product，GDP），其主要是农业、工业和服务业的产值构成。随着现代市场经济的发展，金融业有了快速的发展，金融业的产值大幅度增加，占国民生产总值的比重也在不断提高，提高了经济发展水平。

（六）金融影响着每个人的生活

金融不仅在宏观层面上影响整个经济的运行与发展，而且会将其影响作用于每个个体上。首先，金融为人们的生活带来了便利。金融系统为个人、家庭、企业和政府部门购买商品、服务提供了许多便捷的清算支付方式，如支票、汇票、信用卡、网银等，使得现代经济活动可以快速、准确、安全、方便地完成清算和支付结算服务，是现代经济运行不可缺少的服务。其次，金融为人们提供了避险的途径。在经济生活中，由于不确定性的存在，人们面临着各种各样的风险，如意外事故造成的人身伤害和财产损失、公司经营不善导致的股价变动甚至破产等。金融为这些风险的转移和分散提供了许多渠道，而保险就是一种很好的风险管理手段。作为金融中介，保险公司向那些希望降低风险的人发出保险单，通过收取一定的保险费，集中保险资金。当投保人发生损失时，保险公司就会根据相应的保险协议进行赔付，从而降低投保人的实际损失。

（七）金融可以监督宏观经济并维护国家经济安全

金融的监督主要表现为对金融数据的监测。它可以反映一国经济的运行态势，解释新情况，发现新问题，以便国家采取相应措施加以应对，维护国家经济安全。

二、金融对经济可能产生不良影响

在货币信用高度发达的现代市场经济中，金融的作用力和影响力越来越大。但这种作用力和影响力不都是正面、有利的，现代金融业的快速发展在有力推动经济发展的同时，出现不良影响和副作用的可能性也在增加。当这种可能变成现实时，就会阻碍甚至破坏经济发展。总的说来，在现代经济中，金融可能出现的不良影响主要表现在以下几个方面。

（1）金融总量失控导致通货膨胀、信用膨胀，进而导致社会总供求失衡，破坏经济发展。在当代不兑现的信用货币制度下，由于货币发行不受贵金属储备的硬约束，在技术上具有无限供应的可能性，而在信用货币的供给完全由人为因素确定的状态下，一旦人们的认识发生偏差或操作失当，就可能引发货币供大于求的状态，导致通货膨胀。同样，由于当代信用关系已经渗透到经济生活的各个方面，如果信用过度膨胀或经济已经进入总需求大于总供给状态时，信用膨胀只会加剧供求矛盾。当信用膨胀导致经济过度扩张时，就会出现泡沫经济，引发通货膨胀、信用危机和金融危机，对生产、流通、分配、消费带来诸多不良影响。

（2）金融业经营不善导致金融业危机，并将破坏经济发展的稳定性和安全性，从而引发经济危机。与其他行业相比，金融业是一个高风险行业。一旦风险失控，就会出现债务危机、清偿力危机，从而失去公众信任，引发挤提存款、抛售有价证券、抢购保值品等金融恐慌现象，造成社会支付体系中断和货币信用关系的混乱，连带的“多米诺骨牌效应”会使大批金融机构破产倒闭，整个国家将陷入金融危机之中，从而破坏整个经济体系的运转和社会经济秩序，甚至引发经济危机，累及世界经济。

（3）信用过度膨胀产生金融泡沫，从而剥离金融与实体经济的联系。随着金融创新的不断出现，新型金融市场不断形成，新业务、新交易层出不穷，特别是衍生性金融工具与市场的出现，在活跃金融、推动金融发展的同时，也加大了信用膨胀的可能性和现实性。一些虚拟资本衍生品在金融市场上通过反复交易而自我膨胀，成为最有刺激性的投机工具，在交易量呈几何级数放大的过程中，拉大了有价证券与真实资本价值的差距，从而滋生金融泡沫，膨胀虚拟资本，刺激过度投机，增大投资风险，进而对经济发展产生很大的破坏性。

（4）资本流动国际化，虽然有资源再配置的作用，但是如果运用失当，也会促使金融危机在国际迅速蔓延，不仅侵蚀世界经济的基石，而且使发展中国家倍受打击。金融一体化虽然使国际资本流动更加便捷，给发展中国家带来了好处，但是也使其遭受巨大风险。

在现代经济生活中，金融在经济发展中的作用日益凸显，但是它也可能带来不良的影响，所以当代各国都十分重视金融宏观调控和金融监管，力图通过有效的宏观调控实现金融总量与经济总量的均衡，通过有效的外部监管、内部自律、行业自律和社会公律来控制金融机构的经营风险，防止金融泡沫，保持金融安全与健康，实现经济的持续、稳定、协调发展。

【拓展知识】

中国民生银行“商贷通”

中国民生银行非常关注中小商户的需求，一直致力于找到一个突破口为商户们解决融资难的问题。

中国民生银行于2008年6月在北京、深圳、杭州等城市开展了相关市场调研，调研涉及16个类型、30多个目标商圈。调研结果显示，商户融资需求量较大，但是中小商户向银行提出融资需求时最担心三个事情：一怕不认识银行的朋友，求贷无门；二怕手续烦琐，银行对申请贷款的资料要求高，自己无法提供；三怕等待时间长，审批效率低而影响生意。

针对中小商户这“三怕”，中国民生银行原董事长董文标明确提出，主动贴近市场，帮助小企业、工商户、私营个体这样一个群体打消贷款申请难的顾虑，提出“只要有需求、一切好商量”的新经营理念，开放营销渠道，全面受理这样的申请，并通过标准化的设计帮助客户了解银行信贷产品的流程，实现商户融资的“化繁为简”。

为了解决这一难题，中国民生银行专门成立了项目小组，通过考察印度尼西亚金融银行、泰隆商业银行等的运作模式，进行大胆创新，推出了“商贷通”产品，其主要特色是将国内银行通常在企业贷款部门办理的中小企业贷款业务，定义为商户融资产品，转移到个人部门办理，审批重点为个人资信。担保方式包含了抵押、保证、联保、应收账款质押、信用等多达11种方式，并且通过引入信贷评分卡、集中处理中心等方式，建立了“信贷工厂”作业模式。通过审批流程的再造，使得贷款流程从申请到放款，由原来的15天缩短到现在的7天，效率提高了一倍。

资料来源：苏立峰，高晓娟．商业银行经营与管理案例分析［M］．上海：立信会计出版社，2015.

【课后习题】

1. 金融的概念和构成要素是什么？
2. 简述金融的产生和发展历程。
3. 简述金融的作用。

第二章　货币与货币制度

学习目标

通过本章的学习，了解货币起源，了解各种货币形态；深入理解各种货币职能；掌握货币制度的构成要素和演变历史；了解国际货币制度的类型。

案例引入

缅甸中央银行宣布增加人民币为官方结算货币

缅甸中央银行2019年1月30日发布通告，宣布增加人民币和日元为官方结算货币。缅甸中央银行负责人表示，人民币纳入结算货币后，中缅之间的双边贸易结算支付将更为便利。缅甸中央银行在通告中称，为促进国际支付与结算和边境贸易发展，准许使用人民币和日元作为结算货币进行国际支付。除获得许可的银行外，暂不允许其他机构和个人开设人民币与日元账户。对于缅甸中央银行开放人民币作为官方结算货币，很多商家十分欢迎，表示人民币成为缅甸官方结算货币，可使两国进出口贸易更加便捷，并且能避免大量非法汇兑行为。近几年来，人民币国际化的步伐不断加快，全球各国加快了对人民币的使用。截至2019年，官方宣布使用人民币进行经贸往来的国家已有28个，其中包括俄罗斯、日本、印度、伊朗、越南、巴基斯坦、委内瑞拉、马来西亚、埃及和阿尔及利亚等国。人民币跨境使用的增长也非常快，截至2018年11月已经超过10万亿元，超过2017年全年的水平。据汇丰银行预计，到2020年，中国对外贸易将有一半会通过人民币结算。

资料来源：缅甸央行宣布增加人民币为官方结算货币［J］．中国总会计师，2019（2）：12.

第一节　货币的起源与货币形态演变

一、货币的起源

人类社会在地球上已有百万余年或更长的历史，然而货币在几千年以前才开始出现在人类社会之中。货币源于私有制与商品交换，社会分工和私有制促进了商品生产与商品交换的发展，并从商品中自然分离出来了一般等价物，即货币。物物交换的缺陷是货币产生的前提。在物物交换过程中交易过程迂回复杂，交换比价多且混乱，并且无法将现在拥有的购买力转移到将来。货币作为商品，在交换过程中由个别等价物、特殊等价交换物、一般等价交换物逐渐演变而来。历史上，牲畜、粮食、贝壳、布帛、毛皮、贵金属等均充当过一般等价物。

最早的商品交换发生在原始社会末期的部落之间，是剩余品的偶然交换活动，如1只羊=2把斧，斧表现了羊的价值，成为个别等价物，此时为价值的相对体现。第一次社会大分工使得交换日益频繁，许多商品变为特殊等价物，此时为价值的相对普遍体现。畜牧业与农业的发展，使得个人生产代替共同生产，私有制真正产生，部落间交换变为个人交换，特殊等价物不再适应发展，如羊者要麦，而麦者要布，布者要烟，就产生了不能交换的情况。于是个人寻求一种在市场经常大量交换的商品，先与之交换，再用它交换需要的商品，此时该商品就被分离出来，成为一般等价物。例如，一只羊=所有的一定数量的其他商品，羊不再是交换者需要的使用物，而是交换者赖以获得其他一切商品的媒介，于是货币便产生了。

二、货币形态演变

历史上货币经历了实物、金银、纸币等不同形式。粮布、毛皮、牲畜等商品货币是货币发展的早期形态，这个阶段货币的显著特征是货币的名义价值与实际价值是一致的，即其作为非货币用途的价值与其作为货币用途的价值是相等的，故又称足值货币。其存在的显著缺点是货币笨重，不便于进行交易，不易分割、保存等。

金属由于其自然特性的优点而最终取代了其他货币材料。金属货币分为两种：其一是称量货币，即重量货币，是以金属条块形状出现、按金属的实际价值充当货币价值的货币形式。其二是铸币，是由国家铸造的具有一定形状、成色、重量和面值的金属货币。金属货币的缺点包括称量与鉴别成色过程烦琐、用币金属材料有限、流通费高。

为了克服金属货币的不足，人们用一些价值比较低的金属或者纸张代替贵金属货币流通，因此代用货币就随之出现了。代用货币在流通中代表着贵金属货币价值的同时本身的价值低于它作为货币的价值。代用货币以贵金属为发行基础，克服了贵金属数量不足对商品流通的限制。但代用货币的发行量受贵金属准备的限制，不能满足经济发展的需要。随着金本位制度的崩溃，代用货币也就退出了历史舞台，为信用货币所取代。

信用货币是由国家法律规定的，强制流通不以任何贵金属为基础的独立发挥货币职能的货币。目前世界各国发行的货币，基本都属于信用货币。信用货币的存在形式主要有现金、银行存款、信用卡、电子货币等。信用货币的量与中央银行的信用规模直接相关。信用货币具有较强的弹性。中央银行通过信用规模的调整，可以影响经济的规模。所以中央银行调节信用规模，维持适度的信用货币量是任何国家货币政策的核心内容。电子货币，指信用货币与电脑、现代通信技术相结合的一种最新的货币形态，是新型的信用货币形态，是高科技的信用货币。巴塞尔银行监管委员会将电子货币界定为在零售支付机制中，通过销售终端、不同的电子设备之间及在公开网络上执行支付的储值和预付支付机制。

【拓展知识】

数字货币

近年来，数字货币热潮兴起，与之相关的一些底层技术，如区块链技术及分布式记账方法，也显示出广阔应用前景。数字货币从理论走向现实，其必要性、可行性和安全性正在接受市场检验。以比特币为代表的某些类数字货币在私人部门率先得到应用。一些国家的中央银行也正在积极研究探索法定数字货币的制度设计和关键技术。作为中央银行，应基于维护金融体系稳定、促进金融创新、契合技术演进路径等因素综合考量，逐步实现法定数字货币的发行流通和对私人部门类数字货币的有效监管。货币演进中包含很多有趣现象。最初的以物易物是一种完全去中心化安排，但这种情形下的供需双重耦合很难，交易效率极低，极大地限制了贸易开展，也无法进行价值统一衡量。在市场推动下，货币媒介随之出现，并从开始的实物货币逐步过渡到贵金属货币，再到金银货币，货币形态和价值越来越趋于稳定，媒介范围也越来越广泛。实物货币、金银货币的发展经历了漫长历史，但因公信力问题，这类非中心化货币容易出现以假乱真、以次充好、缺斤少两现象。而随着国家法定货币的出现，人类才最终进入货币中心化时代。纸币的出现是货币史上另一个巨大跨越。为解决金银货币存在的天然损耗、携带不便等问题，国家凭借公权力和公信力发行纸币替代实物货币。纸币一开始也锚定黄金或白银，以维持币值稳定和公众信心。后来人们发现纸币可以脱离金银而存在，于是纯信用货币出现，这是更为典型的中心化货币。纸币自身价值与票面价值相脱离，不仅节约了发行成本，更为重要的是可以大大促进贸易发展，货币政策操作也成为可能。进入 21 世纪，互联网技术飞速发展，建立在互联网和数字加密技术基础之上的数字货币发展水到渠成。数字货币与纸币一样，本质上都属于纯信用货币，但数字货币可以进一步降低运行成本，并能在更广阔的领域内以更高的效率加以应用。从现有的一些类数字货币看，其背后都运行着去中心化机制，主要通过分布式记账方法建立信用体系。但这些类数字货币依然存在着与历史上私人货币一样的根本性缺陷：价值不稳，公信力不强，可接受范围有限，容易产生较大负外部性。

资料来源：范一飞. 中国法定数字货币的理论依据和架构选择［J］. 中国金融，2016（17）：10-12.

第二节　货币职能

经济学家米什金认为货币就是指在购买商品、劳务或清偿债务时被普遍接受的任何物体或东西。马克思指出货币的本质是固定充当一般等价物的特殊商品。因此，无论是货币的定义还是其本质都是由货币的职能决定的。货币的形态在不同时期千差万别，但不影响货币在人们经济社会生活中一直发挥的重要作用，这也是由货币的职能决定的。

一、价值尺度

价值尺度，指货币作为衡量和表现其他一切商品与劳务价值大小的工具，是货币最基本、最重要的职能。货币在表现商品价值并衡量其价值量大小时执行此职能。作为价值尺度的货币是观念上的货币，无须是现实的货币，只以此作为交换的依据。价值尺度的作用首先减少了商品交换中的价格数目，提高了交换的效率；其次使商品内在价值外在地表现为价格。

二、流通手段

流通手段也称交易媒介，是指货币充当商品交换的中介或媒介的职能。货币作为流通手段克服了物物交换下“需求的双重巧合”难题，使简单的物物交换发展成为商品交换，提高了经济效率。货币执行流通手段职能的特点首先必须是现实的货币，其次不需要足值的货币，可以是货币符号。

三、支付手段

支付手段，是指在以延期付款形式买卖商品的情况下，货币作为独立的价值形式单方面运作时所执行的职能。货币用于偿还赊销的货款时，执行此职能。这里货币已非商品流通的媒介，而是补足交换行为的一个环节。商品让渡与货款支付不同时进行，而是作为价值的独立存在单方面发生转移。除用于还债外，其他发挥支付手段作用的情况包括大宗交易、财政收支、银行收放款、工资、房租、水电费等。

货币作为支付手段的特点包括：货币作为价值独立存在，单方面发生转移；作为支付手段的货币不是交换的媒介物；使商品生产者的活动余地更大；潜藏着使社会再生产过程发生中断的可能性。

四、贮藏手段

贮藏手段，即货币退出流通处于静止状态。执行贮藏功能的货币一定退出了流通领域，同时容易重新进入流通领域。货币贮藏还有自发调节货币流通量即流通中的货币数量的功能。一般认为，在一年内不动用的货币（即潜在货币）充当贮藏手段，一年内动用的货币（即现实货币）充当流通和支付手段。

五、世界货币

世界货币，指一国货币越出国境，在国际市场上发挥一般等价物的作用。具体表现为，作为一般的支付手段用来支付国际收支的差额，或者作为一般的购买手段用来购进外国商品，或者充当社会财富的一般代表由一国转移到另一国。

货币的以上五种职能有机地联系在一起，体现了货币作为一般等价物的本质。价值尺度和流通手段是货币最基本的两个职能，在此基础上进一步发展出贮藏手段职能。支付手段职能与前三个职能有密切联系，世界货币职能是前四个职能的继续和延伸。

【拓展知识】

理解货币的世界货币职能

马克思认为，价值尺度和流通手段是货币的基本职能，而世界货币是在商品流通超出国界后产生的。马克思创造性地归纳出货币的五种职能，但是对于货币职能，马克思在叙述体系上却不是并列的。正如马克思所言："一种商品变成货币，首先是作为价值尺度和流通手段的统一。换句话说，价值尺度和流通手段的统一是货币。"而贮藏手段和支付手段是在商品生产与商品交换有了一定程度的发展后才产生的。世界货币是在商品流通跨越国界后才产生的。这表明货币的五种职能是由逻辑和历史的发展所决定的。

马克思认为，世界货币必须是贵金属。《资本论》第一卷第三章指出，"在国内流通领域内，只能有一种商品充当价值尺度，从而充当货币。在世界市场上，占统治地位的是双重价值尺度，即金和银"。在马克思生活的时代，资本主义各国实行的是金属铸币流通，尽管在流通界除金属铸币及与金属铸币相联系的纸币外，还有汇票、银行券等信用工具，但是在世界货币职能上，始终需要物质货币，即金和银。正如马克思所指出，"货币贮藏的职能，一部分来源于货币作为国内流通手段和国内支付手段的职能，一部分来源于货币作为世界货币的职能。在后一种职能上，始终需要实在的货币商品，真实的金和银"。马克思还指出，"在实行金属本位的国家，有了货币贮藏的机构，无须普遍流通的明显支持，也能够执行清偿国际债务的每种必要的职能"。

马克思把世界市场看作国际流通过程的一个因素，是国内市场向国外的延伸，是商品交换突破国家界限扩充到世界范围的结果。正如马克思所言："世界市场不仅是同存在于国内市场以外的一切外国市场相联系的国内市场，而且同时也是作为本国市场构成部分的一切外国市场的国内市场。"从国际交换关系来看，马克思认为，"一个国家资本主义越发达，那里的国民劳动强度和生产率，就越超过国际水平。因此，不同国家在同一劳动时间内所生产的同种商品的不同量，有不同的国际价值，从而表现为不同的价格，即表现为按各自的国际价值而不同的货币额。所以，货币的相对价值在资本主义生产方式发达的国家里，比在资本主义生产方式不太发达的国家要小"。对国际流通过程而言，马克思认为，在金银作为世界货币所具有的职能中，"最主要的职能，是作为支付手段平衡国际贸易差额"，并且"不同各国流通领域之间商品交换越发展，世界货币作为支付手段以平衡国际差额的职能也就越发展"。

正如马克思所指出的那样，作为世界货币时，一国的货币就抛弃了它的地方性；一国货币可以用另一国的货币来表现，因此，所有的货币都还原为它们的金或银的含量。在金本位制下，汇率是两国货币以其内在的含金量为基础而确立的交换比例。从世界货币的流动看，马克思指出金银在各国间的流动是二重的。一方面，金银从产地分散到整个世界市场；另一方面，贵金属不断往返于不同国家的流通领域之间，而这又是一种随汇率的不断变化而产生的运动。此外，马克思还指出，当相对发达的资本主义国家的过剩资本输出到全世界时，如果这种输出是以贵金属的形式进行的，那就会直接影响汇率；如果资本是用铁轨等的形式输出的，就不会对汇率发生任何影响。换言之，除了两国货币价值本身的相对变动以外，只有足以影响外汇收支状况的因素才会影响汇率，而一般的资本输出则不会对汇率产生影响。

资料来源：林楠．马克思主义政治经济学世界货币相关问题探析——文献概览、拓展分析与政策优化［J］．金融评论，2018，10（5）：90-99，125.

第三节　货币制度

一、货币制度的概念

货币制度是指一国由法律所确定的货币流通的组织形式，它使货币流通各要素结合成一个有机整体。货币制度在铸币出现后才形成，国家独享铸币权。中世纪的自然经济和政治割据，使铸币权分散，铸币成分、重量不统一，铸币变质，重量减轻。资本主义经济制度确立前，货币流通极乱，从而成为资本主义商品经济发展的障碍。为此，资本主义国家先后通过法令和条例形成了统一、稳定的货币制度。因此可以说，货币制度是随着资本主义制度建立而逐步形成的。

二、货币制度的构成要素

一个完整的货币制度基本包括四大构成要素：货币材料的确定、货币单位的确定、本位币与辅币的确定、货币发行管理。

（一）货币材料的确定

规定用哪种材料充当货币材质是货币制度的第一要素。实际上，国家对哪种或哪几种商品可作为货币材质的规定一般是对已形成的客观事实加以法律上的确定。货币材料的选择受客观经济条件等因素的制约，确定了货币材质也就确定了整个货币制度和货币流通的基础。以金为铸造材料的货币制度就称金本位。

（二）货币单位的确定

货币单位包括两重含义：一是规定货币单位的名称；二是确定单位货币的币值。

（三）本位币与辅币的确定

本位币又称主币，是一国货币制度中的基本通货。在金属货币流通条件下本位币是指用货币金属按照国家规定的货币单位所铸成的铸币。其面值等于实值（金属价值）。因此，本位币是一国标准币，并具有足值、自由铸造、无限法偿的特点。它是国家法定的计价和结算的货币单位。辅币是指辅助本位币流通的小面额货币，供日常交易与找零。辅币使用较本位币价格低廉的金属铸造，其面值不等于实值，非足值币。辅币与本位币需固定兑换比例，具有不足值、国家规定限制铸造、有限法偿的特点。

（四）货币发行管理

对货币的发行、流通、回收乃至销毁的管理，是货币制度的重要组成部分。在贵金属本位的条件下，一国的货币发行管理主要通过金准备制度进行。金准备制度也称发行保证制度，国家通过建立黄金准备制度的方式来统一集中、管理贵金属的储备和货币的发行，并借以维持本国币值稳定。20 世纪 70 年代黄金非货币化以后，贵金属正式退出货币历史舞台，贵金属本位让位于纸币本位。在纸币本位条件下，一国货币的发行、流通、回收、销毁乃至发行原则和发行程序，基本上是由国家通过立法的形式加以确定并强制执行的。

三、货币制度演进

从历史演变过程看，世界上曾出现的货币制度如下。

(一) 银本位制（16—19 世纪）

银本位制是指以一定量的白银作为本位币的一种货币制度，从 16 世纪开始在资本主义国家盛行。银本位制分为银两本位制和银币本位制，银两本位制实行银块流通，银币本位制将白银铸成银铸币，将银铸币作为本位货币。银本位制特征包括货币面值等于实值、货币可自由熔铸、可无限法偿、银行券可自由兑换银币或白银、银币或白银可自由输出、输入。19 世纪末，白银产量激增导致的国际银价不稳定等一系列原因使得各国逐渐放弃银本位制。

(二) 金银复本位制（16—20 世纪初）

金银复本位制是指以金币和银币同时作为本位币的货币制度。银币主要用于小额支付，金币主要用于大额支付。金银复本位制特征包括货币面值等于实值、金币银币都可以自由熔铸、金币银币都可无限法偿、银行券可自由兑换金币银币、金币银币均可自由输出、输入。金银复本位制有以下三种类型。

(1) 平行本位制：两种货币（金币、银币）均按其所含金属的实际价值流通。国家对兑换比率不加规定，依市场实际比价流通。平行本位制是金银复本位制的最初形式，在金银各自流通的条件下，市场上商品会存在两种价格，国际金银价值的波动也容易导致金银在各国间无序流动，影响货币币值稳定，因此平行本位制逐渐过渡到了双本位制。

(2) 双本位制：两种货币按法定比价流通，不受市场波动影响。双本位制虽然克服了平行本位制的缺陷但容易导致"劣币驱逐良币"的现象。"劣币驱逐良币"是指当一个国家同时流通两种实际价值不同而法定比价不变的货币时，实际价值高的货币（良币）必然要被熔化、收藏或输出而退出流通领域，而实际价值低的货币（劣币）反而充斥市场。"劣币驱逐良币"的现象不仅在铸币流通时代存在，而且在纸币流通中也存在。"劣币驱逐良币"现象是由 16 世纪英国财政大臣格雷欣发现并提出的，所以又将这一规律称为"格雷欣法则"。为暂时解决"劣币驱逐良币"的问题，各国相继实行了跛行本位制。

(3) 跛行本位制：金银两本位币被定有固定兑换比率，但金币可自由铸造，银币不可自由铸造。跛行本位制实际上降低了银币的地位，使之成为事实上的辅币形态，因此从科学的划分标准来讲，跛行本位制实质上已经不是严格意义上的金银复本位制了，可以将其视为由金银复本位制向金本位制过渡的一种货币制度。

(三) 金本位制（19 世纪中叶—第一次世界大战前）

金本位制是指以金币或其象征物作为本位币的货币制度。金本位制的特征包括本位币与一定量黄金发生联系、规定各种其他非本位币与黄金的兑换比价、允许黄金在国内外自由流动。历史上先后出现过三种类型的金本位制。

1. 金币本位制

金币本位制是以黄金作为货币金属，以金铸币作为本位货币的货币制度，由英国于1816年5月最早实行，之后欧洲其他国家纷纷效仿。金币本位制具有三大特点：金币的自由流通和兑换、金币的自由铸造与熔化和金币的自由输入与输出。第一次世界大战期间，各国政治经济发展不平衡，为防止黄金外流，各国先后放弃了金币本位制。

2. 金块本位制

金块本位制又称生金本位制，是指金币退出流通，黄金专门担当大宗国际收支清算的任务，国内没有金币的铸造与流通，纸币和银行券作为流通货币的货币制度。金块本位制虽然规定了纸币与银行券的含金量，但纸币与银行券只有达到一定数目才能兑换金块，故又称富人本位制。20世纪20年代末的世界经济危机及黄金产量下降使许多国家黄金入不敷出，被迫放弃金块本位制，实行金汇兑本位制。

3. 金汇兑本位制

金汇兑本位制又称虚金本位制，是指没有金币的铸造与流通，国家将黄金与外汇存于另一实行金币或金块本位制的国家，并法定该国与本国货币比率的货币制度。实行金汇兑本位制国家的货币准备可以不是黄金而是外币债券，因此本国货币政策与经济发展都要受到他国经济状况的制约。金块本位制与金汇兑本位制只实行了很短一段时间，1933年金本位制全面瓦解，取而代之的是信用货币制度。

（四）不兑现的信用货币制度

不兑现的信用货币制度是指以纸币为本位币且纸币不能兑换黄金的制度，这是当今各国普遍实行的货币制度。中国的货币发行属于不兑现的信用货币制度。

【拓展知识】

货币制度的选择与代价

凡事都有代价，天下没有免费的午餐。货币制度的选择也不例外，是有代价的。不同的时代，不同的国家，选择相同货币制度的代价是不一样的。天下没有普适的货币制度。在金或银本位制下，不容易滥发货币，因此币值相对稳定。在金或银本位制下，如果商品金银的价值相对货币的价值下降，那么人们就会用金银铸造货币；反过来，如果商品金银的价值相对货币的价值上升，那么人们就会将货币融化以重新获得商品金银。

古代中国北方一些少数民族政权，由于缺少金、银、铜等贵金属，不得不大量使用纸币。然而在当时的技术条件下，纸币发行容易，回笼却困难。这些政权经常处在通货膨胀和通货紧缩的交替困扰之中。因此，统治者不得不频繁地以新币换旧币，以小额换大额，通过回笼货币来治理通货膨胀。当然，这些政权面临的情况说明金或银本位制也有缺陷，那就是如果经济快速增长，货币量容易出现不足。不太严格的金或银本位制，其实更多的是一种盯住金或银的货币制度。事实上，随着经济发展，本位物品的总量相对于社会总财富的比例越来越小，任何单一物品相对于货币总量来说都将变得微不足道，这不可避免地使本位物品具有资产的性质，其价值主要受预期、不确定性、投机冲击等因素的影响，天然具有频繁波动、过度波动和“随机行走”的特性。如果完全依靠调节货币量来维持货币与锚的比价关系，那么这样的调节不仅频繁，而且剧烈，必定为经济所不能承受。所以，在该货币制度下必须拥有一定的本位物品储备。金或银本位制的局限表明，随着经济发展壮大，假如选择用商品做锚的话，那么一定要选择一篮子商品，并且这个篮子的商品种类要尽量多。道理在于：其一，任何物品都有价格变动。一是由相对需求变化而引起的，二是由普遍的通货膨胀引起的，但要把两种效应区分开来并不容易，于是就要最大限度地让篮子内的商品相互对冲来过滤掉相对需求变化的效应。其二，如果篮子中的物品种类太少，那么篮子物品就容易被人炒作，价格容易大起大落。这样，就不得不大量储备篮子物品，用增加或减少锚物品的办法来协助维护货币与锚的比价。盯住一篮子商品已成为货币制度的必然选择。虽然当今发达国家广泛采用的法定货币制度与盯住一篮子商品的货币制度存在重大区别，但主体上还是一种盯住一篮子商品的货币制度。二者区别在于货币政策是专注于坚守货币与一篮子商品的比价关系，还是同时服务于价格稳定、经济增长、充分就业、国际收支平衡多重经济目标。让全球经济受到重创的华尔街金融风暴就与美国频繁不恰当地用货币政策实现货币稳定之外的其他经济目标有关系。绝不是说多印钞票就能创造就业，就能影响真实利率，就能推动社会繁荣。如果我们同时让货币政策服务多重经济目标，那么就是给货币下了多个锚。

张五常讲得好：“一只小艇在大海中下了锚，狂风暴雨之际在海面浮动。一锚必须，但多锚可使小艇沉没或粉碎。”“货币政策应该限于稳定货币价值，提升减低交易费用的功能，其他不要管。失业、经济不景气、财政赤字、战争等，要用货币政策之外的其他方法处理。同时兼顾经济的其他事项，不容易稳定币值”。盯住一种货币或者一篮子货币是另一种替代选择。这种制度安排的好处是下锚直接，不容易滥发货币。而且在这种制度下，汇率固定。既然获得了汇率稳定的好处，那么就得承担国内价格和工资做出调整以适应经济变化的代价。在这种制度下，还需要有适当的外汇储备，用来维护货币与锚的比价关系，这是由锚的资产性质、锚本身的稳定性不足所决定的。而且这种制度也容易招致被盯住货币国家的不满，引起摩擦。再者，该制度需以一些国家、以一种或者一篮子商品为锚作为前提。币值稳定有两个方面的含义：一是对内价值稳定，也就是国内物价水平稳定；二是对外价值稳定，也就是汇率稳定。选择盯住一种商品或者一篮子商品的货币制度，无疑以对内价值稳定为优先考虑；选择盯住一种货币或者一篮子货币，无疑以对外价值稳定为优先考虑。严格来讲，货币的对内价值和对外价值如同一个铜钱的两面，一升俱升，一降俱降。但为什么货币对外稳定和对内稳定常常出现偏离，甚至成为一种两难的选择？答案在于：货币的对内价值是用商品和劳务来标示的，而货币的对外价值则是用另外一种货币或一篮子货币来标示的。货币是资产，并通过资产来标示货币的价格。我们知道，资产会受到风险和预期的影响，价格具有过度波动的性质。这就是货币的对内价值和对外价值发生偏离的原因。

资料来源：谢作诗，陈丽娜．货币制度的选择与代价［J］．金融博览，2011（11）：34-35.

第四节　国际货币体系

一、国际货币体系的内容与作用

国际货币体系也称作国际货币制度，指在国际经济关系中，为满足国家间各类交易的需要，各国政府对货币在国家间的职能作用及其他相关国际货币金融问题所制定的协定、规则和建立的相关组织机构的总和。国际货币体系是各国政府为适应国际贸易与国际支付的需要，对货币在国际范围内发挥世界货币职能所确定的原则、采取的措施和建立的组织形式的总称。它包括以下几方面内容：各国货币比价即汇率的确定；各国货币的兑换性和对国际支付所采取的措施，包括对经常项目、资本金融项目管制与否的规定，国际结算原则的规定；国际收支的调节；国际储备资产的确定；黄金外汇的流动与转移是否自由等。

二、国际货币体系的分类

确定一种货币体系的类型主要依据三条标准：第一，货币体系的基础即本位币是什么；第二，参与国际流通、充当支付和交换媒介的主要货币是什么；第三，主要流通、支付和充当交换媒介的货币与本位币的关系是什么，包括双方之间的比价如何确定，价格是否在法律上固定及相互之间在多大程度上可以自由兑换。综合以上标准，国际货币体系可划分为三种类型：国际金本位制度、布雷顿森林体系和牙买加体系。

（一）国际金本位制度

1816 年英国制定了《金本位制度法案》，率先采用金本位制度，欧洲各国及美国纷纷效仿。到 19 世纪 80 年代，金本位制度发展成为世界性的货币制度。国际金本位制度的主要内容包括以下几点。

（1）黄金充当国际货币。金币可以自由铸造、自由兑换，以及黄金可以自由进出口。这些特点决定了金本位制度具有一个与纸币本位制度截然不同的优势，即没有通货膨胀。

（2）各国货币之间的汇率由它们各自的含金量对比所决定。各国货币都规定含金量，各国货币含金量之比即铸币平价，铸币平价决定着两国货币汇率的法定平价。金本位制度下的汇率是非常稳定的。

（3）国际收支可以实现自动调节。国际金本位制度作为第一次世界大战前的国际货币体系具有“三自由”特征：金币自由铸造、自由兑换和黄金自由输出、输入。国际金本位制度具有既统一又松散的特点：统一性表现为黄金是最主要的国际储备，其国际支付原则、结算制度是统一的，各国货币都有各自的含金量，因此必然实行固定汇率制；松散性表现为没有一个公共的国际组织进行领导与监督，各国自行规定其货币在国际范围内发挥世界货币职能的办法。

金本位制通行了约 100 年，其崩溃的主要原因有：第一，黄金生产量的增长幅度远远低于商品生产增长的幅度，黄金不能满足日益扩大的商品流通需要，这就极大地削弱了金铸币流通的基础。第二，黄金存量在各国的分配不平衡。黄金存量大部分为少数强国所掌握，必然导致金币的自由铸造和自由流通受到破坏，从而削弱其他国家金币流通的基础。第三，第一次世界大战爆发，黄金被参战国集中用于购买军火，并停止自由输出和银行券兑现，从而最终导致金本位制的崩溃。

（二）布雷顿森林体系

1944 年 7 月，第二次世界大战进入尾声，战后新秩序已在重新制定。参加筹建联合国的 44 国政府代表受美国政府之邀在美国新罕布什尔州布雷顿森林举行会议，商讨战后经济复苏并确定美国金融霸权。会后，各方签订了《布雷顿森林协议》，这标志着一个新的国际货币体系就此诞生——布雷顿森林体系。布雷顿森林会议也促成了世界银行和国际货币基金组织（International Monetary Fund，IMF）的建立。布雷顿森林体系是一种国际金汇兑本位制，它确立了美元在战后国际货币体系中处于中心地位，美元成了黄金的等价物，美国承担以官价兑换黄金的义务，美元处于中心地位，起着世界货币的作用。《国际货币基金协定》确立了美元与黄金挂钩、各国货币与美元挂钩，并建立了固定比价关系的、以美元为中心的国际金汇兑本位制。“双挂钩”的具体内容是：美元与黄金挂钩：35 美元=1 盎司黄金；美国准许各国政府或中央银行随时按官价向美国兑换黄金；其他国家的货币不能兑换黄金。

布雷顿森林体系一直维持到 1971 年，最后由尼克松宣告废除。其崩溃的原因从以上内容可以看出，布雷顿森林体系实际上是一个以美元为中心的体系。以美元为中心的国际货币制度是在美国经济实力雄厚，国际收支保有大量顺差，黄金外汇储备比较充足，而其他国家普遍存在“美元荒”的情况下建立的。它的存在面临着许多问题，其中最主要的问题是“特里芬难题”。所谓“特里芬难题”，是美国耶鲁大学教授罗伯特·特里芬在 1960 年出版的《黄金与美元危机》一书中提出的观点，指美元充当国际货币在币值稳定与货币供给方面处于两难境地。特里芬教授认为：“由于美元与黄金挂钩，而其他国家的货币又与美元挂钩，美元因此而取得了国际核心货币的地位。于是各国为了发展国际贸易，就要求必须用美元作为结算手段与货币储备。这样做，就会导致流出美国的美元，在海外不断沉积。这样，对美国来说，就会发生长期贸易逆差。而美元作为国际核心货币的前提，是必须保持美国币值稳定与坚挺，这就又要求美国必须是一个长期贸易顺差国。这两个要求互相矛盾，因此是一个悖论。”“特里芬难题”产生的根本原因是布雷顿森林体系本身的内在矛盾性。布雷顿森林体系是以美元和黄金为基础的金汇兑本位制，因此它必须具备两个大的前提：第一，美元币值稳定及美国国际收支的平衡；第二，美国要拥有足够的黄金储备。但是由于世界经济发展的不平衡性，美元币值难以保持稳定。事实上，美国从 20 世纪 50 年代起国际收支就出现了逆差，20 世纪 60 年代到 70 年代曾发生多次美元危机。1971 年，为阻止各国政府继续向美国以美元兑换黄金，美国总统尼克松宣布实施新经济政策，单方面终止布雷顿森林会议上同意各国政府按官价向美国政府以美元兑换黄金的承诺，并加征 10%的进口关税。1973 年在石油危机的冲击下，世界各主要货币再难以维持固定汇率，纷纷实行浮动汇率制。至此布雷顿森林体系彻底瓦解。

（三）牙买加体系

布雷顿森林体系崩溃以后，各国为建立一个新的国际货币体系进行了长期的讨论与协商。国际货币基金组织于 1972 年 7 月成立了一个专门委员会，具体研究国际货币制度的改革问题。该委员会于 1974 年 6 月提出了国际货币体系改革，对黄金、汇率、储备资产、国际收支调节等问题提出了一些原则性的建议，为以后的货币改革奠定了基础。直至 1976 年 1 月，国际货币基金组织理事会——国际货币制度临时委员会在牙买加首都金斯敦举行会议，讨论《国际货币基金协定》的条款，经过激烈的争论，签订了《牙买加协议》，同年 4 月，国际货币基金组织理事会通过了《IMF 协定第二修正案》，从而形成了新的国际货币体系。牙买加体系的主要内容包括黄金非货币化、浮动汇率合法化、提高特别提款权的国际储备地位等。

如果说在布雷顿森林体系下，国际金融危机是偶然的、局部的，那么，在牙买加体系下，国际金融危机就成为经常的、全面的和影响深远的。1973 年浮动汇率普遍实行后，西方外汇市场货币汇价的波动、金价的起伏经常发生，小危机不断，大危机时有发生。1978 年 10 月，美元对其他主要西方货币汇率跌至历史最低点，引起整个西方货币金融市场的动荡。这就是著名的 1977—1978 年西方货币危机。由于金本位与金汇兑本位制的瓦解，信用货币无论在种类上还是在金额上都大大增加。信用货币占西方各通货流通量的 90%以上，各种形式的支票、支付凭证、信用卡等种类繁多，现金在某些国家的通货流通量中只占百分之几。货币供应量和存放款的增长大大高于工业生产增长速度，而且国民经济的发展对信用的依赖越来越深。《牙买加协议》后的国际货币制度实际上是以美元为中心的多元化国际储备和浮动汇率体系。多元化的国际储备体系基本上摆脱了布雷顿森林体系时期基准货币国家与依附国家相互牵连的弊端，以主要货币汇率变动为主的多种汇率体系安排能够比较灵活地适应世界经济形势多变的状况，并在一定程度上解决了“特里芬难题”。但是在多元化的国际储备体系条件下，缺乏统一、稳定的货币标准，这就容易造成外汇市场动荡，汇率剧烈波动，加上国际收支调节机制等方面的缺陷，对世界经济、国际贸易、国际投资往往会造成消极影响。由此，进一步改革国际货币制度，成了各国普遍关心的问题。

【课后习题】

1. 货币形态演进过程中的内在规律是什么?
2. 查找资料了解不同经济学家对货币定义的区别。
3. 货币是否还有其他职能?
4. 总结各个货币制度的优点与缺点。

第三章　信用与信用工具

学习目标

通过本章的学习，掌握信用产生的基础，概念、信用基本形式的内容及特点、信用的作用；理解信用关系在经济中的普遍存在、市场经济条件下完善信用体系的必要性；了解信用在我国的发展。

案例引入

"一诺千金"的故事

西汉初年有一个叫季布的人，他特别讲信义，只要是他答应过的事，无论有多么困难，他一定会想方设法办到。当时还流传着一句谚语："得黄金百（斤），不如得季布一诺（得到一百斤黄金，也不如得到季布的一个承诺）。"

后来，刘邦打败项羽当上了皇帝，开始搜捕项羽的部下。季布曾经是项羽的得力干将，所以刘邦下令，只要谁能将季布送到官府，就赏赐他一千两黄金。

但是，季布重信义，深得人心。人们宁愿冒着被诛灭三族的危险为他提供藏身之所，也不愿意为赏赐的一千两黄金而出卖他。

有个姓周的人得到了这个消息，秘密地将季布送到鲁地一户姓朱的人家。朱家很欣赏季布对朋友的信义，尽力将季布保护起来。不仅如此，他还专程到洛阳去找汝阴侯夏侯婴，请他解救季布。夏侯婴从小与刘邦很亲近，后来为刘邦建立汉王朝立下了汗马功劳。他也很欣赏季布的信义，在刘邦面前为季布说情，终于使刘邦赦免了季布。不久刘邦还任命他做了河东太守。

后来人们就用"一诺千金"来形容一个人很讲信用，说话算数。

资料来源：陈登峰．金融学基础［M］．大连：东北财经大学出版社，2015.

第一节 信用的产生和发展

在现实生活中，信用（credit）一词具有双重含义：从伦理道德上讲，“信用”是指一个人的资信或信誉，它是用以衡量一个人“言行一致”“说话算数”的诚信度的一种主观评价指标；从经济学意义上讲，“信用”则是泛指发生在社会经济活动中的各种借贷行为。本教材中所论及的“信用”一词均指后者。

信用是商品生产和货币流通发展到一定阶段的产物，反映了商品生产者之间的经济关系。只要商品经济存在，只要货币存在，信用也必然存在和不断发展。

一、信用的产生

经济学中的信用是和商品生产、货币经济密切相关的范畴，是一种体现特定经济关系的借贷行为。所谓借贷行为是指商品或货币的所有者，把商品或货币暂时让渡（即贷）出去，根据约定的时间，到期由商品或货币的借入者，如数归还并附带一定数额的利息。

由于信用具有到期归还和支付利息这两个特征，因此，它具有与一般商品交换不同的价值运动形式。一般商品交换是等价交换，商品的所有权通过交换而发生转移，买卖双方都保留价值，货币在其中执行的是流通手段的职能。而借贷行为则不然，贷出时，价值作单方面转移，由贷者让渡价值，但保留所有权；归还时，价值也是作单方面转移，而且借者除了归还本金外，还要支付利息，货币在其中执行的是支付手段的职能。

由此可见，信用是商品货币经济发展到一定阶段的产物。当商品交换出现延期支付、货币执行支付手段职能时，信用就产生了。信用产生的条件主要分为以下两个方面。

首先，信用是在商品货币经济有了一定发展的基础上产生的。随着商品生产和交换的发展，在商品流通过程中便会产生一些矛盾。商品生产过程有长短之分，销售市场有远有近，这些都给商品价值的实现带来了困难，造成有的商品生产者出售商品时，其买者因自己的商品尚未卖出而无钱购买。为了使社会再生产能够继续进行下去，在销售商品时就不能再坚持现金交易，而要实行赊销，即延期支付，于是，商品的让渡和其价值实现在时间上就分离了。这样，买卖双方除了商品交换关系之外，又形成了一种债权债务关系，即信用关系。

其次，信用只有在货币的支付手段职能存在的条件下才能发生。当赊销到期、支付货款时，货币不是充当流通手段，而是充当支付手段，这种支付是价值的单方面转移。由于货币拥有支付手段职能，所以，它能够在商品早已让渡之后独立地完成商品价值的实现；否则，赊销就不可能出现。

信用行为总是与一定的社会形态相联系，并体现一定的生产关系。所以，信用活动的基本特征在不同的社会形态下虽是共同的，但就其体现的社会生产关系的内容而言，在不同的社会形态下却有根本的差别。

总之，信用是以偿本和付息为基本特征的借贷行为，从属于商品货币关系的一个经济范畴。在不同的社会，信用体现不同的生产关系。

二、信用的发展

有商品和货币的地方，就必然有信用活动。商品和货币自原始社会末期产生以来，经历了小商品经济、资本主义商品经济和社会主义商品经济三个阶段。与商品经济各发展阶段相适应，信用也经历了高利贷信用、借贷资本运动的资本主义信用和社会主义信用三个阶段。前两种信用均属于生产资料私有制占统治地位的信用。高利贷信用是原始的、古老的信用形态；借贷资本是现代资本运动形态；社会主义信用是以银行信用为主体的全社会信用资金的运动形式。

（一）高利贷信用

1. 高利贷信用的产生和发展

高利贷资本是通过放贷货币或者实物获得高额利息的一种生息资本。高利贷信用是高利贷资本的运动形式。高利贷信用以贷款利息率特别高为特征。高利贷信用最初出现于原始公社末期。第一次社会大分工促进了生产力水平的迅速提高和商品经济的发展，并使原始公社内部出现了私有制和贫富之分。穷人缺乏必要的生产资料和生活资料，不得不向富人借贷，并被迫接受支付高额利息的要求，这样就产生了高利贷。高利贷最初是部分地以实物形式出现的，随着商品货币关系的发展，货币借贷才逐渐成为高利贷的主要形式，并出现了专门从事货币贷放的高利贷者。

高利贷在奴隶社会和封建社会得到了广泛的发展。这是因为，高利贷资本作为生息资本的特殊形式，是同小生产者即自耕农和小手工业者占优势的情况相适应的。小生产者拥有少量的财产作为借款的保证，同时他们的经济基础又十分薄弱，极不稳定，遇到天灾人祸就无法维持生计。为了获得购买手段，以换取必需的生产资料和生活资料，他们不得不求助于高利贷。小生产者的广泛存在是高利贷信用存在和发展的经济基础。

在封建社会中，高利贷的需求者主要是小生产者和奴隶主、封建主。小生产者借债主要是为补贴生计，而奴隶主、封建主借债主要是为享受奢侈的生活以及发动战争，本来就已有限的资金不能用于生产的扩大和发展。

2. 高利贷信用的本质

高利贷者大多是商人，特别是掌握着大量货币的货币经营者；其次，各种宗教机构，如寺院、庙宇、教堂和修道院等，往往也积聚着大量的货币资财，其主要来源是善男信女们的布施和富有者委托保管的财产，这些宗教机构也常常发放高利贷敛财；此外，一部分封建地主和富农也向贫苦农民发放高利贷。

高利贷的年利息率一般都在30%以上，100%～200%的年利息率也是常见的。高利贷的利息率如此之高，其原因有两个：一是借款人的借款大多不是用于追加资本、获取利润，而是为了取得一般的、必需的购买手段和支付手段。如果是用于追加资本，借款者考虑到高额利息会使他无利可图，就不愿意借了。二是在自然经济占统治地位、商品货币经济不发达的情况下，人们不容易获得货币，而人们对货币的需求又很大，这就为高利贷的形成创造了条件。

高利贷者获取的高额利息来源于小生产者、奴隶和农奴的剩余劳动。当高利贷者直接贷给小生产者时，他们就通过获取高额利息无偿占有小生产者的全部剩余劳动，甚至包括一部分必要劳动。高利贷者贷款给奴隶主和封建主，奴隶主和封建主支付的高额利息，主要来自他们无偿占有的奴隶和农奴的一部分劳动。所以，在资本主义社会以前的阶段中，高利贷信用反映了高利贷者无偿占有小生产者劳动的剥削关系，也反映了高利贷者和奴隶主、封建主共同瓜分奴隶或农奴所生产的剩余产品的剥削关系。在现代市场经济中存在的高利贷信用同样反映了高利贷者剥削小生产者的剩余劳动或反映了高利贷者和其他资本所有者共同瓜分雇佣劳动提供的剩余价值的剥削关系。

3. 高利贷信用的作用

高利贷信用在资本主义社会以前的阶段中有以下两个方面的作用。

第一，高利贷信用是促使自然经济解体和商品经济发展的因素之一。小生产者借高利贷往往以破产而告终，从而使小农经济受到极大的破坏，加速了自然经济的解体。由于高利贷主要采取货币借贷形式，无论是奴隶主、封建主还是小生产者，为了按期支付利息和清偿债务，都不得不努力发展商品生产，并通过出售商品而换回货币，这样又促进了商品经济的发展。

第二，高利贷信用的高利盘剥破坏和阻碍了生产力的发展。自然经济中的小生产者本来就只能勉强维持简单再生产，高利贷使小生产者在艰难的条件下难以有足够的能力维持简单再生产。奴隶主、封建主为了清偿债务而更加残酷地压榨奴隶和农奴，使生产条件日益恶化，造成生产规模逐渐萎缩。

在封建社会瓦解并向资本主义社会过渡的时期，高利贷也具有双重作用。

第一，对资本主义生产方式产生的前提条件的形成起了一定的促进作用。资本主义生产方式的产生必须具备两个前提条件：一是需要大量的有人身自由的无产者，二是要有大量的为组织资本主义生产所必需的货币资本。在高利贷的压榨下，大批农民和手工业者因破产而加入了劳动后备军；而高利贷者在长期的贷款活动中又积累了大量的货币资本，它同商人资本一样转化为产业资本。

第二，高利贷又具有保守的反动作用。因为小生产占优势的前资本主义生产方式是最适宜高利贷活动的基础，高利贷者当然不愿这种生产方式覆灭。因此，高利贷者必然会想方设法维持这种旧的生产方式。此外，高利贷的高利息率还妨碍着产业资本的发展。因为按资本主义生产方式的要求，需要信用的发展和扩大，这时的借贷是为生产做准备或直接用于生产的，而高利息率则可能使生产变得无利可图，使产业资本的扩展受到制约，因此，新兴的资产阶级坚决反对高利贷。

资产阶级反对高利贷，但并不是反对生息资本，而是要使这种生息资本服从于资本主义生产方式的要求，其中心问题是利息率。新兴的资产阶级要把高利贷的利息率压低到平均利润率以下，使之适合资本主义经济发展的需要。在资产阶级取得政权后，便利用国家机器，通过制定法律，规定最高利率，限制高利贷。

例如，英国在1545年的法案中规定最高利息率为 10%，1624年定为 8%，1657年定为6%。但是，在信用事业被高利贷垄断的情况下，这种降低利息率的法令并没有取得令人满意的效果。其结果是促使资产阶级建立和发展适合资本主义经济发展所需要的信用制度——资本主义信用制度，例如通过创办银行，集中大量的闲置资金，为厂商提供所需的货币资本。1694年在英国建立的英格兰银行，一开始就把贴现率定为 4.5%~6%，打破了高利贷者对信用的垄断。同时，银行还发挥信用创造的功能，打破了高利贷者对货币的垄断，有效地同高利贷者进行斗争，从而使资本主义信用在反对高利贷的斗争中产生和发展起来。与此同时，信用形式也日益多样化，除了传统的商业信用，还产生了银行信用、国家信用、消费信用和国际信用。

这些现代信用形式在推动资本主义经济发展过程中发挥着巨大的作用，它们同样也可以为社会主义市场经济服务。

（二）资本主义信用

资本主义生产关系确立以后，以资本主义再生产为基础的资本主义信用便取代了高利贷信用，取得了垄断的地位。在资本主义制度下，信用表现为借贷资本的运动。所谓借贷资本，就是为了获取剩余价值而暂时贷给职能资本家使用的货币资本，它是生息资本的一种形式。贷者把闲置的货币作为资本贷放出去，借者借入货币则用以扩大资本规模，生产更多的剩余价值，贷者和借者共同瓜分剩余价值。

1. 借贷资本的产生

在资本主义再生产过程中，产业资本的循环周转，一方面必然形成一部分暂时闲置的货币资本，形成可贷放出的资本；另一方面也会出现临时补充资本的需要，这样就出现了借贷行为。

资本主义是商品货币占统治地位的经济，由于商品生产的发展，在生产过程中必然出现一些资本家有部分货币资本暂时闲置。首先，固定资本在再生产过程中，其价值是随着再生产进行，逐渐地、一部分一部分地转移到产品中去的。它随着产品的出售，通过提取折旧基金方式积累起来，以便将来更新固定资本。在折旧基金提取后，到更新固定资产以前，这期间固定资本表现为闲置的货币资本。其次，流通资本在再生产过程中，由于种种原因也会出现暂时闲置。比如，商品出售所得的销售收入，在没有立即购买原材料、燃料和辅助材料之前和在未支付工资以前（工资支付总是定期的），流动资金也会出现闲置。最后，以货币形式所积累的剩余价值，在不足以作为资本来追加投资之前，在未支付股息和纳税之前也表现为闲置。

可见，在再生产过程中，资本的循环和周转经常出现暂时游离出来的闲置货币，资本停止执行资本的职能，这与资本的本性是相矛盾的。资本家必须把资本运用出去，贷放给需要的资本家，以便给自己带来收入。

在资本主义生产过程中，也必然出现需要临时补充资本、需要借入资本的资本家。首先，在再生产过程中，经常出现需要更新固定资本，但折旧基金的提取尚未达到足够数量的情况，这时便需要补充一部分资本。其次，在流动资金循环中，由于季节性、临时性原因，需要集中购进原材料、燃料和辅助材料，而自己的资本不足，也需要临时补充资本。最后，货币数量不足以满足投资需要，需临时补充。

总之，在资本主义生产过程中，一方面，由于种种原因出现暂时闲置的货币资本，并迫切需要寻找出路；另一方面，一些资本家又临时急需补充资本，以使生产正常进行。这样既有必要又有可能通过信用方式把两者联系起来，形成借贷关系。于是，暂时闲置的货币资本就转化为借贷资本。这种信用关系与高利贷关系完全不同，它是在资本主义商品生产基础上，在再生产过程中发生的借贷。当然在资本主义条件下，借贷资本还有其他来源，如食利阶层的货币资本和社会各阶层的货币收入，这是借贷资本的补充和次要因素。

2. 借贷资本的特点

借贷资本虽然是在职能资本运动基础上产生的，但它与职能资本相比有自己的特点。

第一，借贷资本是作为商品的资本。把借贷资本当作一种商品就会发现这种商品具有使用价值和“价格”。使用价值就是把它当作资本来使用，可以用来剥削剩余劳动，谁拥有一定数量的闲置货币资本，谁就掌握了一定数量的可带来利润的使用价值。如果所有者自己不去使用这种能够带来利润的使用价值，可以让渡给别人使用。所谓“价格”，就是货币所有者把这个使用价值让渡给需要它的人使用，使用者付出代价（即利息）。当然，这个价格是与商品的价格完全不同的。马克思说：“如果我们把利息叫作货币资本的价格，那就是价格的不合理的形式，与价格的概念完全相矛盾。在这里，价格已经归结为它的纯粹抽象的和没有内容的形式，它不过是对某个按某种方式执行使用价值职能的东西所支付的一定货币额；而按照价格的概念，价格是这个使用价值的以货币表现的价格价值。”把货币资本当作借贷资本借贷出去，不是一种真正的买卖关系。在买卖中，进行的是等价交换，买者按商品价格支出货币，取得商品，这里没有发生价值增值，只是价值形态的变换。然而借贷资本不同，借贷资本家把货币贷放出去，当时并没有收取任何等价物，只是获得承诺，即到期归还使用的这笔资本并支付使用费（即利息）。

第二，借贷资本是所有权资本。借贷资本家把一定额的货币资本贷放出去，并未取得任何相等的等价物，只是把资本的使用权让渡给对方，资本的所有权仍属于借贷资本家，它正是凭着资本的所有权，分享职能资本家使用它带来的利润。借贷资本在职能资本家手中，才是发挥职能的资本，在借贷资本家手中，它是所有权资本，实现资本的所有权和使用权的分离。职能资本家正是在承认资本所有权的前提下，才心甘情愿地将使用资本所带来的一部分利润以利息形式交给借贷资本家。所以借贷资本的借贷是特殊的转让，即以还本付息为条件的让渡。

第三，借贷资本有特殊的运动形式。作为资本就意味着要运动，否则不能带来剩余价值，而运动必须有运动形式。借贷资本的运动经历了两个阶段：即贷出和归还。贷者向借者贷出的运动，用公式可表现为 G—G，而借者向贷者归还，可表示为 G′（G+g）—G′（G+g），前面的 G′包括利润，后面的 G′包括利息和归还借入的货币额，贷和还的统一便是 G—G′（G+g）。然而这公式极其简单化了，它掩盖了利息的真正来源。把上述简单化的借贷资本运动公式通过产业资本运动就会变成如下情况，产业资本运动形式是：G—G—W—P—W′—G′—G′，商业资本领域运动形式是：G—G—W—G′—G′。可以看出，借贷资本的运动在货币的形态上表现为二重支出和二重回流。在借贷资本家把货币贷给职能资本家时，表现为货币（G）的第一次支出。这是借贷资本运动的起点；职能资本家用借来的货币购买生产资料和劳动力，是货币的第二次支出。当职能资本家出卖商品换回货币时，这是货币的第一次回流；职能资本家用销售收入归还借贷资本时，是货币的第二次回流。这是借贷资本运动的终点。借贷资本在资本形态上的二重支出、二重回流，是它与职能资本所不同的特别运动形式。

第四，借贷资本最富有拜物教的性质。资本总是在生产过程中靠剥削工人剩余劳动而增值，然而，借贷资本所带来的利息却直接表现为货币带来更多的货币。在 G—G′的运动形式中，任何生产过程和流通过程都不见了。创造价值，产生利息，成了货币的天然属性。在借贷资本的运动形式中，人与人的关系均被物化的关系所掩盖，利息的真实来源被掩盖了。因此，“在生息资本上，资本关系取得了最表面、最富有拜物教性质的形式”。

3. 资本主义信用的本质

信用这个经济范畴，从形式上看，它就是一种借贷行为，就是把商品和货币贷放出去，并在一定时间内连本带息收回来。这在任何社会形态都是一样的。但在不同的社会经济条件下，同一借贷行为的背后，可以隐藏着截然不同的生产关系。

马克思把资本主义信用看作是借贷资本运动形式，深刻地揭露了资本主义信用的本质，资本主义信用体现的是资本家对工人的剥削关系。就是说，信用在资本主义条件下，无论是在借者手中，还是在贷者手中，都是作为资本，通过借贷活动而使资本增值的。而资本增值的真正原因，是由于职能资本家把借入的资本在生产中加以运用，产生剩余价值，职能资本家把剩余价值的一部分，以利息形式分给借贷资本家。

资本主义信用表现为借贷资本的运动。在产业资本循环周转过程中，一方面会出现资本的暂时闲置，另一方面又会出现对资本的临时需要，闲置资本不能给资本家带来剩余价值，这就与资本的共性产生矛盾，于是贷给那些临时需要补充资本的资本家使用，并收取利息。这样就从再生产过程中游离出来一种独立形态的资本即借贷资本。可见，产业资本循环与周转是借贷资本形成的基础。

（三）社会主义信用

社会主义信用从形式上看，与以往社会，特别是资本主义信用一样，也是借贷行为，价值运动的特殊形式，体现为信用的共同特性，不管在何种社会形态下都是如此。但信用的另一面，就是它所体现的生产关系，在不同的社会制度下截然不同。由于社会主义制度的建立，确立了不同于以往任何社会的新的生产关系，这个新型的生产关系特点是以生产资料公有制为主体、多种经济成分并存。在这个基础上形成和建立的信用关系及在此基础上确立的信用制度，体现着新型的社会主义生产关系，并为这个生产关系服务。

社会主义信用体现了社会主义生产关系。我国社会主义制度建立以后，自觉地利用信用为社会主义建设和发展服务，建立起新型的信用关系，使信用成为国家有计划地动员和分配货币资金的一种重要形式。它主要通过借贷资金的运动服务于社会主义生产关系，但它仍表现为资金所有权和使用权的分离，这种资金也取得商品的形式，它仍是特殊的运动形式。

三、信用的构成要素

信用行为发生过程一般需要以下五个要素。

（一）信用主体

信用作为特定的经济交易行为，要有行为的主体，即行为双方当事人，其中转移资产、服务的一方为授信人，而接受的一方则为受信人。授信人通过授信取得一定的权利，即在一定时间内向受信人收回一定量货币和其他资产与服务的权利，而受信人则有偿还的义务。在有关商品或货币的信用交易过程中，信用主体常常既是授信人又是受信人；而在信用贷款中，授信人和受信人则是分离的、不统一的。

(二) 信用客体

信用作为一种经济交易行为，必定有被交易的对象，即信用客体。这种被交易的对象就是授信方的资产，它可以是有形的（如以商品或货币形式存在），也可以是无形的（如以服务形式存在）。没有这种信用客体，就不会产生经济交易，就不会有信用行为的发生。

(三) 信用内容

授信人以自身的资产为依据授予对方信用，受信人则以自身的承诺为保证取得信用，因此，在信用交易行为发生的过程中，授信人取得一种权利（债权），受信人承担一种义务（债务），没有权利与义务的关系也就无所谓信用，所以具有权利和义务关系是信用的内容，是信用的基本要素之一。

(四) 信用流通的工具

授信信用双方的权利和义务关系，需要表现在一定的载体上（如商业票据、股票、债券等），这种载体被称为信用流通工具。信用流通工具是信用关系的载体，没有载体，信用关系无所依附。

(五) 时间间隔

信用行为与其他交易行为的最大不同就在于，它是在一定的时间间隔下进行的，没有时间间隔，信用就没有栖身之地。

第二节　信用的形式

信用作为一种借贷行为，要通过一定形式表现出来。信用形式就是表现借贷关系特征的形式。信用形式可按不同标准分类。通常以信用主体为标准，把信用划分为商业信用、银行信用、国家信用、消费信用等；以信用提供中是否通过中介机构，把信用划分为直接信用和间接信用。直接信用是指没有中间人参与的，借贷双方直接进行借贷的一种行为，包含商业信用、国家信用、公司信用等；间接信用是通过信用中介机构而间接发生的借贷行为，其特点是借款人和存款人不直接见面，互相也不了解，而是由信用中介替存款人和借款人办理一切信用手续，包含银行信用、消费信用等。

一、商业信用

(一) 商业信用的产生和发展

商业信用是指企业与企业之间由于商品交易而以商品形态相互提供的信用，其主要表现形式是：企业间的商品赊销、分期付款以及在商品交易基础上发生的预付定金、预付货款。

当商品交换发生延期支付、货币执行支付手段职能时，就产生了信用，由于这种延期支付的形式所提供的信用是在商业买卖过程中发生的，所以称其为商业信用。在资本主义社会，商业信用有了很大的发展，这是因为社会化大生产使各生产部门和各企业之间存在着密切的联系，而它们在生产时间和流通时间上又往往存在不一致的现象，经常产生一些企业的商品积压待售，而需要这些商品的买主却因为自己的商品尚未生产出来或未售出，一时缺乏现金的矛盾。为了克服这种矛盾，就出现了卖方把商品赊销给买方的行为，买方可用延期付款或分期付款的方法提前取得商品。厂商之间相互提供赊销，这是商业信用迅速发展的主要原因。其次，由于商业资本和产业资本相分离，如果要求所有商业企业用自己的资本金购买全部商品，则会发生商业资本奇缺的困难，因为商家是不可能拥有那么多资本的。因此，厂家向商家提供商业信用，既有利于商家减少资本持有量，也有利于加快其商品价值的实现，提高商品流通速度，从而能促进社会经济的发展。所以，在现代市场经济中，商业信用获得了充分发展，并成为现代信用制度的基础。

（二）商业信用的特点

1. 商业信用的主体是厂商

商业信用是厂商之间相互提供的信用，债权人和债务人都是厂商。

2. 商业信用的客体是商品资本

商业信用提供的不是暂时闲置的货币资本，而是处于再生产过程中的商品资本。这种借贷行为还没有从再生产过程中独立出来。

3. 商业信用和产业资本的动态一致

由于前一个特点，即商业信用是和处于再生产过程中的商品资本的运动结合在一起的，所以，它在资本主义再生产周期的各个阶段上和产业资本的动态是一致的：在繁荣阶段，商业信用会随着生产和流通的发展及产业资本的扩大而扩张；在衰退阶段，商业信用又会随着生产和流通的削减及产业资本的收缩而萎缩。

（三）商业信用的局限性

商业信用是直接以商品生产和商品流通为基础，并为商品生产和流通服务的，所以，商业信用对加速资本的循环和周转，最大限度地利用产业资本和节约商业资本，促进资本主义生产和流通的发展，具有重要的推动作用。但是，由于商业信用受其本身特点的影响，因而又具有一定的局限性。

1. 商业信用的规模受到厂商资本数量的限制

因为商业信用是厂商之间相互提供的，所以，它的规模只能局限于提供这种商业信用的厂商所拥有的资本额。而且，厂商不是按其全部资本额，仅是按照其储备资本额来决定他所能提供的商业信用量，所以，商业信用在量上是有限的。商业信用的规模受企业资金量的限制，只是企业暂时不能投入在生产过程的那部分资金的范围。从赊销的形式看，一般是企业周转过程最后阶段的产品；从预付形式看，一般是企业无需用于生产过程中的货币资金。

2. 商业信用受到商品流转方向的限制

由于商业信用的客体是商品资本，因此，提供商业信用是有条件的，它只能向需要该种商品的厂商提供，而不能倒过来向生产该种商品的厂商提供。商业信用的对象受买卖关系的严格方向性限制，它只有提供给某种商品的需要者（赊销）或商品的出售者（预付货款），否则便不能形成借贷关系。例如，造纸厂厂商在购买造纸机械时，可以从机器制造商那里获得商业信用，但机器制造商却无法反过来从造纸厂那里获得商业信用，因为造纸厂生产的商品——纸张，不能成为机器制造商所需的生产资料。

3. 商业信用受信用能力的限制

商业信贷行为所以能成立，是因为出卖商品的厂商比较确切地了解需求者的支付能力，即相信购买者能按期如数偿还债务。因此，相互不甚了解信用能力的厂商之间不易发生商业信用关系。

典型的商业信用是工商企业以赊销的方式对购买商品的工商企业所提供的信用。对于提供商品的卖方来说，首先，赊销能够刺激购买力。对于那些资金暂时有困难的买方，赊销无疑具有强大的诱惑力。其次，赊销能够提高卖方的竞争。一家有能力赊销的企业显然比没有能力赊销的企业具有更强的市场竞争力。如果企业有雄厚的资金做后盾，那么它就有条件对客户进行赊销，经受得起由赊销带来的资金周转的负担。再次，赊销能够起到稳定客户的作用。对信誉好、实力强的客户提供赊销作为优惠条件，为保持长期稳定的客户关系提供了保障；对相互了解而又暂时资金紧张的老客户进行赊销，帮助其缓解资金周转困难，会加深老客户对供应商的忠诚度，今后将更倾向与其从事交易。最后，赊销能够减少企业的库存。目前，很多企业的产品积压严重，资金大量占用，无法变现，在很大程度上阻碍了企业的发展，有些企业甚至面临破产倒闭的危险。对于购买赊销商品的买方来说，最大的好处就是能够缓解其资金周转的压力，解决暂时的资金紧张。

由于商业信用存在着上述局限性，因此，它不能完全适应现代经济发展的需要。于是，在经济发展过程中又出现了另一种信用形式，即银行信用。

二、银行信用

银行信用是由银行和各类金融机构以货币形式提供给借款人的信用，是以货币资金借贷为运营内容和以银行及某些非银行金融机构为行为主体的信用关系。银行信用是在商业信用的基础上发展起来的，或者说是在克服商业信用弊病及局限性的基础上发展起来的，因而不同于商业信用。

（一）银行信用的特点

1. 银行信用的主体与商业信用不同

银行信用的债务人是厂商、政府、家庭和其他机构，而债权人则是银行和各类金融机构。这克服了商业信用方向上的局限性。银行信用是间接融资信用。它是通过吸收全社会各方面的暂时闲置的货币资金，然后以贷款的方式把集中起来的这部分货币资本贷放给企业，投入到社会再生产过程中去。银行等金融机构是以信用中介的身份间接地对全社会的货币资本余缺进行合理的调剂。

2. 银行信用的客体是单一形态的货币资本

这一特点使银行信用能较好地克服商业信用的局限性。一方面，银行信用能有效地集聚社会上的各种游资，它可集聚从企业再生产过程中游离出来的暂时闲置的货币资本，包括以下类型：①固定资产折旧；②由于产品销售与购买再生产所需要的原材料、燃料等在时间上不一致而形成的暂时闲置的货币资本；③由于产品销售与工资支付在时间上不一致所形成的暂时闲置的货币资本；④尚未积累到一定数量，还不足以作为新的投资加以运用的那部分剩余价值所形成的暂时闲置的货币资本。此外，银行还可以集聚货币所有者的货币资本，并可以把社会各阶层的货币储蓄也转化成资本，形成巨额的借贷资本，从而克服商业信用在数量上的局限性。另一方面，银行信用是以单一的货币资本形态提供的，可以不受商品流转方向的限制，能向任何企业及任何机构、个人提供银行信用，从而克服商业信用在提供方向上的局限性。

3. 银行信用与产业资本的动态不完全一致

银行信用是一种独立的借贷资本的运动，它有可能与产业资本的动态不一致。例如，当经济衰退时，会有大批产业资本不能用于生产而转化为借贷资本，造成借贷资本大量增加。在产业周期的各个阶段，对银行信用与商业信用的需求不同。在繁荣时期，对商业信用的需求增加，对银行信用的需求也增加；而在危机时期，由于商品生产过剩，对商业信用的需求会减少，但对银行信用的需求却有可能会增加，此时，企业为了支付债务、避免破产，有可能加大对银行信用的需求。

（二）银行信用的发展

由于银行信用克服了商业信用的局限性，大大扩充了信用的范围、数量和期限，可以在更大程度上满足经济发展的需要，所以，银行信用成为现代信用的主要形式。20 世纪以来，银行信用有了巨大的发展与变化。越来越多的借贷资本集中在少数大银行手中；银行规模越来越大；贷款数额增大，贷款期限延长；银行资本与产业资本的结合日益紧密；银行信用提供的范围也不断扩大。至今，银行信用所占的比重仍具有很大优势。

尽管银行信用是现代信用的主要形式，但商业信用依然是现代信用制度的基础。这是因为商业信用能直接服务于产业资本的周转，服务于商品从生产领域到消费领域的运动，因此，凡是在商业信用能够解决问题的范围内，厂商总是首先利用商业信用。而且，从银行信用本身来看，也有大量的业务（如票据贴现和票据抵押放款等）仍然是以商业信用为基础的。目前，商业信用的作用还有进一步发展的趋势，商业信用和银行信用相互交织。许多跨国公司内部资本的运作都是以商品供应和放款两种形式进行的。不少国际垄断机构还通过发行相互推销的商业证券来动员它们所需借入的资本，用来对其分支机构提供贷款，而银行则在这一过程中为跨国公司提供经济信息、咨询等服务，使商业信用和银行信用相互补充、相互利用。

三、国家信用

国家信用是以国家或政府为主体所取得或提供的信用，直接影响着国家财政收支，所以又称为国家财政信用。通常由于政府财政收入入不敷出，出现赤字时发生，是政府弥补财政赤字的一种手段。

国家信用的形式：

（1）发行国家公债，用于国家大型重点项目投资或较大规模的建设。

（2）发行国库券，用于弥补国库短期收支差额。

（3）专项债券，是一种指明用途的债券。

（4）银行透支或借款。

（5）向国外借款或在国外发行债券。

现代生活中，国家信用是促进社会主义经济发展的有效措施。它有利于弥补财政赤字，调节货币流通，稳定经济发展；有利于集中重点建设基金；有利于解决社会基础建设资金的需要。

四、消费信用

消费信用是对消费者个人所提供的信用。在资本主义阶段以前，商人向消费者个人以赊销方式出售商品时，就已经产生了消费信用。但是，一直到20世纪40年代，消费信用的规模依然不大。

自20世纪40年代后半期起，消费信用开始发展。20世纪60年代是消费信用快速发展的时期，其原因有两个：一是凯恩斯的需求管理思想得到认同，各国大力鼓励消费信用，以消费带动生产；二是第二次世界大战后经济增长快速而稳定，人们的收入有较大幅度的提高，对消费信用的需求有很大增长。由于人们收入水平提高了，厂商和金融机构也就减少了对消费信用风险的顾虑，敢于积极提供消费信用，从而使消费信用有了长足的发展。

消费信用主要有三种形式。

（一）分期付款

分期付款是商品销售单位向消费者提供的一种中长期消费信用，多用于购买高档耐用消费品如小汽车、家电等。分期付款是一种最为常见的消费信用形式。消费者在购买时先付一定比例的现款，然后签订分期付款合同，按合同约定逐期偿还货款并支付利息。在货款未付清前，商品所有权属于卖者或提供信用者。

（二）消费信贷

消费信贷是指银行和非银行金融机构以货币形式直接对消费者个人或销售企业发放的消费货款。消费信贷是一种中长期信用，主要有信用贷款和抵押贷款两种方式。消费信贷的还款方式主要有到期一次还本付息和分期偿还本息。

（三）信用卡

信用卡是由发卡机构和零售商共同向消费者提供的一种延期付款的消费信用。消费者可以凭借信用卡在约定单位购买商品或支付劳务服务等，销售单位定期与银行结账。同时，消费者还可以凭信用卡在规定的额度内向银行透支现金。

消费信用是一种刺激消费需求的方式，也是一种促进生产发展的手段。一般而言，赊销商品的价格大多比较昂贵，消费贷款的利息率也比较高。在一国经济发展到一定水平后，发展消费信用可以扩大商品销售，减少商品积压，促进社会再生产；同时也可以为大量银行资本找到出路，提高资本的使用效率，改善社会消费结构。但是另一方面，消费信用的发展又为经济增加了不稳定因素。消费信用的盲目发展，使一部分人陷于沉重的债务负担中，如果消费者到期不能偿付款项，商品往往要被收回，已付的贷款也往往被没收。而在经济萧条时期，借者和贷者都会减少借贷数额，使商品销售更加困难，从而使经济更加恶化。

随着改革开放的不断深入，我国的消费信贷规模逐步上升。特别是配合住房体制改革的各种商品房信贷业务逐渐发展起来，随后，针对其他耐用消费品的贷款也越来越多的采取分期付款或抵押贷款等信用形式。目前，针对住房和汽车的消费信用是我国消费信用开展的主要领域。

五、股份信用

股份信用是股份公司以发行股票的方式筹集资金所体现的一种信用形式。从理论上讲，股票筹资体现的是财产所有关系，而非债权债务关系，将其视为一种信用关系有以下原因：首先，股份公司的资本所有权和经营权在形式上分离。股东一般不直接经营，而是聘请经理经营，经理有支配实际资本的权利，但没有所有权；其次，股份公司筹资后，投资者不必具体过问生产经营的过程，而获得股息和分红收入，这点类似存款者的存款取息；再次，投资者若需要现金，可以随时出售股票，股票具有很强的流动性；最后，股份公司的存在是以信用关系的普遍发展为前提条件的。

股份信用的组织形式是股份公司。股份公司按照股东对公司的负债是否承担连带清偿责任分为股份有限公司、股份无限公司和股份两合公司。股份有限公司是其股东对公司的负债只以自己的股金为限，不承担连带清偿责任的组织。这类公司数量最多、规模最大。股份无限公司是其股东对公司的负债承担无限连带清偿责任的组织，即当公司的资本不足以清偿债务时，债权人可以要求公司的股东清偿债务。这类公司不普遍，但也有存在。股份两合公司是兼有股份有限公司和股份无限公司双重性质的组织，即公司的股东中，既有对公司的负债承担无限连带清偿责任的，也有对公司的负债承担有限连带清偿责任的。由于需要协调负有有限责任和无限责任股东之间的权、责、利的关系，因而这类公司没有普遍发展。

六、合作信用

合作信用是集体合作性金融组织，以组织成员内部为主要对象，采用货币形式提供的信用。它是银行信用的一种补充形式，包括农村信用合作社、城市信用合作社、互助储金会，是金融组织提供的信用。农村信用合作社担负调剂农村信贷资金；城市信用合作社主要为参与入股或存款的小型集体经济单位和个体经济融通资金；互助储金会是国家职工和人民群众运用自己的力量，发挥团结、互助精神，解决生活上一些临时急需资金。合作信用的原则是：自愿结合，自我服务，民主管理，权利平等，广泛合作，按贡献分配。这是成立于1895年的国际合作联盟组织规定的。

七、租赁信用

租赁信用是以出租设备和工具而收取租金的一种信用形式。在物品出租期间，物品的所有权仍归出租人所有，而承租人具有使用权。租期期满，承租人可以归还所租设备，也可以作价承购。租赁信用虽然很早就已经出现，但直到第二次世界大战结束后，才得以长足发展。这是因为科技的迅速发展，机器设备等固定资产更新加快，使用者难以适应，于是由大商业银行附属的租赁公司购买机器设备（如大型电子计算机、飞机、轮船、先进设备等）出租给顾客使用，租金一般高于同期银行利率。租赁信用有金融租赁、维修租赁、经营租赁和杠杆租赁等形式。

金融租赁，又称财务租赁，是设备租赁的基本形式，以融通资金为主要目的。先由承租人选好所需机器设备，再由租赁公司出资购买并出租给承租人。租赁期间，承租人不得中途解约，否则要赔偿损失。

维修租赁是金融租赁的一种形式。与一般金融租赁的区别是在租金中要加上维修、保养和保险等费用，因此租金也较高。这种租赁方式主要适用于汽车、火车等运输工具的租赁。

经营租赁又称服务性租赁，属于短期租赁，是一种不完全付清的租赁。出租人除提供资金外，还提供特别的维修和保险等服务。这种租赁方式主要适用于租赁专业性强、技术先进、需特殊保管和维修、承租人自行维修保养有困难的物品，所以租金一般较高。

杠杆租赁又称平衡租赁，它比金融租赁复杂，是将投资与信贷两种方法结合起来的一种租赁。通常由出租人自筹20%~40%的资金，其余部分向银行借入，然后将购买的设备租给承租人，出租人以出租的设备和租金作担保向银行取得贷款。

租赁信用有利于加速设备更新，促进科学技术尽快转化为生产力，正被越来越多的企业所运用。

八、国际信用

国际信用是国际间相互提供的信用。其债权人、债务人是不同国家的政府、机构或公民。其主要方式有国际银行信贷、出口信贷、项目贷款、政府贷款、国家租赁等商品形态的信用。

从形式上看，国际信用是适应商品经济发展和国际贸易扩大而产生并发展起来的一种借贷关系；从本质上看，国际信用是资本输出的一种形式。

（一）国际商业信用

国际商业信用是出口商以延期付款方式提供的信用，这种信用往往要借助国际银行信用来实现。另外，还包括国际上流行的由出口商用商品形式提供的信用，有来料加工和补偿贸易等方式。来料加工是指由出口国企业提供原材料、设备零部件或部分设备，在进口国企业加工，成品归出口国企业所有，进口国企业从原料和设备中扣留一部分作加工费。补偿贸易是指由出口国企业向进口国企业提供机器设备、技术力量、专利、各种人员培训等，联合发展生产和科研项目，待项目完成或竣工投产后，进口国企业可将以项目的产品或以双方商定的其他办法偿还出口国企业的投资。

（二）国际银行信用

国际银行信用是进出口双方银行所提供的信用，可分为出口信贷和进口信贷。

出口信贷是出口方银行提供贷款，解决卖方资金周转需要。由于在进出口贸易中，交易规模都比较大，买方经常会没有足够的资金偿付出口商的货款，此时，如果卖方以赊销方式提供商品，而没能及时收到货款，便会使卖方的资金周转发生困难。为了鼓励本国出口商增加出口，出口方银行便向进口方或出口方提供贷款，其目的是支持本国出口商扩大出口。出口信贷又可分为卖方信贷和买方信贷两种形式。卖方信贷是出口方银行向出口商提供的贷款。买方信贷是出口方银行直接向进口商或进口方银行提供的贷款。这种贷款是有指定用途的，即必须用于购买本国出口商的货物。如果是直接向进口商提供贷款，则通常需要由进口国的一流银行提供担保。

进口信贷通常是指进口方银行提供贷款，解决买方资金需要，以支持本国进口商购买所需的商品或技术等。另一种是指本国进口商向国外银行申请贷款，如果进口商是中小企业，则往往还要通过进口方银行出面取得这种贷款。

不管是出口信贷还是进口信贷，其提供的金额一般只占该项进出口贸易总额的 85%，这是因为在国际贸易中，一般要求进口商预付 15%的定金，所以，银行只需提供 85%的资金贷款。

（三）政府间信用

政府间信用是指国与国之间相互提供的信用。通常由财政部出面借款，其特点是金额不大，利率较低，期限较长，通常用于非生产性支出。一般附带限制性的条件，如要求受信国必须将贷款用于购买提供贷款的国家的商品等。

（四）国际金融机构信用

国际金融机构信用是指世界性或地区性国际金融机构为其成员国所提供的信用。这种贷款一般期限较长，利率较低，条件优惠，但审查较严格，多用于受信国的经济开发和基础设施建设。

第三节　信用工具

一、信用工具概述

信用工具又称为金融工具，是以书面形式发行和流通、借以保证债权人或投资人权利的凭证。它是资金或资本的载体，借助这个运载工具实现资金或资本由供给者手中转移到需求者手中。信用工具是重要的金融资产，是金融市场上的重要交易对象。信用工具具有以下共同特征。

第一，返还性。信用工具必须在到期时由债务人履行偿付债务的义务。每种信用工具都具有不同的偿还期。偿还期通常是指从信用关系产生到债务人全部归还本金所经历的时间。它由持有期和待偿期组成。持有期是指从信用工具签发到出售日（或购买日）为止的时间，待偿期是从出售日（或购买日）起到信用工具到期日为止的时间。但具体到信用工具的持有人——债权人来说，实际的偿还期应从持有人得到信用工具之日开始，计算至到期日止。比如某种1980年发行的公债，公债券上注明2000年到期，从发行之日算起，偿还期为 20 年，但如果某人1990年购买这种公债，那么这张公债券的偿还期仅有 10 年。只有两种信用工具没有明确的偿还期，一为活期存款单，二为股票。

第二，流动性。流动性是指信用工具迅速变为货币而不致遭受损失的能力。对信用工具的所有者来说，可以随时将信用工具卖出，获取现款，收回投放在信用工具上的资金。能随时出卖而换取现金的信用工具，其流动性就强，从这个角度看，国库券和银行活期存款单的流动性较强。在短期内不易脱手卖出的信用工具，流动性较差。信用工具在变卖时，要受市场波动影响，承担一定的风险。一般来说，流动性和偿还期成反比，即偿还期越长，流动性越差；与债务人的信用能力成正比，债务人的信誉越高，流动性越强。

第三，收益性。即信用工具能定期或不定期地给持有者带来收益。信用工具的收益有三种：一种为固定收益，是投资者按事先规定好的利息率获得的收益，如债券和存单在到期时，投资者即可领取约定利息。固定收益在一定程度上就是名义收益，是信用工具票面收益与本金的比例。另一种是即期收益，又叫当期收益，就是按市场价格出卖时所获得的收益，如股票买卖价格之差即为一种即期收益。还有一种是实际收益，指名义收益或当期收益扣除因物价变动而引起的货币购买力下降后的真实收益。在现实生活中，实际收益并不真实存在，必须通过再计算。投资者所能接触到的是名义收益和当期收益。比如一张100元的股票在股息10%、银行利息率5%的情况下，可卖200元。这时，可为所有者带来一笔收益。收益的大小通过收益率来反映。

第四，风险性。为了获得收益提供信用，同时必须承担风险。风险性是指由于某些不确定因素导致的金融资产价值损失的可能性。任何一种信用工具的本金和收益都存在着遭受损失的可能性，风险主要来自两个方面：一为信用风险，即债务人不履行合同，不按期偿还本金和支付利息；一为市场风险，即由于市场利率发生变化而引起的信用工具市场价格的下跌。例如，市场利率上升及股票及价格下跌，股票持有者的利益就受到损失。

信用工具的种类繁多，为加深理解，需要从不同的角度进行分类。

按权利的标的物，可分为票据和证券。票据着重体现持有者对货币的索取权，如汇票、本票、支票；证券则着重表明投资的事实，体现投资者的权利，如股票和债券。

按发行者是否为金融机构划分，可以将信用工具分为直接信用工具和间接信用工具。直接信用工具主要有政府债券、公司债券和非金融机构股票等；间接信用工具主要有可转让大额定期存单、银行债券和人寿保险单等。

按金融市场交易的偿还期划分，可分为长期信用工具和短期信用工具两大类。长期信用工具也称为资本市场信用工具，如债券、股票等；短期信用工具也称货币市场信用工具，如国库券、商业票据、银行票据、支票、信用证、旅行支票等。长期与短期的划分没有一个绝对的标准，目前一般把1年以下期限的信用工具称为短期，1年以上期限的称为长期。西方一般把1年以下的货币市场交易的对象称为“准货币”，这是由于其偿还期短、流动性强、随时可变现而近似于货币之故。

按投资人是否掌握所投资资产的所有权划分，可以将信用工具分为债务凭证类信用工具和所有权凭证类信用工具。所有权凭证类信用工具只有股票一种，其他都属于债务凭证类信用工具。

如果按发行的地理范围划分，信用工具又有地方性、全国性和世界性之分。

总之，按照需要，从不同角度划分，信用工具可分为不同种类。

二、短期信用工具

短期信用工具一般指期限在1年以下的商业票据、银行票据、支票以及近几十年来发展起来的信用证、旅行支票和信用卡等。

（一）商业票据

商业票据是源于商业信用的一种传统信用工具，是工商企业之间由于信用关系而形成的短期无担保债务凭证的总称。商业票据有商业本票和商业汇票两种。

（1）商业本票。商业本票又叫商业期票。他和商业汇票同是商业信用的信用工具，统称为商业票据，因为商业本票是债务人对债权人签发的，因此无须承兑。商业本票也可经背书后转让或向银行贴现。商业本票有两个当事人：一是出票人（即债务人），二是收款人（即债权人）。

（2）商业汇票。它是由债权人发给债务人，命令其在一定时期内向指定的收款人或持票人支付一定款项的支付命令书。商业汇票有三个当事人：一是出票人（即债权人），二是受票人或付款人（即债务人），三是收款人或持票人（即债权人或债权人的债权人）。由于商业汇票是由债权人发出的，所以，必须经过票据的承兑手续才具有法律效力。承兑是指在票据到期前，由付款人在票据上作出表示承诺付款的文字记载及签名的一种手续。承兑后，付款人就成了承兑人，在法律上具有到期付款的义务，同时，汇票即为承兑汇票。在信用买卖中，由购货人（债务人）承兑的汇票，称为商业承兑汇票；由银行受购货人委托承兑的汇票，称为银行承兑汇票。

除了上述商业本票和商业汇票外，还有一种融通票据。融通票据又称“金融票据”或“空票据”，它不是以商品交易为基础发生的票据，而是专门为了融通资金签发的一种特殊票据。融通票据是在当事人双方达成协议后产生的，一方（通常为资金需求者）作为债权人签发票据，另一方作为债务人给予承兑，出票人则于票据到期前将款项送还付款人（即承兑人），以备清偿。融通票据有商人出票、商人承兑的，也有商人出票、银行承兑的，还有银行出票、商人承兑的。融通票据不反映真实的物质周转，只是为套取资金而签发的，常被投机者所利用。当融通票据进入银行，成为发行银行券的准备金时，就会使银行券的流通状况恶化。

商业票据经过背书可以转让流通，经过背书的票据可充当流通手段和支付手段，用来购买商品、劳务或偿还债务。票据转让后，新的持有者就成了债权人，他有权在票据到期日前向债务人兑取现款。

商业票据的持有人还可以用未到期的票据向银行办理贴现。贴现是银行办理放款业务的一种方式。当商业票据的持有人需要现金时，可将未到期的票据卖给银行，银行则按市场贴现利息率扣除自贴现日至票据到期日的利息后，将票面余额支付给持票人。票据到期后，由银行向债务人或背书人兑取现款。

需要指出的是，商业票据的流通是有一定范围的，它通常只在彼此有经常往来而且互相了解和信任的人之间流通。

（二）银行票据

银行票据有银行本票和银行汇票两种。

（1）银行本票。银行本票是申请人将款项交存银行，由银行签发给申请人凭此在同城范围内办理转账结算或支取现金的票据。银行本票按是否记载收款人的姓名，分为记名本票和不记名本票；按票面有无到期日，分为定期本票和即期本票。除银行本票外，还有由邮局、公司和合作组织等所签发的本票。旧中国钱庄签发的本票，称为“庄票”。

（2）银行汇票。银行汇票是汇款人将款项存入当地出票银行，由出票银行签发的，由其在见票时，按照实际结算金额无条件支付给持票人或收款人的票据。

（三）支票

支票是银行活期存款人通知银行从其账户上无条件支付一定金额给票面指定人或持票人的信用凭证。

支票有多种类型：按照支付期限，可以划分为即期支票和定期支票；按照是否记载收款人的姓名，可以划分为记名支票（又称抬头支票）和不记名支票（又称来人支票）；按照是否支付现金，可以划分为现金支票和转账支票（又称划线支票）。此外，还有银行在支票上记载“保付”字样的保证付款支票，称为保付支票；存款人开出的票面金额超过存款金额或透支限额而不生效的支票，称为空头支票。空头支票一旦被发现，便会被拒绝。

除了划线支票的流通性较差之外，其余支票的流通都很广。随着信用制度的发展，支票作为信用流通工具在市场上也通行起来。由于支票是在银行信用的基础上产生的，它的付款人是银行，比商业票据有更大的信用保证，因此，它的流通范围比较广泛。在支票流通条件下，商品交易和债务清偿大多可用支票来进行支付。取得支票的人往往不到银行提取现金，而是把它存入自己在银行的活期存款账户中。这样，在支票流通的基础上就产生了非现金结算，即转账结算，这可以减少现金流通量，也节约了流通费用。

（四）信用证

信用证有商业信用证和旅行信用证两种。

（1）商业信用证。商业信用证是商业银行受客户委托开出的证明客户有支付能力并保证支付的信用凭证。客户申请开立信用证时，必须预先向开证银行缴纳一定的保证金。商业信用证可用于国内商业，也可用于国际贸易。在国内商业中，购货商申请银行开出商业信用证后递交卖方，卖方可按信用证上写明的条款向银行开出汇票、收取货款。在国际贸易中，商业信用证是银行保证本国进口商有支付能力的凭证，是国际贸易中的一种主要支付方式。进口商要求银行开出商业信用证须预交货款的一部分或全部作为保证金，或者直接把商业信用证寄给出口商，允许其在一定期间和一定金额的限度内向进口商开出汇票，银行则保证其承兑并到期付款；也可以由出口商直接向开证银行或其联行、代理行开出汇票，由银行自己承兑和付款。

（2）旅行信用证。旅行信用证又称货币信用证，是银行发给客户据以支取现款的一种凭证。由于这种信用证是专门为便利旅行者出国旅行时支付款项所发行的，因此，国际上一般称其为旅行信用证。旅行者在出国前，将款项交存银行，由银行开出旅行信用证。在开证时，旅行者必须在信用证上留下自己的印鉴或签字，当旅途中发生支付需求时，旅行者可凭信用证向指定的所在地银行取款。旅行者取款时所出具的收据上的印鉴和签字，必须与信用证上留下的一致。

（五）旅行支票

旅行支票是由银行或旅行社为方便旅游者而签发的一种定额支票。旅行支票的票面额一般都比较小，主要供旅游者在旅途中兑取零星现金。旅游者在向银行或旅行社购买旅行支票时，必须当面在支票上签字（称为初鉴），在异地向当地银行兑取票款时，仍须当面在支票上签字（称为复鉴），两次签字经核对相符方可兑取现金，所以比较安全。旅行支票一般不规定流通期限，发行机构可以无偿使用此项资金，还可以收取手续费，所以，西方国家的银行、旅行社都竞相发行旅行支票，以吸收资金，获得资金运用的利润。由于旅行支票比旅行信用证更方便，所以得到了广泛流行。我国银行也发行旅行支票，以方便旅行者。

三、长期信用工具

长期信用工具包括股票和各种债券，它们一般被称为公共有价证券。公共有价证券是具有一定的票面金额、代表财产所有权或债权，并能定期取得一定收入的凭证。

公共有价证券自身没有价值，它们只是代表资本投资并借以取得收益的要求权，是资金需求者筹集货币资本的一种工具。由于公共有价证券能定期取得收入，所以一般能买卖转让，充当信用流通工具。

（一）债券

债券是政府、金融机构、工商企业等机构直接向社会借债筹措资金时，向投资者发行，承诺按一定利率支付利息并按约定条件偿还本金的债权债务凭证。债券的本质是债的证明书，具有法律效力。债券购买者与发行者之间是一种债权债务关系，债券发行人即债务人，投资者（或债券持有人）即债权人。债券是一种有价证券，是社会各类经济主体为筹措资金而向债券投资者出具的，并且承诺按一定利率定期支付利息和到期偿还本金的债权债务凭证。由于债券的利息通常是事先确定的，所以，债券又被称为固定利息证券。

债券的种类很多，可以从不同角度进行划分。

1. 根据发行主体的不同，可分为政府债券、公司债券和金融债券

（1）政府债券。政府债券是政府为筹集资金而发行的债务凭证。它包括公债券、国库券和地方政府债券。

公债券和国库券并无本质区别，主要是偿还期不同。公债券的偿还期一般在 1 年以上，国库券的期限在 1 年以下。由于它是以中央政府的信用为担保，通常被认为是没有风险的。

地方政府债券是由地方政府发行的债券，其目的是满足地方财政的需要，或筹资兴办地方公共事业。地方政府债券主要用地方税收支付利息，其性质与中央政府债券无本质区别，但信用程度不如后者高。

（2）公司债券。公司债券是指公司依照法定程序发行的，约定在一定期限还本付息的有价证券。公司债券是企业融资的重要手段。由于公司债券的风险性比政府债券大，所以，公司债券的利率一般比政府债券利率高。公司债券的期限有短期、中期和长期之分，但以中长期居多，一般期限在 10 年以上。

企业发行债券手续比发行股票简单，如果采取私募方式，甚至不用报主管机关批准审核；缺点是费用较高，推销需要一定时间，不如银行贷款可以立即取得所需资金等。

（3）金融债券。金融债券是由银行等金融机构发行的债券。它一方面是商业银行负债管理的重要内容；另一方面，根据《巴塞尔协议》，对于期限较长的债务资金来源，可以列入商业银行的二级资本，是商业银行提高资本充足率的一种有效办法。

2. 根据债券是否有担保，可分为担保债券和信用债券

担保债券也称抵押债券，是以某种抵押品（如土地、房屋建筑、设备等）为担保而发

行的。若债务人不能按期支付利息和本金时，持有人可以将抵押品出售。信用债券则完全是凭发行者的信用发行的。通常信用债券的发行人要拥有较高的资信。

3. 根据债券的利率是否固定，可分为固定利率债券和浮动利率债券

固定利率债券在债券的整个期限内利率固定不变。对发行者和投资者来说，成本和收益的计算比较方便，但当市场利率变化的时候，其中一方将遭受损失。如果利率上升，受损失的是债券持有人；反之，债券的发行人受损失。浮动利率债券，其利率定期随市场利率的变化而进行调整。

4. 根据债券的利息支付方式，可分为息票债券和折扣债券

息票债券是一种附有各期息票的债券，持有人可在到期时凭息票领取利息；此息票也可转让。折扣债券是采取折价发行的债券，其利息体现在债券面值与出售价格的差价上。

（二）股票

股票是一种有价证券，是股份公司在筹集资本时向出资人公开或私下发行的、用以证明出资人的股本身份和权利，并根据持有人所持有的股份数享有权益和承担义务的凭证。股票投资是一种没有期限的长期投资。股票一经买入，只要股票发行公司存在，任何股票持有者都不能退股，即不能向股票发行公司要求抽回本金。同样，股票持有者的股东身份和股东权益就不能改变，但他可以通过股票交易市场将股票卖出，使股份转让给其他投资者，以收回自己原来的投资。

股票主要有两大类：普通股票和优先股票。

普通股票是股票中最普遍和最主要的形式。普通股股东，其获得的股息随着股份公司利润的变动而变动。其权利主要有：①经营参与权，主要通过股东大会来行使，并反映在股东的选举权、被选举权、发言权和表决权上。②盈余和剩余财产的分配权，公司盈利时，有权取得相应的股息，但在分配次序上，在支付完工资、借贷款项、债券利息、法定公积金和优先股股息之后。③优先认股权，即公司增发普通股票时，可优先购买新发行的股票，以维持其在该企业的持股比例。认股权可以出售，也可以不认股，使认股权过期失效。

优先股票是一种股东有优先于普通股分红和优先于普通股资产求偿权的股票。此种股票的股息收益一般是事先确定的。但在一般情况下，优先股股东不能参与公司的经营管理，也没有像普通股股东那样的认股权，尤其是不能分享公司获得的高额利润。同时由于股息固定，在通货膨胀条件下，对优先股票持有人十分不利。

【拓展知识】

我国当前的“信用缺失”问题

伴随着确立社会主义市场经济体制步伐的加快，与规范的市场经济相脱节的道德失范、信用缺失的现象日益凸显，成为制约社会主义市场经济进一步发展的突出问题。

当前我国“信用缺失”的表现及其原因如下。

1. 企业之间相互拖欠三角债，商业信用呈萎缩状态

一方面，企业之间的“三角债”（即逾期应收账款）居高不下，已成为经济运行中一大顽症。据统计，我国企业80%以上长期受“三角债”困扰。另一方面，由于信誉缺乏，不少企业宁愿放弃大量订单和客户，也不肯采取信用结算方式，交易向现金交易、以货易货等原始方式退化。

2. 大量企业任意逃废银行债务，银企之间陷入信用危机

许多企业利用改制之机，通过不规范的破产、分立、兼并、合并、承包、租赁、拍卖、出售等方式逃废、悬空银行债务；有的企业还利用多头开户、坐支现金等方式逃避银行监督，拒还银行贷款，严重损害了银行债权人的利益。

3. 证券市场信用严重不足，各种违规操作层出不穷

首先表现在不少公司不惜做假账，通过编制虚假财务报表获得上市资格；上市之后，或大搞关联交易，或加快应收账款的增长，或调增营业外收入，通过虚假盈利，获取配股资格，致使除了股价波动带来的收益外，股民从上市公司拿到的收益很少高过银行利息。其次表现为社会中介组织信用匮乏。资产评估事务所、会计师事务所和审计师事务所等中介组织，在执业过程中普遍存在严重的作假现象。

4. 假冒伪劣商品泛滥成灾，制假贩假活动十分猖獗

以劣充优、以次充好等欺诈失信行为严重冲击着商业信用和消费信用领域。据全国各级消协组织统计汇总，2009年共受理消费者对虚假广告、假冒商品、计量不足、欺诈等投诉案件多达636 799件。

我国目前信用缺失的产生原因，既有宏观因素，也有微观因素；既有体制的障碍，也有管理上的漏洞。归纳起来，主要有社会信用的法律约束和保障机制乏力，已有的法律、法规对契约关系的维护和对债权人的利益保护不够；在案件审理过程中存在地方干扰、行政干扰的问题；在民事、经济等案件中普遍存在着重审判、轻执行的现象，判决执行软弱无力，从而形成无法可依，执法不严，违法不究的现象。征信体系不健全则是另一个原因。以信用为经营对象的资信公司还十分匮乏，企业和个人的信用状况得不到公正合理的评估。计划经济时期遗留的企业与企业、企业与银行之间产权界定的不明晰，使企业信用观念淡化，给信用缺失的风险造成一定的可乘之机。

资料来源：刘少波，杨代平．信用缺失的表现、危害、原因与治理［D］．暨南大学，2010.

四、不定期信用工具

不定期信用工具是指银行券。银行券是银行发行的一种信用货币，即代替金属货币充当支付手段和流通手段的信用证券。由于商业票据本身的局限性，持有票据者在一定的情况下还需要通过贴现把它转变为现款。在商品生产和交换不断扩大的趋势下，市场对货币的需要量剧增，金属货币的生产能力有限，难以满足供应，客观上要求流通中以信用货币代替金属货币，另外，商品流通促进了信用制度的发展。赊购、延期支付、清偿债务等方式，使买卖行为变成了信用关系。用于买卖双方的、标明金额的定期支付凭据，即为商业票据。银行券是在票据流通的基础上产生的，持有商业票据者需要把它转变为现款时，就

要到银行贴现，以取得现款。银行券是用以代替商业票据的银行票据，是不定期的，持票人可以随时到发行银行券的银行兑换黄金，银行本票经背书后可以流通，这是原来意义上的银行券。

银行券也是纸制的信用货币。银行券的特点是：没有固定的支付日期；票面额是固定的整数，便于流通；信用基础较为稳固，可以在银行信用所及的广大地区内流通。由于早期的银行券是在商业票据流通基础上产生的，所以，其数量是按商品交易的需要调节的，并且可以兑现。

银行券和纸币都是信用货币，但它们之间原来存在着以下区别。

首先，银行券是从货币作为支付手段的职能中产生的，是由银行通过票据贴现等信用方式所发行的；而纸币是从货币作为流通手段的职能中产生的，是由国家强制发行的。

其次，银行券是为了代替流通中的商业票据，为适应商品交易的需要而发行的；纸币是为了弥补财政赤字而发行的。

再次，典型的银行券可以自由地与黄金或金币相兑换，而纸币不能自由兑换。

但是，这种区别随着商品货币经济和信用货币制度的发展而逐渐淡化了。现代的信用货币都是以银行券的形式出现的，均由各国、各地区专门的货币发行机构发行。但现在的银行券已经不能自由兑换黄金了。

然而，银行券的产生是信用流动工具发展史上的一个重大成果。它一方面使银行能够超过其实有的资本量和原始存款规模而扩大信用业务；另一方面，也满足了经济发展对货币的追加需求，从而对经济起着积极的促进作用。

第四节　信用对经济的影响

一、信用与生产

信用是商品货币经济的组成部分。在商品货币经济发达的社会里，信用作为一种独立的经济关系得到充分的发展。整个经济活动被信用所联结，商品货币关系主要表现为信用关系。马克思曾指出：“在发达的资本主义生产中，货币经济只表现为信用经济的基础。因此，货币经济和信用经济只适应于资本主义生产的不同发展阶段，但绝不是和自然经济对立的两种不同的独立的交易形式。”在这里，马克思明确地告诉我们：第一，信用经济不是与货币经济对立的经济形式，信用经济是统一的商品货币经济发展的不同阶段。第二，货币经济是信用经济的基础，信用经济是货币经济发展的更高阶段。第三，信用经济更能反映现代商品货币经济的特征。

因此，我们在考察信用对经济的影响时，不能仅仅从资金余缺调剂和交易手段的变换上去研究，而应从信用经济对生产和生产关系的影响来探讨。

（一）信用促进利润的平均化

实现社会再生产的正常进行，社会总产品的各部分必须保持适当的比例关系。在生产资料私人占有的资本主义社会，各种比例关系的形成是自发地通过价值规律实现的。在这个过程中，通过利润低的部门向利润高的部门转移资本，来实现比例关系的协调。

在资本转移的过程中，首先遇到的问题是生产资本已经固定在特定的自然形态上，这种特定自然形态的生产资本都有特定的用途。就是说固定在生产资本上的资本不能随意按客观需要转移到其他部门和行业。如果依靠企业本身的资金则只有把原来的生产资料变卖或加工改造，这需要时间。但有了信用帮助实现这种资本转移，从而为利润的平均化起中介作用，使整个经济实现某种新的暂时的平衡。

（二）信用的存在可以节约流通费用

首先，使用信用工具节约了流通中的货币，主要通过三种方式：第一，由于信用相当大的一部分交易可通过赊销、赊购或债权债务相互抵消来清理；第二，闲置的货币资本通过银行再贷放出去，投入流通，使货币流通速度加快，节约了货币；第三，金、银币为银行券和纸币所代替，从而节约了金属货币。

其次，信用加快了资本形态的变化，从而使社会再生产过程加快，减少了占用在商品储存上的资本，节省了商品保管费。流通费用是非生产费用，把节省的流通费用投入生产领域，会使生产规模扩大，促进经济的发展。

（三）信用促进了股份制的迅速发展，使生产规模扩大

以前个别资本不能建立的企业，以股份形式很快建立起来。比较典型的像铁路运输。

股份制存在的前提是信用。股份制出现后，股票又是信用活动的重要工具。所以，信用经济越是发展，股份制也必然越发达，股份制对经济发挥了重要作用。

二、信用与消费

信用对于居民的消费和一个国家消费品的供求发挥以下调节作用。

（一）调剂消费

一个家庭在一定时期内收入总额减去支出总额的差额就是储蓄。以一个家庭为例，可以出现三种情况：第一，无储蓄者，其本期收入和本期消费恰好相等；第二，储蓄者，其本期消费小于本期收入；第三，负储蓄或动用上期储蓄，其本期消费超过本期收入。有的家庭和个人重视现时的消费，而另一些家庭和个人则对未来的消费看得更重，这样会遇到货币收入和消费需要的矛盾，就有必要对这两种消费者的消费进行调剂，使两者都感到满意，提高消费效用。在没有信用存在的情况下，现在消费和未来消费相调剂的可能性是很小的。但是由于信用的存在，那些对现在消费不太重视的家庭和个人，可以把他们收入的一部分以储蓄的形式通过信用机构转交给那些重视现在消费的家庭和个人。

（二）推迟消费

信用工具具有一定的收益性、安全性和流动性。储蓄者可将暂时多余的货币任意选购适当的信用工具。如果一个国家，其消费品呈现需求大于供给，信用工具可以在推迟购买力、平衡消费品供求方面发挥积极作用。

（三）刺激消费

分期付款等形式的消费信用为那些当前无力购买消费品而又希望享用的消费者，提供

了提前购买的条件。如果一个国家，其消费品呈现供给大于需求，消费信用可以在扩大本期购买力、平衡消费品供求方面发挥积极作用，但另一方面它也把得到消费信用的居民置于债务的重压之下。

三、信用与经济调节

商品货币经济的发展，带来信用的发展，信用成为联结经济的桥梁和纽带。在信用发达的社会中，经济层次多而复杂，活动领域宽阔而多变。因此，国家采取直接行政干预来调节经济越来越困难，国家转而采取间接调节经济的办法。信用为国家用经济的办法间接调节经济创造了条件。一方面，由于信用的发展，出现了多种银行和信用机构，并在此基础上产生了中央银行体制，中央银行作为国家调节经济的启动者，商业银行和其他金融机构是中央银行意志的传导者，作用于国民经济各部门和单位，整个金融体系组成了调节宏观经济的有机体。另一方面，由于信用的发展，出现了多种信用工具，这又为中央银行的调节提供了经济手段。中央银行可以利用货币供应、利率变动、法定准备金制度、公开市场业务等经济手段达到调节经济的目的。

利用信用调节经济，各国调节的重点均放在总供给和总需求上。调节总需求主要是通过信用控制货币供应量，达到调节有支付能力的需求；调节总供给主要是通过信用紧缩或放松银根，控制生产规模和产品总量及结构，以调节市场商品和劳务供给。

综上所述，要实现对经济的调节，特别是以间接调节为主，必须以信用的发展为基础和前提。

四、信用与危机

货币产生以后，与货币的支付手段相联系的信用活动的范围逐步扩大，信用形式日益多样化，信用关系已渗透到经济生活的方方面面，现代经济的运行机制已离不开信用。如前所述，无论是对经济的干预和调节，还是政府、企业、家庭的资金来源和价值的保存以及股份制的发展、生产和消费都与信用息息相关。有人曾以交易方式作为标准，将经济的发展分成三个阶段，即自然经济（物物交换）、货币经济（以货币为媒介的交换）及信用经济（以信用为媒介的交换）。实际上，信用经济不仅仅是指交易方式，在当代经济的运行机制中，信用关系已起着主导作用。

但是信用活动又具有一定的不稳定性，这种不稳定并未随信用关系的深化得到根本的改变，反而潜在的威胁更大。因为借贷行为本身就蕴涵着风险：在全社会信用关系的链条中，任何一环出现问题——到期不能偿还，连锁反应就可能发生，引起一系列的支付中断，甚至产生危机或加速危机。尤其是在信用关系起主导作用的今天，可以想象其造成的不良影响将是信用发展史上前所未有的。

信用经常会发生动荡，即使是在经济正常的情况下。但此时的动荡一般容易平息，并且不会引起更大的经济震动。战争和政府的更迭，经常会引起有价证券行市暴跌或黄金行市波动，但一般不会引起整个经济危机。但在经济不正常时，信用的动荡有可能使经济形势更为严峻，成为金融危机及经济危机的加速器。

【拓展知识】

我国“民间借贷”的现状和特点

1. 我国民间借贷的现状和特点

民间借贷是民间资本的一种投资渠道，是民间金融的一种形式。狭义的民间借贷是指公民之间依照约定进行货币或其他有价证券借贷的一种民事法律行为。广义的民间借贷除上述内容外，还包括公民与法人之间以及公民与其他组织之间的货币或有价证券的借贷。现实生活中通常指的是狭义上的民间借贷。

我国的民间借贷最早出现在南方发达地区，随着民营经济的成长，中小企业业主贷款难的问题日益突出，自2003年以来，国家逐步放开了民间小额信贷的限制，并制定了一系列扶持政策，民间信贷产业得以快速发展。

目前，在全国许多城市中，民间借贷已经由“地下”走到“地上”，老百姓也转变了陈旧的认识，民间借贷为政府解决中小企业贷款难、活跃地方经济，起到了越来越重要的作用。例如，青岛市的民间借贷从2007年开始迅速发展，成立了许多规范的公司，目前由青岛市政府牵头，把各家民间借贷中介公司组织到一起，成立综合服务中心，提高效率、形成规模。

2. 民间借贷与高利贷的区别

对于判断民间借贷是否是高利贷，可以从贷款利息是否显著高于当前社会信用关系中的利率水平角度来判断。可以说，当前我国民间借贷的相当大的一部分应视为高利贷。

2002年，我国央行颁布的《中国人民银行关于取缔地下钱庄及打击高利贷行为的通知》规定：民间个人借贷利率由借贷双方协商确定，但双方协商的利率不得超过中国人民银行公布的金融机构同期、同档次贷款利率（不含浮动）的4倍。目前央行6个月至1年的贷款基准利率为5.31%，那么月息超过1.3%、年息超过21.24%即高于现行基准利率的4倍。《民法通则》规定，高出部分将不受法律保护。也就是说，发生借贷法律纠纷时，法院只会判决贷款人归还借款人本金和低于4倍贷款利率的利息，其他利息被判无效。

资料来源：刘少波，杨代平．信用缺失的表现、危害、原因与治理［D］．暨南大学，2010.

【课后习题】

1. 什么是信用？信用的特征是什么？
2. 银行信用与商业信用的连接点是什么？
3. 什么是信用工具？有哪些特点？
4. 简述信用在国民经济中的作用。

第四章　利息与利率

学习目标

通过本章的学习，掌握利息及利率的含义，利率的种类及计算方法，利率的决定理论的主要观点及利率的作用；理解利息的本质、收益资本化。

案例引入

超前消费需要付出代价

胡小姐最近有些发愁，“双十一”大“出血”账单已经在路上，“双十二”又要来了，还有好几样心仪之物想收入囊中。她在心里盘算来盘算去，十分担心资金会不够用。像胡小姐这样超前消费的消费者，遇到这种暂时的资金困难时，最好借用一下消费分期。消费分期相当于把当前需要一次性支付的资金，分摊到以后的数个月支付，从而可以大大减轻消费者的还款压力。

根据调查，不同年龄段的用户在消费贷款产品的使用上，呈现出了明显不同的特点：“60 后”中有 50%最常使用的是信用卡；而“90 后”，特别是“00 后”中，蚂蚁花呗、京东白条的使用比例都已超过信用卡，成为其消费贷款中占比最大的选择。不过，这种花“明天的钱”是需要付出成本的，那么蚂蚁花呗、京东白条及各家银行的信用卡费率如何呢？

仅从分期费率来看，京东白条各期限费率都最低；其次是中国工商银行信用卡分期，不过中国工商银行是首期一次性收取；再次是蚂蚁花呗；股份制银行信用卡的费率相对较高。银行信用卡的分期付款业务条款一般规定，持卡人最后适用的费率标准会根据资信状况在标准费率的基础上进行调整。

既然费率有差异，是不是每次都选最便宜的京东白条就好呢？蚂蚁花呗、京东白条和信用卡可以使用的场景各不相同。不是每件商品都有可供选择的付款方式。京东白条主要用于京东商城和少数线下交易；蚂蚁花呗主要用于淘宝、天猫和部分支付宝线下交易；信用卡使用范围最广泛，但也不是哪里都可以用。所以，除了考虑费率问题，应用场景也限制了消费者的选择，而不同平台价格之间的差异可能比分期手续费的差距大得多。

资料来源：许涛．超越：技术、市场与经济增长的历程［M］．北京：社会科学文献出版社，2018.

第一节 利息的概述

利息是在信用关系中债务人支付给债权人的（或债权人向债务人索取的）报酬。它随着信用行为的产生而产生，只要信用关系存在，利息就存在。在一定意义上，利息还是信用存在和发展的必要条件。

一、利息的本质

在现代经济生活中，人们对于利息的概念并不陌生。一个人存入 100 元的存款，到期后取出存款时就能得到除本金以外的利息。对利息的本质问题的研究主要有两个方面的内容，一是利息从何而来，二是利息体现什么样的生产关系。

（一）西方经济学者对利息本质的看法

长期以来，经济学家对利息本质做过深入研究，形成了不同的答案。威廉・配第认为，利息是因暂时放弃货币的使用权而获得的报酬；约翰・洛克认为，利息是因为贷款人承担了风险而获得的报酬；达德利・诺思认为，利息不过是资本的租金；约瑟夫・马西认为，利息是借者为获得货币资本的使用价值而付出的代价；纳索・西尼尔认为，利息是借贷资本家节欲的报酬；阿尔弗雷德・马歇尔认为，利息从贷者角度来看是等待的报酬，从借者角度来看是使用资本的代价；约翰・克拉克认为，利息来源于资本的边际生产力；庞巴维克认为，利息是未来财富对现在财富的时间贴水；欧文・费雪认为，利息是由供给方自愿延迟消费的倾向和投资机会或资本的边际生产率两个因素共同决定的；凯恩斯对利息的解释则是人们在一特定时期内放弃货币的周转灵活性的报酬，即利息是放弃流动性偏好的报酬。

（二）马克思对利息本质的看法

对于这一问题，马克思曾做过深刻的剖析。从表面上看，借贷资本具有特殊的运动形式，用公式表示为：G—G′（货币 G+货币的增值 ΔG），这种形式给人一种假象，似乎货币可以完全离开资本主义的生产过程和流通过程而自行增值。事实上，借贷资本的运动仍以职能资本的运动为基础。只有通过职能资本家的运用，借贷资本才能发挥职能资本的作用，才能使自身实现增值。

如果借贷资本家把货币贷给产业资本家，借贷资本价值经过的全部运动过程应该是：

$$G—G—W\begin{cases}A\\ \cdots P\cdots W'—G'—G''\\ P_m\end{cases}$$

如果借贷资本家把货币贷给商业资本家，则借贷资本价值经历的全部运动过程是：

$$G—G—W—G'—G''$$

两个运动过程的最初阶段 G—G，表示借贷资本家把自己的货币贷给职能资本家；中间阶段 G—W…P…W′—G′和 G—W—G′分别表示产业资本家从事商品生产与商品流通而从中攫取产业利润和商业资本家从事商品的买卖而从中攫取商业利润；最后阶段 G′—G″表示职能资本家向借贷资本家归还贷款，并从自己所取得的利润中拿出一部分支付利息。这里的 $G' = G + \Delta G'$，G 为借贷资本额，$\Delta G'$为利润；$G'' = G + \Delta G''$，G 为借贷资本额，$\Delta G''$为职能资本家支付给借贷资本家的利息。$\Delta G''$是 $\Delta G'$的一部分。

由此可见，在资本主义社会，利息是职能资本家向借贷资本家借入货币后，归还本金时所支付的报酬。借贷资本家为了取得利息把自己的货币资本贷给职能资本家，这时，资本本身并没有增加它的价值。只有当职能资本家运用这部分货币，将其作为资本从事商品生产或商品流通时，才会有价值增值。马克思分析利息的来源和本质时指出：“利息不外是一部分利润的一个特殊名称，一个特殊项目；执行职能的资本不能把这部分利润装进自己的腰包，而必须把它支付给资本的所有者。”可见，利息是雇佣工人在生产过程中所创造出来的剩余价值（或利润）的一部分，体现着借贷资本家和职能资本家共同剥削雇佣工人的关系。

二、利息与收益的一般形态

利息是资金所有者由于借出资金而取得的报酬，它来自生产者使用该笔资金执行生产职能而形成的利润的一部分。显然，没有借贷，就没有利息。但在现实生活中，利息被人们看作是收益的一般形态：无论贷出资金与否，利息都被看作是资金所有者理所当然的收入——可能取得的或将会取得的收入；与此相对应，无论借入资金与否，生产经营者也总是把自己的利润分成利息与企业收入两部分，似乎只有扣除利息所余下的利润才是经营所得。于是，利息率就成为一个尺度。如果投资额与所获利润之比低于利息率，则根本不应该投资；如果扣除利息，所余利润与投资额之比甚低，则说明经营的效益不高。所以，虽然从理论上剖析，在资本主义社会，利息是剩余价值及其转化形态利润的一部分；在社会主义社会，利息是劳动者所创造的归社会分配的财富及其转化形态利润的一部分，但无论是资本主义社会还是社会主义社会，在会计制度中，利息支出都列入成本，而利润则只是指扣除利息支出后所余的那部分利润。

马克思认为，利息之所以能够转化为收益的一般形态，主要是因为：首先，借贷关系中，利息是资本所有权的果实这种观念已得到广泛认同，取得了普遍存在的意义。一旦人们忽略借贷过程中创造价值这个实质内容，而仅仅注意货币资本的所有权可以带来利息这一联系，便会形成货币资本自身天然具有收益性的概念。其次，利息虽然就其实质来说是利润的一部分，但利息率同利润率的区别在于，利息率是一个事先确定的量，无论企业家的生产经营情形如何，都不会改变这个量。利息率的大小，在其他因素不变的条件下，直接制约企业收入的多少。因此，从这个意义出发，人们通常用利息率衡量收益，用利息表示收益。最后，利息的历史悠久。货币可以提供利息早已为人们所熟知。因此，无论货币是否作为资本使用，人们通常认为它可以带来收益。

于是，任何有收益的事物，不论它是不是一笔贷放出去的货币金额，甚至也不论它是不是一笔资本，都可以通过收益与利息率的对比而倒过来算出它相当于多大的资本金额。习惯称之为“资本化”。

在一般的贷放中，本金、利息收益和利息率的关系可用公式表示为：

$$B=P\cdot r$$

式中，B 代表收益，P 代表本金，r 代表利息率。同样，在已知 B 与 r 时，可求出 P：

$$P=B/r$$

例如，已知一笔贷款 1 年的利息收益是 50 元，当市场年平均利息率是 5%时，可知本金为 50 元÷0.05=1 000元。

正是按照这样带有规律性的关系，有些本身并不存在一种内在规律来决定其相当于多大资本的事物，也可以取得一定的资本价格，如土地；有些本来不是资本的东西也因此可以视为资本，如工资。具体讲，土地本身不是劳动产品，无价值，从而不具备决定其价格的内在根据，但土地可以有收益。比如，一块土地每亩的年平均收益为 100 元，假定年利息率为 5%，则这块土地就会被买卖双方以每亩 100 元÷0.05=2 000 元的价格成交。在利息率不变的情况下，土地的预期收益（B）越大，其价格（P）就会越高；在预期收益不变的情况下，市场平均利息率（r）越高，土地的价格（P）将越低。这就是市场竞争过程中土地价格形成的规律。而按照资本化的思路，工资是人力资本的报酬，一个人的年工资如为5 000元，按年平均利息率 5%计算，这个人的人力资本就是 10 万元。

资本化是商品经济中的规律，只要利息成为收益的一般形态，这个规律就起作用。在我国市场经济发展的过程中，这一规律日益显示出它的作用。比如土地的买卖和长期租用、相对工资体系的调整，以及有价证券的买卖活动中其价格的形成都是这一规律作用的结果。随着市场经济的进一步发展，“资本化”规律的作用会不断扩大与深化。

第二节　利率的种类与计算

利息率，简称利率，是一定时期内利息额与贷出资本额的比率。

一、利率的种类

（一）年利率、月利率和日利率

年利率、月利率与日利率是按计算利息的期限单位划分的。年利率是以年为单位计算利息；月利率是以月为单位计算利息；日利率是以日为单位计算利息。按日计息，多用于金融业之间的拆借，习惯叫“拆息”或“日拆”。通常，年利率以本金的百分之几表示，月利率以本金的千分之几表示，日利率以本金的万分之几表示。例如，对于同样一笔贷款，年利率为 7.2%，也可以用月利率 6‰表示。

（二）短期利率与长期利率

按信用行为的期限，利率分为短期利率和长期利率。通常我们把 1 年以下的信用活动叫短期信用，相应的利率就是短期利率。包括存款期在 1 年以内的各种存款利率、贷款期在 1 年以内的各种贷款利率和期限在 1 年以内的各种有价证券利率。1 年以上的信用活动叫长期信用，相应的利率就是长期利率。包括期限在 1 年以上的存款、贷款和各种有价证券的利率。

短期利率一般低于长期利率。这是因为：首先，长期融资比短期融资风险大，期限越长，市场变化的可能性就越大，借款者的经营风险就越大，因而债权人遭受损失的风险就越大；其次，融资时间越长，债务人使用借入资金经营取得的利润应当越多，债权人得到的利息也应越多；最后，在现代信用货币流通条件下，通货膨胀是一个普遍现象，因而融资时间越长，通货膨胀率上升的幅度就可能越大，只有利率较高才能使债权人避免通货膨胀的损失。

(三) 名义利率与实际利率

名义利率一般都是实际执行的利率，如商业银行挂牌利率。在存在物价波动情况时，由于出借的资金面临币值波动，名义利率并不能真实反映资金的时间价值，所以应剔除物价变动因素，用实际利率来反映真实的时间价值。如不考虑利息的贬值因素，则有：实际利率=名义利率-通货膨胀率（见图 4-1）。当通货膨胀率高于名义利率时，实际利率是负数，称为负利率。负利率对经济产生逆调节作用。

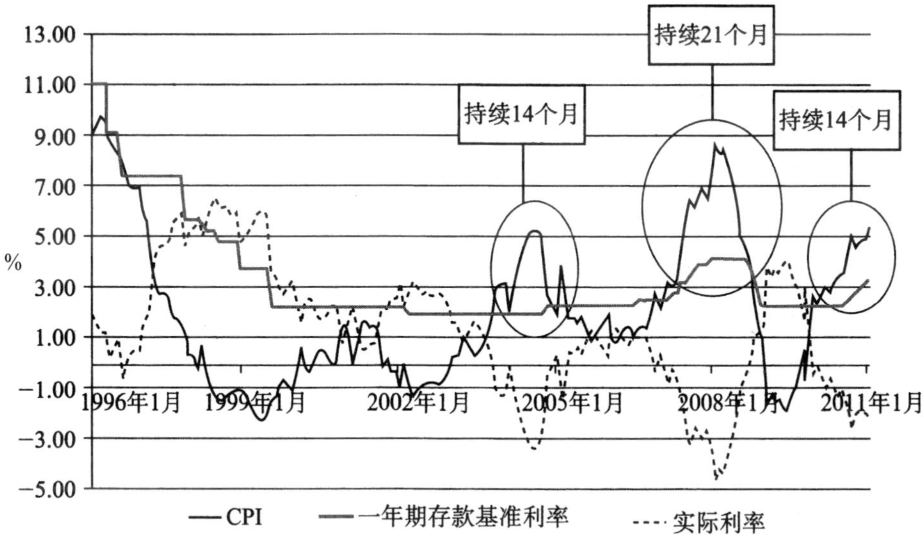

图 4-1 我国实际利率的表现情况

(四) 固定利率与浮动利率

固定利率是指在整个借贷期限内，利息按借贷双方事先约定的利率计算，而不随市场上货币资金供求状况而变化。实行固定利率对于借贷双方准确计算成本与收益十分方便，适用于借贷期限较短或市场利率变化不大的情况。但在借贷期限较长、市场利率波动较大的时期，则不宜采用固定利率。在信用活动中，如果实行固定利率，则便于计算收益分布，而且收益固定则流通工具的流通价格也比较稳定，但固定利率不利于防范风险。比如在某投资者持有固定利率债券期间，由于市场利率上升而导致债券流通价格下降，该投资者面临损失。多数存款种类和债券类证券都实行固定利率。因此，在借贷期限较长、市场利率波动频繁的时期，借贷双方往往倾向于采用浮动利率。

浮动利率是指借贷期限内随市场利率的变化情况而定期进行调整的利率，多用于较长期的借贷及国际金融市场。浮动利率能够灵活反映市场上的资金供求状况，更好地发挥利率的调节作用；同时，由于浮动利率可以随时调整，因此有利于减少利率波动所造成的风险，克服了固定利率的缺陷。浮动利率更符合利息原理且可以有效规避利率风险，因此存款和证券的利率设定有向浮动利率发展的趋势。但由于浮动利率变化不定，因而使得借贷成本的计算和考核相对复杂，并且可能加重贷款人的负担。

(五) 市场利率与官定利率

由货币资金的供求关系直接决定并由借贷双方自由议定的利率是市场利率，市场利率按照市场规律而自由变动。它既包括借贷双方在借贷市场上直接融通资金时形成的利率，也包括在证券市场上买卖各种有价证券的利息率。市场利率最接近货币价值变动的界限，能比较客观真实地反映货币资金的供求状况。一般说来，当资金供大于求时，利率呈下降趋势；当资金供小于求时，利率则呈上升趋势。不过，影响资金供求状况的因素是十分复杂的，因而市场利率变动十分灵敏。我国银行间同业拆借利率是我国较为典型的市场利率。

由一国政府金融管理部门或中央银行确定的利率是官定利率，官定利率是政府宏观调控经济的一种政策手段。在现代经济中，利率作为国家调节经济的杠杆，国家不能不对利率水平进行必要的干预，于是就出现了官定利率。官定利率是中央银行按照货币政策的要求直接确定的，是中央银行进行宏观调控的一项重要工具。例如中央银行的再贴现率就是典型的官定利率，中央银行有时还直接规定商业银行的利率最高限，以及对商业银行的存贷利率规定各种限制措施等。目前我国中央银行确定并公布的利率都是官定利率。

还有一种近似官定利率的公定利率，由非政府部门的民间金融组织如银行公会等，为了维护公平竞争所确定的利率是行业利率，行业利率对其行业成员具有一定的约束性。例如，香港银行公会定期调整并公布各种存贷款利率，各会员银行必须执行。公定利率是银行同业自律性管理的一种手段。官定利率和行业公定利率都不同程度地反映了非市场强制力量对利率形成的干预。

官定利率与市场利率有密切关系。官定利率的变化表达了政府的货币政策意向，对资金供求状况和市场利率有重要影响；市场利率随着官定利率的变化而变化，但它又要受一系列复杂因素的影响，并不一定与官定利率的变化相一致；市场利率的变化非常灵敏地反映货币资金的供求状况，是国家确定官定利率的重要依据。国家根据货币政策的需要和市场利率的变化趋势调整官定利率以实现调节经济的目标。

(六) 基准利率

在一国利率体系中，有一个非常重要的利率范畴，即基准利率。基准利率是指在多种利率并存的条件下起决定作用的利率。所谓决定作用，是指这种利率发生变动，其他利率会随之发生相应的波动。美国的基准利率为联邦基金利率，还有一些国家以中央银行的再贴现率或再贷款率为基准利率。基准利率是利率体系的中心，也是货币政策的工具之一。中央银行通过调整基准利率，一方面可以直接影响商业银行的借款成本，从而达到扩张或收缩信用的目的，同时还可以影响到金融市场的利率水平；另一方面还会在一定程度上影响社会公众的心理预期，具有一定的告示性效应。

(七) 普通利率与优惠利率

普通利率是指商业银行等金融机构在经营存贷款业务过程中对一般客户所采用的利息

率。其水平的高低由决定利率水平的一般因素决定，不附加特殊条件。因此，它是使用最为广泛的利率。

优惠利率通常是指银行等金融机构发放贷款时，对某些客户所采用的比一般贷款利率低的利率。西方国家商业银行对资信最高并且处于有利竞争地位的大客户发放短期贷款时，采用低于其他企业贷款利率的优惠利率。中国为了鼓励某些银行的发展，同时考虑到某些地区、行业和企业的承受能力，曾先后对粮油、能源、原材料及通信等行业的贷款实行比一般贷款利率低10%~30%的优惠利率。

二、利息的计算

利息的计算方法有两种：单利法和复利法。

（一）单利

单利是指不论借贷期限的长短，仅对本金部分计算利息，而不将利息额加入本金进行重复计算的计息方法。

单利法的计算公式为：

$$I=P\cdot r\cdot n$$

$$S=P\ (1+r\cdot n)$$

其中，I 为利息额；P 为本金；r 为利息率；n 为借贷期限；S 为本金与利息之和，又称本利和。

$$S=P\ (1+r)^{n}$$

例如，一笔期限为2年、年利率为9%的100万元的贷款。

按单利法计算，利息总额和本利和分别为：

$$I=1\ 000\ 000\times 9\%\times 2=180\ 000\ (元)$$

$$S=1\ 000\ 000\times\ (1+2\times 9\%)\ =1\ 180\ 000\ (元)$$

（二）复利

复利是指在整个借贷期间内，每隔一段期限计算一次利息，并将此利息转入本金加计利息的计息方法，也就是俗称“利滚利”的计息方法。计算公式为：

$$S=P\ (1+r)^{n}$$

$$I=S-P=P\ [\ (1+r)^{n}-1]$$

在用复利计算时，隐含着这样的假设：每次计算利息时，都要将本期计算出的利息转入下一期的本金当中，重新计算利息。这是因为，贷出方每次收到利息，都不会让其闲置，而是重新贷出，从而扩大自己的货币价值。

复利计算有间断复利和连续复利之分。如果计息周期为一定时间区间（如年、季、月），并按复利计息，称为间断复利；如果计息周期无限缩短，则称为连续复利。连续复利的公式为：

$$S=\lim_{m\to}P(1+\frac{r}{m})^{m\cdot n}=P\cdot e^{r\cdot n}$$

其中，m 表示1年的计息次数，n 表示年数。

第三节 利率的决定理论和影响因素

一、利率的决定理论

（一）马克思的利率决定理论

马克思的利率决定理论建立在其对利息来源与本质分析的基础之上。马克思指出，利息是贷出资本的资本家从借入资本的资本家那里分割出来的一部分剩余价值，而利润是剩余价值的转化形式。而利息率为零时，借贷资本家无利可图，就不会贷出资本。因此利息率总是在平均利润率和零之间上下波动。

利息率取决于平均利润率，使得利息率有以下特点：①随着技术的发展、资本有机构成的提高，平均利润率有下降趋势，从而平均利息率也有下降的趋势。但由于存在其他影响利息率的因素，如社会财富及收入相对于社会资金需求的增长速度、信用制度的发达程度等，可能会加强或抵消这种变化趋势。②平均利润率虽有下降的趋势，但这是一个非常缓慢的过程，而就某一阶段考察，每个国家的平均利润率都是一个相对稳定的量，所以平均利息率也是一个相对稳定的量。③由于利息率的高低取决于两类资本家对利润分割的结果，因而使利息率的决定具有很大的偶然性，无法由任何规律决定。相反，传统习惯、法律规定、供求竞争等因素在利息率的确定上都可以直接或间接起作用。

（二）西方的利率决定理论

1. 古典学派的利率决定理论

古典学派所提出的利率决定理论，即投资储蓄理论，也叫真实利率理论，新古典学派的利率决定也以此为基础。投资储蓄理论建立在货币数量论和萨伊定理的基础之上，认为工资和物价的变化可以自动实现充分就业，其他因素如货币对实物经济的影响不存在，经济完全可以完成自动均衡。在此条件下，利率只由投资和储蓄决定。

投资需求取决于资本的边际生产力，而资本的边际生产力随着资本数量的增加而递减，当资本的边际生产力与利率的水平一致时，就是企业家的意愿投资需求点。因此，利率越高，投资就减少；利率降低，投资上升。这样，一方面，一定的利率水平和一定的储蓄正向对应；另一方面，它又和一定的投资反向对应。因此利率水平依赖于储蓄和投资双方的相互调整，使投资能够全部吸收储蓄，而储蓄又能维持全部投资，即利率的水平取决于储蓄流量和投资流量的均衡。

2. 流动性偏好利率理论

凯恩斯认为货币对收入、产出和就业等均有重大影响。利息纯粹是一种货币现象，利率完全由货币因素决定。凯恩斯在《就业、利息和货币通论》一书中说：“利率是一种价格，使得公众愿意用现金形式（货币形式）来持有的财富，恰等于现有的现金量。”流动性偏好和货币数量是构成利率的两大决定因素。该理论是货币数量均衡的利率理论。

引起流动性偏好的动机有三个：交易动机、预防动机和投机动机。交易动机和预防动机所需的货币量与利率无关，主要与收入有关，用 $L_1=L_1(Y)$ 表示，Y 为收入水平。而投机动机所需的货币量主要与利率相关，$L_2=L_2(r)$，与收入关系不大。利率越高，投机性货币需求就越小；利率越低，投机性货币需求就越大，当利率低至某一极限时，货币需求为无限大，人们宁愿持有货币而不愿持有其他资产。这就是“流动性陷阱”。总的货币需求为 $L=L_1(Y)+L_2(r)$。

满足交易动机和预防动机的货币供给量用 M_1 表示，满足投机动机的货币供给量用 $M2$ 表示，社会总的货币供给量为 $M=M_1+M_2$。当货币的供求均衡时，即 $M=M_1+M_2=L_1(Y)+L_2(r)$ 时，所决定的利率为均衡利率。

3. 可贷资金利率理论

可贷资金利率理论是 20 世纪 30 年代提出来的，其主要代表人物是剑桥学派的罗伯逊。该理论试图在利率决定问题上把货币因素和实质性因素结合起来考虑，完善古典学派的投资储蓄理论和凯恩斯学派的流动性偏好理论。该理论一方面继承了古典利率理论基于长期实际经济因素分析的理论传统，但反对古典利率理论对货币因素的忽视，认为将利率的决定局限于商品市场上的储蓄和投资两个因素过于片面；另一方面，开始注意货币因素的短期作用，但反对凯恩斯忽视非货币因素在利率决定中的作用的观点。他们旨在利用货币因素与实际因素、存量与流量的分析，将储蓄、投资、中央银行的货币政策以及商业银行体系创造的新增货币等都纳入利率的决定机制中，从而得出了利率取决于可贷资金的供给与需求均衡点的结论。其中，可贷资金的供给主要有以下几个来源：①当前储蓄；②出售固定资产的收入；③窖藏现金的启用；④银行体系新创造的货币量。可贷资金的需求主要来自以下几方面：①当前投资；②固定资产的重置与更新；③新增的窖藏现金量。

二、利率的影响因素

利率水平的高低直接影响借款者的成本和贷出者的收益。决定利率水平的因素是多种多样的，主要有以下几种。

（一）平均利润率

由于利息是利润的一部分，因此，利润率是决定利率的首要因素。根据市场法则，等额资本要获得等量利润，通过竞争和资源的流动，一个经济社会在一定时期内会形成一个平均利润率。这一平均利润率是确定各种利率的主要依据，它是利率的最高界限。当然，在一般情况下，利率也不会低于零。如果利率低于零，就不会有人出借资金了。所以，利率通常在平均利润率和零之间波动。

（二）借贷资金的供求关系

虽然从理论上讲，利率既不会高于平均利润率，也不会低于零，但实际上，决定某一时期某一市场上利率水平高低的是借贷资金市场上的供求关系，即利率是由借贷资金供求双方按市场供求状况来协商确定的。当借贷资金供大于求时，利率水平就会下降；当借贷资金供不应求时，利率水平就会提高，甚至高于平均利润率。

（三）中央银行的货币政策

自 20 世纪 30 年代凯恩斯主义问世以来，各国政府都加强了对宏观经济的干预。政府干预经济最常用的手段是中央银行的货币政策。中央银行采用紧缩政策时，往往会提高再贴现率或其他由中央银行所控制的基准利率（如美国的联邦基金利率）；而中央银行实行扩张政策时，又会降低再贴现率或其他基准利率，从而引起借贷资金市场利率跟着作相应调整，并进而影响整个市场的利率水平。

（四）物价水平

在现代信用货币流通的条件下，利率的变动与物价的变动有着非常密切的联系。在信用货币流通的条件下，当由于种种原因而导致一般物价水平持续上升即发生通货膨胀时，货币购买力下降，币值下跌，国家为了稳定物价，就纷纷通过调整利率来调节货币供应量，促使货币购买力上升。因为物价上涨，货币贬值，存款人所得的实际利率低于名义利率，经济利益遭受损失，从而影响其存款积极性，因此，为了维持吸收社会存款的规模，名义利率也需要随着物价的上涨而上调。相反，当由于种种原因而导致一般物价水平下跌即发生通货紧缩时，市场低迷，信用收缩，国家为了促使物价水平回升，一般会采取降息的措施。因为物价的持续与普遍下跌将使实际利率升高，这将有利于债权人而损害债务人的利益，而社会上的债务人大多是生产者和投资者，债务负担加重，无疑会使他们的生产与投资活动受到影响，从而对经济增长带来负面影响。由此可见，名义利率与物价一般具有同向变动的趋势。

（五）国际利率水平

现代经济的一个重要特征就是世界经济日益国际化、一体化。在开放的经济体系中，国际经济联系使国内市场利率受到国际市场利率的深刻影响。这种影响是通过资金在国际上的流动来实现的。当国际市场利率高于国内利率时，国内货币资本流向国外。反之，当国际市场利率低于国内利率时，则国外货币资本流进国内。不论国内利率水平是高于还是低于国际利率，在资本自由流动的条件下，都会引起国内货币市场上资金供求状况的变动，从而引起国内利率的变动。

除了以上五种因素外，决定一个国家在一定时期内利率水平的因素还有很多。如在经济高涨时期，管理当局大多会提高利率；而在经济衰退时期，又大多会降低利率。此外，借贷期限长短、借贷风险大小、一国经济的开放程度等都会对一个国家国内利率产生重要影响。因此，必须综合分析各种因素，才能找出利率水平变动的主要原因。

第四节　利率的作用

一、利率的作用

（一）调节投资

利率对投资规模和投资结构两方面都具有调节作用。企业进行投资，单纯依靠自身聚集资金往往不够，还要大量使用借贷资本。因此，利率的降低，企业贷款成本降低，投资成本相对减少就会增加投资，从而使整个社会投资规模扩大。所以，利率的升降与社会投资规模的大小成反向变化。

（二）引导资金流向

在市场经济条件下，生产要素主要是通过市场来配置的。利率的变动会引起投资决策和规模的变动，最终达到调节资金流向的作用。这种调节从结构上说，主要是采取差别利率和优惠利率。银行根据经济发展的规模和结构，可以对不同部门、地区和企业实行差别利率和浮动利率等，以支持国民经济薄弱环节、“瓶颈”产业和短线产品的发展，促进区域经济协调发展。

（三）稳定物价水平

利息是货币资金的价格，也可以说是商品价格的构成部分，因而对价格有重要的影响。一般来讲，当物价水平持续上升时，中央银行要提高存贷款利率和再贴现率，缩小信用规模，抑制社会总需求，从而使物价趋于稳定。相反，当物价水平持续下跌时，则降低存贷款利率水平和再贴现率，扩大信用规模，刺激社会总需求，使物价回升。如果物价的大幅波动是由供求结构失衡所导致的，则利息调节的着眼点应在于结构的调整，对供不应求的商品可降低其贷款的利率，促使企业扩大再生产，增加有效供给，最终达到稳定物价的目标。

（四）提高资金的使用效益

每一个企业都必须考虑经营的结果，企业的利润收入=销售收入-（产品成本+贷款利息+税金）。在通常情况下，产品成本和税金是相对稳定的，如果销售收入不变，企业利润的大小就主要取决于支付利息的多少。在利率特别是差别利率的作用下，每一个负债企业都必须加强经营管理，加速资金周转，努力节约资金的使用和占用，取得最大的经济效益。

（五）引导金融资产选择

每个经济部门都追求利润最大化，社会公众出于货币增值的要求，必然将货币收入转化为金融资产来储存。为此，他们需要在银行存款、国债、金融债券、股票、企业债券等金融资产中进行选择。面对不确定的市场与未来，选择什么样的资产进行投资，应当考虑资产的收益性、风险性和流动性三个方面。其中，收益性的高低与利息有着密切的关系，在证券市场上，利率的变化影响到股票、债券等有价证券行市的涨落。因为有价证券的价格是收入的资本化，利率的变化轨迹与有价证券的变化轨迹呈反方向运动，调整利率会直接影响到有价证券的价格变化，进而影响到购买者的收益，因此，调整利率可以引导人们选择不同的金融资产。

（六）平衡国际收支

在资本自由流动的国家里，国际收支对利率的反应十分敏感。当国际收支失衡时，可通过调节利率来达到平衡。如在国际收支逆差严重时，提高本国利率水平，使其高于国外利率水平，既可阻止本国资金外流，又可吸收外国短期资本流入本国。但在经济衰退并发生国际收支逆差时，就不能简单地提高利率水平，而应主要调整利率结构。一方面，降低长期利率，鼓励投资，发展经济；另一方面，提高短期利率，阻止本国资本外逃并吸引外资流入，从而在平衡国际收支的同时，抑制经济衰退。

总之，在发达的市场经济中，利息的作用是相当广泛的。无论对微观经济还是对宏观经济都有着重要的影响。利息作用的充分发挥需要良好的社会经济环境和条件，比如自我约束的企业经营机制，统一、有序、开放的市场体系，稳定可靠的社会信用体系等。

【拓展知识】

欧洲央行将主导利率调降至历史新低

欧洲央行管理委员会2013年5月2日在斯洛伐克的布拉迪斯拉发召开5月例行货币政策会议。欧洲央行发表声明说，管理委员会决定将主导利率调低25个基点至0.5%，将边际贷款工具利率调低50个基点至1%，新利率从5月8日开始生效。

此前，市场分析人士认为，在欧元区通货膨胀率下降、失业率居高不下以及经济增长乏力的情况下，欧洲央行降息或将有助于欧元区的经济复苏。

资料来源：新华网【EB/OL】http：//news. xinhuanet. com/fortune/2013-05/02/c _ 115619103.htm.

二、利率发挥作用的环境与条件

在现代市场经济中，利率发挥作用的领域是十分广泛的。从微观角度说，对个人收入在消费与储蓄之间的分配、企业的经营管理和投资的积极性等方面，利率的影响都非常直接；从宏观角度说，对货币的需求与供给、市场的总供给与总需求、物价水平的升降、国民收入分配的格局、汇率和资本的国际流动。经济成长和就业等，利率都是重要的经济杠杆。在经济学中，无论是微观经济学部分还是宏观经济学部分，基本模型中利率几乎都是最重要的、不可缺少的变量之一。基本原因在于，对于各个可以独立决策的经济人——企业、个人以及其他来说，利润最大化、效益最大化是最基本的准则，而利率的高低直接关系到他们的利益。在利益约束机制下，利率也就有了广泛而重要的作用。

（一）限制利率作用发挥的因素

在现实生活中，利率作用往往不能充分发挥，因为有些人为的因素或非经济因素使其作用的发挥受到种种限制。这种限制主要有利率管制、授信限量、经济开放程度、利率弹性等。

1. 利率管制

即国家对直接融资和间接融资活动中的利率施行统一的管理，由管理机构根据宏观经济发展的要求和对金融形势的判断，制定各种利率，各金融机构都必须遵守和执行。利率管制作为国家宏观经济管理的一种手段，具有可控性强、作用力大的特点，但也可能因制定的利率水平不恰当或调整不及时而限制利率作用的发挥。

2. 授信限量

在一些国家中，如果信贷出现供不应求的现象，而银行又不愿或难以用提高利率的方式阻止过度需求，则通常可以采用“授信条件和限量”的措施，其中包括授信配给制，即对信誉最高、关系最深的客户尽量维持授信量，但对其他求贷者则拒之门外。除此之外，还包括实施其他授信条件，如首期付款量、质押品、分期还款量等，使许多消费需求和投资需求得不到满足。这种授信限量的结果使信贷资金的供求矛盾进一步激化，黑市猖獗，使银行利率与市场利率之间的距离不合理地扩大，阻碍了利率机制正常发挥作用，还会引起整个利率体系的结构和层次的扭曲。

3. 市场开放程度

经济开放程度取决于两个方面：资金流动自由度与市场分割。在一国经济中，如果政府实行严格的外汇管制，限制资本的流出、流入，就会使一国的利率体系孤立起来，失去与世界利率体系的有机联系。在这种情况下，利率体系就失去了汇率效应。同样，在一国经济中，如果资金流动受到各种限制，进行条块分割，金融市场处于一种分割状态，不能成为有机的统一市场，那么利率体系各组成部分之间就失去了有机联系，整个利率体系就会失去弹性，作用的发挥就有了很大的局限性。

4. 利率弹性

弹性是现代经济学中的一个重要概念。利率弹性表示利率变化后其他经济变量对利率变化的反应程度。某一变量的利率弹性高，表示该变量受利率的影响大，对利率变动的反应十分灵敏，利率的作用就能充分发挥出来。例如，投资的利率弹性和货币需求的利率弹性都非常高的时候，只要有轻微的利率波动，便足以引起投资量的变动和货币需求的变化，并通过对供求关系的影响使真实经济受到很大的影响。反之，若利率弹性很小，则利率对经济变量乃至真实经济的影响自然就很微弱了。

可见，利率在现代市场经济中发挥作用会受到一些因素的限制，要使其充分发挥作用，必须具备一定的条件。

（二）利率发挥作用的条件

1. 市场化的利率决定机制

市场化的利率决定机制指利率不是由少数银行寡头协定或政府人为决定，而是通过市场和价值规律机制，由市场供求关系决定。市场上资金供不应求，利率就会上扬；资金环境相对宽松，利率就会下降。因此，由市场因素决定的利率能够真实灵敏地反映社会资金的供求状况，通过利率机制促使资金合理流动，缓和资金供求矛盾，发挥筹集资金、调剂余缺的作用。

2. 灵活的利率联动机制

在利率体系中，各种利率之间相互联系、相互影响，当其中的一种利率发生变动时，另一些利率也会随之上升或下降，进而引起整个利率体系的变动，这就是利率之间的联动机制。在各种利率当中，尤以基准利率变动引起的变化最为明显。例如，近年来美国联邦储备委员会曾多次针对经济形势调高或降低其基准利率——联邦基金利率，由于美国具有灵活的利率联动机制，因而联邦基金利率的升降引起了商业银行利率、市场利率的迅速变动，从而起到了紧缩信用或扩张信用的作用。可见，利率对经济调节作用的发挥离不开灵活的利率联动机制。

3. 适当的利率水平

过高或过低的利率水平都不利于利率作用的发挥。利率水平过高，会抑制投资，阻碍经济的发展与增长；利率水平过低，又不利于发挥利率对经济的杠杆调节作用。因此，各国金融管理部门或中央银行都十分重视利率水平的确定。尤其对发展中国家来说，在市场化利率决定机制形成的过程中，应逐步确定适当的利率水平，一方面能真实反映社会资金的供求状况；另一方面使资金借贷双方都有利可图，从而促进利率对社会总需求、物价、收入等因素的作用的发挥，推动经济的持续、稳定发展。

4. 合理的利率结构

利率水平的变动只能影响社会总供求的总体水平，而不能调整总供求的结构和趋向，也不能调整经济结构、产品结构以及发展比例等。合理的利率结构包括利率的期限结构、利率的行业结构以及利率的地区结构，可以体现经济发展的时期、区域、产业及风险差别，弥补利率水平变动作用的局限性，通过利率结构的变动引起一连串的资产调整，从而引起投资结构、投资趋向的改变，使经济环境产生相应的结构性变化，更加充分地发挥出利率对经济的调节作用。

【拓展知识】

利率市场化

以利率形成市场化为核心内容的利率改革是许多发达国家曾经面临的重大课题。20世纪80年代以来，西方主要国家境内外自由利率市场的发展，直接冲击了传统的利率管制，并导致了全面的利率自由化。从具体国家看，美国是在高利率背景下以资金大规模地向有自由利率的金融商品市场注入为突破口的；日本是从国内和国外两条线索展开利率自由化的，在国内是促进国债市场的发展和市场利率的形成，在国外则是利用了欧洲市场的发展；英国则是以国内伦敦市场自由利率的发展为契机推进利率自由化的。

从国际一般经验来看，利率市场化的一般步骤包括：第一，通过将利率提高到市场均衡状态下来保持经济金融运行的稳定；第二，完善利率浮动制，扩大利率浮动范围，下放利率浮动权；第三，实行基准利率引导下的市场利率体系。从我国利率改革的进展看，目前已经进入上述第三个阶段，即通过推进金融市场的发展、金融资产的多元化来推进利率形成机制的市场化，并根据市场利率的波动状况，及时调整贷款利率，增大贷款利率的波动幅度，最后实现存款利率的市场化。

从我国的实际情况和国际经验看，我国的利率市场化应该采取渐进方式进行。其总体思路是，首先从发展货币市场着手，形成一个更为可靠的市场利率信号；其次以这一市场利率为导向，及时调整贷款利率，扩大其浮动范围，并促进银行间利率体系的建立和完善；最后逐步放开存款利率。具体来说，这主要包括以下几个方面的内容：第一，推进货币市场的发展和统一，促进市场化的利率信号的形成。第二，跟踪市场利率而及时调整贷款利率，进一步扩大贷款利率的浮动范围。第三，推进银行间利率体系的建立和完善。根据市场利率的波动状况和资金供求状况，动态调整中央银行的再贷款利率，使其成为货币市场的主导利率指标。第四，推进存款利率的市场化。从大额定期存单等品种开始，逐步扩大存款利率的浮动范围。

资料来源：李绍昆，曾红燕．货币银行学［M］．北京：中国人民大学出版社，2013.

三、我国社会主义市场经济中利率作用的发挥

新中国成立初期，由于严重的通货膨胀、猖獗的投机倒把和高利贷活动，政府采取了一系列严格管制措施，其中包括利率管制。它对于迅速制止金融物价领域的混乱局面和配合私营工商业的所有制改造等起到了很好的作用。随着高度集中的中央计划经济管理体制的建立，管理利率的做法进一步得到强化，形成高度集中的计划管理体制的一个有机组成部分。这一阶段利率管制的特点是利率档次少、利率水平低、利差小、管理权限高度集中。这种管制利率政策对于稳定物价、稳定市场、促进和扶持工农业生产起到了良好的作用，但由于高度集中的计划管理体制下生产、销售、分配和资金供求都基本取决于国民经济计划，故利率的高低对经济起不了实质性作用。

改革开放以来，随着我国经济体制从计划经济向市场经济转轨，利率体制的改革日益紧迫、刻不容缓。如何形成一套符合中国国情的、符合市场经济要求的社会主义市场经济利率体制已经现实地摆在我们面前。近年来，我国政府对利率的管理在方法上更为多样，手段上更为灵活，并适时根据经济形势调整利率，对宏观经济进行调控。如1996年国家针对宏观经济形势稳定、通货膨胀得到有效控制、物价上涨率大幅回落的形势，于5月、8月两次调低利率，以适应经济运行的需要。但是，当前我国利率作用的发挥还受到一定的限制，距离市场化的利率机制还有一段距离。因此，要充分发挥出利率对经济的作用，应逐步进行利率市场化的改革。

利率市场化是社会主义市场经济及金融经济发展的要求与重要内容。但是，它需要一定的条件与环境，在我国当前的经济、金融背景下，要想一步实现利率的市场化是不现实的。只有从实际出发，实行渐进式的利率改革，才能逐步实现利率市场化，充分发挥利率在社会主义市场经济中的作用。

【课后习题】

1. 影响利率水平的因素有哪些？
2. 利息的计算方法有哪些？它们有什么不同？
3. 为什么说利率市场化是经济发展的必然？
4. 利率的种类有哪些？
5. 各种利率决定理论的主要内容是什么？

第五章　金融机构

学习目标

通过本章的学习，了解金融机构的构成、金融机构的性质及作用；掌握我国商业银行的体系构成；熟悉中央银行、商业银行的主要业务内容；能熟练进行支票、汇票和本票的结算。

案例引入

亚洲基础设施投资银行

亚洲基础设施投资银行（Asian Infrastructure Investment Bank，简称亚投行，AIIB）是一个政府间性质的亚洲区域多边开发机构，重点支持基础设施建设。其总部设在北京，法定资本为 1 000 亿美元。其成立的宗旨是促进亚洲区域的建设互联互通化和经济一体化的进程，并且加强中国及其他亚洲国家和地区的合作。

2013年 10 月 2 日，习近平主席提出筹建倡议，2014年 10 月 24 日，包括中国、印度、新加坡等在内的 21 个首批意向创始成员国的财长和授权代表在北京签约，共同决定成立亚洲基础设施投资银行。

2015年 3 月 12 日，英国正式申请加入亚投行，成为首个申请加入亚投行的主要西方国家。随后，法国、意大利、德国等西方国家纷纷以意向创始成员国身份申请加入亚投行。韩国、俄罗斯、巴西等域内国家和重要新兴经济体也纷纷申请成为亚投行的意向创始成员国。

截至2015年 4 月 15 日，亚投行意向创始成员国确定为 57 个，其中域内国家 37 个、域外国家 20 个，涵盖了除美日和加拿大之外的主要西方国家以及亚欧区域的大部分国家，成员遍及五大洲，其他国家和地区今后仍可以作为普通成员加入亚投行。各方商定于2015年年中完成亚投行章程谈判并签署，年底前完成章程生效程序，正式成立亚投行。

资料来源：陈登峰．金融学基础［M］．大连：东北财经大学出版社，2015.

第一节 金融机构概述

一、我国的金融机构

金融机构即从事各种金融活动，经营货币、信用业务的机构。政府通过金融机构的运作，可以对国民经济各部门产生直接或间接的影响，从而有利于实现社会经济的稳定发展目标。现代金融机构体系的一般构成是以中央银行为核心，以商业银行为主体，各类专业银行、非银行类金融机构并存。本章主要介绍占有主体地位的商业银行。

中国关于银行业的记载较晚，较早的记载是南北朝之际寺庙经营的典当业。大量记载则始于唐代，有经营典当业的质库、有保管钱财的柜房、有打制金银（饰品）和经营金银买卖的金银铺；至于汇兑业务，不仅有商人经营，更主要的是官府经营。经过宋元到明清，钱庄、银号、票号兴起，（乔家大院）银钱业有长足发展，但由于封建社会的长期停滞，中国古老的银钱业一直未能发生向现代银行业的质的转化。直到1845年，我国才出现第一家新式银行，不过这是一家外国银行，是由英国人开设的丽如银行。中国人自己开办的银行是1897年成立的中国通商银行，它的成立标志着中国现代银行信用事业的开始。这家银行是以商办面目出现的股份银行，实质上是受控于官僚、买办集团的。民国时期，国民党政府直接控制着中央银行、中国银行、交通银行和中国农业银行。中华人民共和国成立以后，没收了官僚资本主义银行，改造了民族资本主义银行。1952年年底，全国银行全部改造为社会主义性质的银行。在改革开放前，中国银行业是高度集中统一的，中国人民银行统管一切，中国银行、中国农业银行仅是中国人民银行内部机构的一部分。中国人民银行集中央银行与商业银行于一身，既集中人民币的发行，也集中对中国金融的管理。随着有计划商品经济体制和中国特色的社会主义市场经济体制的确立与逐步完善，适应现代市场经济的金融机构体系也逐渐建立与完善起来，中国现代金融机构体系已基本上建立起来，即以中国人民银行为领导和核心，以国有商业银行为主体，其他银行和非银行金融机构为补充的体系基本建立起来。由于现在中国工商银行、中国建设银行、中国银行、中国农业银行都进行了股份制改造，已经上市，所以以国有商业银行为主体改为以国有主导或国有控股为主体。我国的金融机构体系如图 5-1 所示。

（一）中央银行

我国的中央银行是中国人民银行，是在国务院领导下制定和执行货币政策、对金融业实施监督管理的国家机关。按《中华人民共和国中国人民银行法》的规定，中国人民银行的具体职责包括：①发布和履行与其职责有关的命令和规章；②依法制定和执行货币政策；③发行人民币，管理人民币流通；④监督管理银行间同业拆借市场和银行间债券市场；⑤实施外汇管理，监督管理银行间外汇市场；⑥监督管理黄金市场；⑦持有、管理、经营国家外汇储备、黄金储备；⑧经理国库；⑨维护支付、清算系统的正常运行；⑩指

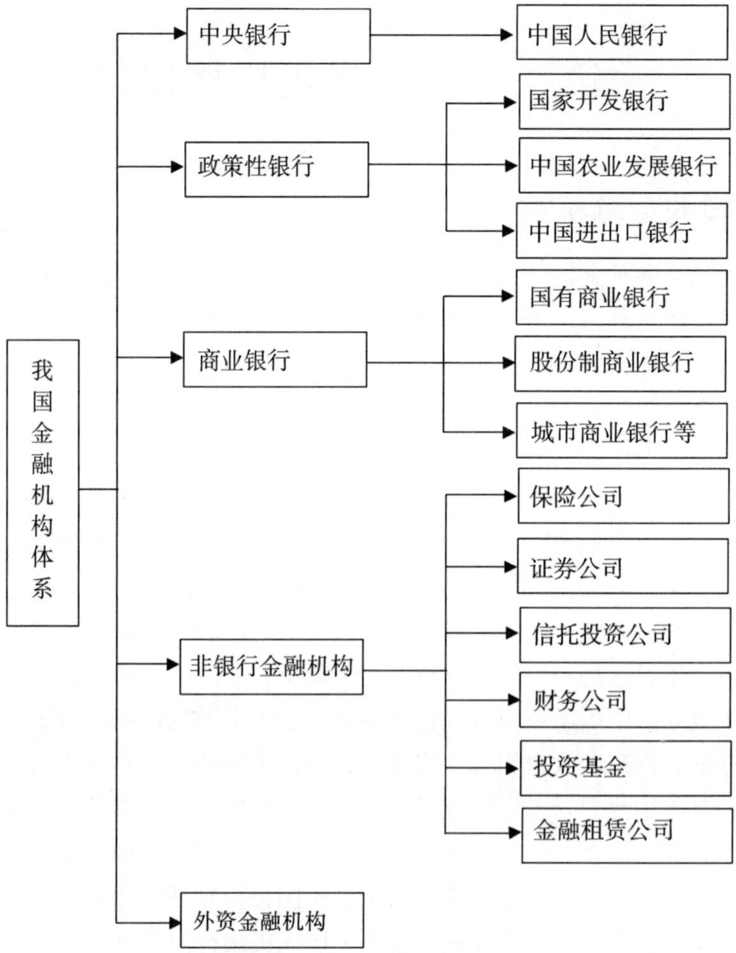

图 5-1　我国的金融机构体系图

导、部署金融业反洗钱工作，负责反洗钱的资金监测；⑪负责金融业的统计、调查、分析和预测；⑫作为国家的中央银行，从事有关的国际金融活动；⑬执行国务院规定的其他职责。

中国人民银行的最高决策机构是理事会，理事长由中国人民银行行长担任。中国人民银行总行设在北京，1998年以前按行政区划设置其分支机构，1998年以后按经济区域设立了天津、沈阳、上海、南京、济南、武汉、广州、成都、西安 9 个跨行政区的分行，各分行下设若干支行。各分支行在总行领导下在各自的辖区内履行中央银行的有关职责。同时，中国人民银行还在北京和重庆设立两个直属于总行的营业管理部。

中央银行因为地位特殊、作用特殊，故在银行体系中自成一大类，但大多数国家都是集中和单一制的，即一国只有一家这种银行。个别国家也采取复合制度，例如美国设有 12 家联邦储备银行，都起中央银行作用，在其上设有联邦储备委员会；欧洲中央银行是一个特例，是一个超主权银行。中央银行在各国金融业管理，国家宏观经济、金融调控上起重大作用。

（二）政策性银行

政策性银行是由政府投资设立的，不以营利为目的，根据政府的决策和意图专门充实政策性金融业务的银行。我国目前有三家政策性银行。

1. 国家开发银行

国家开发银行于1994年3月17日建立，其基本职责是为我国的基础设施、基础产业和支柱产业的大中型基本建设、技术改造等政策性项目及其配套工程融资。国家开发银行的业务范围主要是投资于制约国民经济发展的“瓶颈”产业项目、能直接增强综合国力的支柱产业的重大项目、高新技术产业的重大营业性项目、跨地区的重大政策性项目等。

2. 中国进出口银行

中国进出口银行于1994年7月1日成立，其主要职责是执行国家产业政策和外贸政策，为扩大机电产品和成套设备等资本性货物的出口提供政策性金融支持。中国进出口银行的业务范围主要包括为机电产品和成套设备等资本性货物的出口提供出口信贷，办理与之有关的各种贷款、混合贷款和转贷款，办理出口信用保险和担保业务。

3. 中国农业发展银行

中国农业发展银行于1994年11月18日成立，其主要职责是以公家信用为基础，筹集农业政策性信贷资金，承担国家规定的农村政策性金融业务，代理财政支农资金的拨付，为农业和农村经济发展服务。其业务范围主要包括办理粮、棉、油、糖、猪肉等主要农副产品的国家专项储备和收购贷款，扶贫贷款和农业综合开发贷款，以及国家确定的小型农、林、牧、水利基本建设和技术改造贷款等。

（三）商业银行

1. 国有商业银行

中国工商银行、中国农业银行、中国建设银行、中国银行和交通银行五家国有商业银行在我国金融机构体系中处于主体地位。按《中华人民共和国商业银行法》的规定，国有独资商业银行可以从事以下部分或者全部业务：①吸收公众存款；②发放短期、中期和长期贷款；③办理国内外结算；④办理票据承兑与贴现；⑤发行金融债券；⑥代理发行、代理兑付、承销政府债券；⑦买卖政府债券、金融债券；⑧从事同业拆借；⑨买卖、代理买卖外汇；⑩从事银行卡业务；⑪提供信用证服务及担保；⑫代理收付款项及代理保险业务；⑬提供保管箱服务；⑭经国务院银行业监督管理机构批准的其他业务。具体的内容在后面章节中会详细讲述。

2. 股份制商业银行

自20世纪80年代初起，我国就陆续组建了一批股份制商业银行：交通银行、中信实业银行（现为中信银行）、中国光大银行、华夏银行、中国民生银行、广东发展银行、招商银行、福建兴业银行（现为兴业银行）、上海浦东发展银行、烟台住房储蓄银行、蚌埠住房储蓄银行等。就这些商业银行的活动地域来看，新建时明确有全国性商业银行（如交通银行、中信实业银行、中国光大银行、华夏银行、中国民生银行等）与区域性商业银行之分，这从各银行的行名即可基本判别。但近些年来，随着金融改革的深入和金融业的快速发展，一些区域性商业银行的经营界域已超出了原来定位的地区，也向其他城市或地区扩展。

3. 城市商业银行

1995年春，我国开始在规范信用社的基础上组建城市合作银行，其基本方式是将众多的城市信用合作社改组为地方性股份制商业银行，城市合作银行实行一级法人、多级核算经营的体制，所有入股的城市信用合作社都变为城市合作银行的分支机构。城市合作银行在性质上并不属于合作性金融机构，而是股份制商业银行，因而城市合作银行后来又改名为城市商业银行。这些以城市名称命名的城市商业银行的主要功能是为本地区经济发展融通资金，重点为城市中小企业的发展提供金融服务。

2001年11月，经中国人民银行批准，江苏省成立了张家港市、常熟市、江阴市三家农村商业银行，这是在农村信用合作社的基础上改制组建的股份制商业银行，标志着一种新的农村金融机构的诞生。

（四）外资金融机构

外资金融机构是指依照中华人民共和国的有关法律法规，经批准在中国境内设立和营业的金融机构，其主要有三种形式：一是外资银行，具体包括外国独资银行、外国银行分行、中外合资银行；二是外资财务公司，具体包括外国独资财务公司、中外合资财务公司；三是外资保险公司，具体包括外国独资保险公司、外国保险公司分公司、中外合资保险公司。随着金融机构对外开放和我国加入WTO，外资银行将陆续进入我国，这既有利于引进外国银行资本和先进的管理经验，但也加剧了金融业的竞争；既对国内金融机构提供了机遇，但也提出了挑战。国内金融机构只有转换经营机制，提高管理水平，才能适应市场，接受挑战。

二、非银行金融机构

非银行金融机构主要指保险公司、信托投资公司、证券公司、财务公司、投资基金和金融租赁公司等。

（一）保险公司

保险公司是经营保险业务的企业，是金融机构的一个组成部分。保险公司经营的基础是集中多数单位和个人的风险，用收取保险费的形式建立保险基金，用于弥补投保人因自然灾害或意外事故造成的损失，或对个人因伤残死亡等给予物质补偿。

中国人自己最早创办的保险公司是中国轮船招商局于1885年创办的“仁和”保险公司，这是中国的第一家保险公司。保险公司形式多样，主要有以下几种：①私营保险公司。它是私人投资经营的公司，多数以股份形式出现，在资本主义社会占主导地位。②个人保险公司。它以个人身份承做保险业务，这只在英国很盛行，其他国家很少出现。③合作保险。这是西方互助保险公司，是办理相互保险业务的公司。④公私合营保险机构。⑤自保保险公司。一些大公司（通用和IBM）和托拉斯，为了节约保险费，减轻赋税负担，承担为本系统服务的保险公司。⑥国营保险公司。

目前，我国保险公司有中国人民保险（集团）公司、中国太平洋保险公司、中国平安保险公司、中国人寿保险股份有限公司和太平人寿保险股份公司等。国外一些著名的保险公司如美国友邦保险公司等也在我国设有分支机构。

（二）信托投资公司

信托公司是以代人理财为主要经营内容，以受托人身份经营现代信托业务的金融企业。现代信托业务起源于英国，但历史上最早的信托公司却产生于美国，美国“马萨诸塞慈善人寿保险公司”于1818年被核准许可营业，英国第一家信托公司“伦敦受托遗嘱执行和证券保险公司”则成立于1886年。

信托公司的业务主要分为货币信托和非货币信托两大类。货币信托包括信托贷款、养老金信托、有价证券信托投资、养老金和投资基金信托、其他货币信托。非货币信托包括有价证券信托、债权信托、不动产信托、动产信托、担保权信托。

中国最早的信托公司是1921年在上海成立的“上海通商信托公司”。1979年，中国银行恢复设立信托咨询部；同年 10 月，中国国际信托投资公司成立。

我国的信托投资公司有三种类型：国家银行附属的信托投资公司；全国性的信托投资公司，如中国国际信托投资公司和爱建金融信托公司等；地方性信托投资公司，它是地方政府为促进本地区和国外的经济技术合作而在大中城市建立的信托投资公司。

（三）证券公司

证券公司又称证券商，主要业务有推销政府债券、企业债券和股票，代理买卖和自营买卖已上市流通的各类有价证券，参与企业收购、兼并，充当企业财务顾问等。我国第一家证券公司于1987年在深圳经济特区成立，以后各省市都相继成立了证券公司。为了方便投资者买卖股票和债券，证券公司和信托投资公司在全国大中城市设立了证券交易营业部，在那里人们可以非常方便地买卖各种上市证券。

（四）财务公司

财务公司也称“财务有限公司”，是经营部分银行业务的非银行金融机构。其业务主要有发放贷款、投资，经营耐用品租赁或分期付款的销货业务。其资金来源有向银行借款，出卖商业票据，推销企业股票、债券和发行本公司证券（大额存款证），多数财务公司还接受定期存款。西方财务公司业务逐渐扩大，几乎与投资银行无多大差异。西方财务公司在发放消费信贷方面占有特殊重要位置。如通用汽车公司有通用汽车金融服务公司。中国的财务公司多为产业集团分公司集资而成，宗旨和任务是为本企业集团内部各企业筹资和融通资金，促进其技术改造和技术进步，一般不向企业集团之外吸收存款。财务公司在业务上受银行监督委员会领导和管理，在行政上则隶属于各企业集团。主要业务有人民币存款、贷款、投资业务，信托和融资性租赁业务，发行和代理发行有价证券等。

（五）金融租赁公司

金融租赁公司是通过融资形式起融物作用的企业。第一家租赁公司于1952年 5 月由

H. 杰恩费尔德在美国旧金山创立，叫美国金融贴现公司，现为美国国际租赁公司。租赁按其性质可分为两大类：金融租赁和经营租赁。金融租赁是融资和融物相结合的一种信用方式。金融租赁是租赁公司根据客户需要购进机器设备等，租给企业使用；企业付给一定量的租金，待租期届满时，承租人有竞购、续租、退还的选择权。租赁和贷款的不同之处是融资和融物相结合，融资和融物都是所有权和使用权相分离。经营租赁是出租人将自己经营出租的设备或用品反复出租的租赁行为。这种租赁的特点是时间短，一般在一年以内，所租用物不是企业常用设备或物资。上述两类租赁形式都可以起到节约资金、扩大投资能力的作用，也有利于引进外国先进设备、节约外汇使用等。

目前，国际上的租赁行业由三种类型的机构组成：①银行或与银行有关的金融机构所属的租赁公司；②属于制造商的租赁公司；③综合经营并独立开业的租赁公司。

我国的金融租赁公司起始于 20 世纪 80 年代。金融租赁公司创建时大都是由银行、其他金融机构以及一些行业主管部门合资设立，如中国租赁有限公司、东方租赁有限公司等。根据我国金融业实行分业经营及管理原则，对租赁业务也要求独立经营，与所属银行等金融机构脱钩。目前，金融租赁公司的主要业务有用于生产、科研、办公、交通运输等动产、不动产的租赁，转租赁，回租租赁业务；前述租赁业务所涉及的标的物的购买欲望；出租物和抵偿租金产品的处理业务；向金融机构借款及其他融资业务；吸收特定项目下的信托存款；租赁项目下的流动资金贷款业务；外汇及其他业务，见表 5-1。

表 5-1　中国非银行金融机构比较分析

比较项目		信托公司	贷款公司	小额贷款公司	汽车金融	外商投资融资租赁公司	金融租赁公司
法令	主要法规	•中华人民共和国信托法 •信托公司管理办法 •信托公司集合资金信托计划管理办法	贷款公司管理暂行规定	•关于小额贷款公司试点的指导意见 •各省市小额贷款公司管理办法	汽车金融公司管理办法	外商投资租赁业管理办法	金融租赁公司管理办法
	主管机关	•银监会为主 •视业务则亦受证监会、劳动和社会保障部及保监会管理	银监会	•银监会 •人民银行 •各省政府指定部门	银监会	商务部	银监会
	台湾法令开放与否	未开放	未开放	未开放	可投资一般租赁，但禁止融资租赁	未开放	

续表

比较项目		信托公司	贷款公司	小额贷款公司	汽车金融	外商投资融资租赁公司	金融租赁公司
业务	最低资本额	3亿元人民币	50万元人民币	按各省市规定，但最低为500万元人民币	5亿元人民币	一般租赁无规定，融资租赁1000万美元	1亿元人民币
	业务范围	• 信托业务（受托管理、运用财产） • 创新业务（私募股权、房地产等投资） • 投资银行业务 • 自营业务（自有资金投资）	• 贷款 • 票据贴现 • 资产转让 • 贷款项下的结算	小额贷款	• 购车贷款 • 汽车融资租赁 • 买卖汽车贷款应收款和汽车融资租赁应收款业务 • 租赁汽车残值变卖及处理	• 一般租赁 • 融资租赁	融资租赁
	资金来源	• 不得吸收公众存款 • 可进行同业拆借，但拆入资金不得超过净资产的20%	• 不得吸收公众存款 • 营运资金需来自实收资本及向投资人的借款	• 不得吸收公众存款 • 营运资金来自资本金、捐赠资金、银行借款（不超过资本净额50%）	• 接受股东3个月（含）以上定期存款 • 发行金融债券 • 从事同业拆借 • 金融机构借款	• 不得吸收公众存款 • 与一般公司相同，透过自有资金、与银行借款或发行公司债取得资金	• 同业拆借（不超过资本净额）、境外借款，发行金融债、向金融机构借款、吸收非银行股东1年期以上之定存 • 可向商业银行转让应收租赁款
股东限制	本/外币业务限制	可经营本/外币业务	仅本币	仅本币	仅本币	无相关限制	可经营本/外币业务
	经营区域限制	可申请于异地开展信托业务	仅能服务该县域	仅能服务该县域	未规范	未规范	未规范
	分支机构开设	向主管机关申请	仅能在该县域中设立分公司	未规范	向主管机关申请	未规范	向主管机关申请

续表

比较项目		信托公司	贷款公司	小额贷款公司	汽车金融	外商投资融资租赁公司	金融租赁公司
股东限制	主要股东适格性	• 总资产不少于 10 亿美元 • 连续 2 年盈利 • 境外商业银行资本充足率不低于 8% • 境外机构及其关联方投资入股的信托公司不超过 2 家 • 3 年内不得转让持股	• 必须为境内商业银行或农村合作银行 • 资产规模不低于 50 亿元人民币	按各省市规定	• 须为生产或销售汽车整车的企业，最近 1 年的总资产不低于 80 亿元人民币、年营业收入不低于 50 亿元人民币 • 或非银行金融机构，注册资本不低于 3 亿元人民币	总资产不低于 500 万美元	为境内外之商业银行、租赁公司、大型企业或其他银监会认可之金融机构
	外资持股上限	20%	100%	单一外资及关联方 10%	100%	100%	未规定，推测为 100%

三、国际金融机构

为了适应国际经济发展的需要，国际上曾先后出现各种进行国际金融业务的政府间国际金融机构。最早可以追溯到1930年 5 月在瑞士巴塞尔成立的国际清算银行。第二次世界大战后建立了布雷顿森林国际货币体系，相应地建立了几个全球性国际金融机构，作为实施这一国际货币体系的组织机构。1957年到 20 世纪 70 年代，欧洲、亚洲、非洲、拉丁美洲、中东地区的国家为发展本地区经济的需要，通过互助合作方式，先后建立起区域性的国际金融机构，如泛美开发银行、亚洲开发银行、非洲开发银行等。

（一）国际货币基金组织

国际货币基金组织（IMF）是根据1944年联合国国际货币金融会议通过的《国际货币基金协定》建立的。1945年 12 月正式成立，1947年成为联合国的一个专门机构。其宗旨是通过会员国共同探讨和协商国际货币问题，促进国际货币合作；促进国际贸易的扩大和平衡发展，开发会员国的生产资源；促进汇率稳定和会员国汇率有条不紊地安排，避免竞争性的货币贬值；协助会员国建立多边支付制度，消除妨碍世界贸易增长的外汇管制；协助会员国克服国际收支困难。会员国缴纳的基金份额，是基金组织最主要的资金来源。

国际货币基金组织的主要业务活动除了对会员国的汇率政策进行监督，与会员国就经济、金融形势进行磋商和协调外，还向会员国提供借款和各种培训、咨询服务。

（二）世界银行集团

世界银行集团包括世界银行、国际开发协会和国际金融公司。世界银行的资金来源有会员缴纳的股金，向国际金融市场借款、出让债权、经营中的利润收入。其主要业务为向发展中国家提供长期贷款。

国际开发协会是专门对较穷的发展中国家发放条件优惠的长期贷款的金融机构，成立于1960年9月。

国际金融公司建立于1956年7月，申请加入该组织的国家必须是世界银行会员国。其主要任务是对属于发展中国家的会员国中私营企业的新建、改建和扩建提供资金。

（三）区域性国际金融机构

1. 亚洲开发银行

1966年成立于东京，行址设在菲律宾首都马尼拉。其宗旨是通过发放贷款和进行投资、技术援助，促进本地区的经济发展与合作。我国在亚洲开发银行的合法席位于1986年恢复，为亚行的第三大认股国。

2. 非洲开发银行

1964年成立，行址设在科特迪瓦首都阿比让。我国于1985年加入该行，成为正式成员国。其宗旨是为成员国经济和社会发展服务，提供资金支持；协助非洲大陆制定发展规划，协调各国的发展计划，以期达到非洲经济一体化的目标。

3. 加勒比开发银行

加勒比开发银行是地区性、多边开发银行，1969年10月18日，16个加勒比国家和2个非本地区成员国在牙买加金斯敦签署协议，成立加勒比开发银行（Caribbean Development Bank，CDB）。1970年1月26日，协议生效，1月30日，理事会成立大会在拿骚举行。总部设在西印度群岛的巴巴多斯首都布里奇顿。该行的宗旨是促进加勒比地区成员国经济的协调增长和发展，推进经济合作及本地区的经济一体化，为本地区发展中国家提供贷款援助。

4. 欧洲复兴开发银行

欧洲复兴开发银行（European Bank for Reconstruction and Development），简称欧银（EBRD），成立于1991年。建立欧洲复兴开发银行的设想是由法国总统密特朗于1989年10月首先提出来的。他的设想得到欧洲共同体各国和其他一些国家的积极响应。1991年，该银行拥有100亿欧洲货币单位（约合120亿美元）的资本。欧盟委员会（前欧洲共同体委员会）、欧洲投资银行和39个国家在银行中拥有股权。最大股份拥有者是美国，占10%，其次是法国、德国、意大利、日本和英国，各占8.5%，东欧国家总共拥有股份11.9%，其中苏联占有6%。其宗旨是在考虑加强民主、尊重人权、保护环境等因素下，帮助和支持东欧、中欧国家向市场经济转化，以调动上述国家中个人及企业的积极性，促使它们向民主政体和市场经济过渡。投资的主要目标是中欧、东欧国家的私营企业和这些国家的基础设施。

5. 欧洲投资银行

欧洲投资银行是欧洲经济共同体成员国合资经营的金融机构。根据1957年《建立欧洲经济共同体条约》的规定，于1958年1月1日成立，1959年正式开业，总行设在卢森堡。其宗旨是根据《罗马条约》第130条规定，欧洲投资银行不以营利为目的，其业务重点是对在共同体内落后地区兴建的项目、对有助于促进工业现代化的结构改革的计划和有利于共同体或几个成员国的项目提供长期贷款或保证；也对共同体以外的地区输出资本，但贷款兴建的项目须对共同体有特殊意义（如改善能源供应），并须经该行总裁委员会特别批准。对与共同体有联合或订有合作协定的国家和地区，一般按协定的最高额度提供资金。

6. 美洲开发银行

美洲开发银行（Inter-American Development Bank，IADB）成立于1959年12月30日，是世界上成立最早和最大的区域性、多边开发银行。总行设在华盛顿。美洲开发银行是美洲国家组织的专门机构，其他地区的国家也可加入，但非拉美国家不能利用该行资金，只可参加该行组织的项目投标。其宗旨是“集中各成员国的力量，对拉丁美洲国家的经济、社会发展计划提供资金和技术援助”，并协助它们“单独地和集体地为加速经济发展和社会进步作出贡献”。

（四）国际清算银行与巴塞尔银行监管委员会

1. 国际清算银行

国际清算银行（BIS）于1930年成立于瑞士巴塞尔，其目的是处理第一次世界大战后德国赔款的支付和解决德国国际清算问题。此后，其宗旨改为促进各国中央银行间的合作，为国际金融往来提供额外便利，以及接受委托或作为代理人办理国际清算业务等。该行建立时只有7个成员国，现已发展到45个国家和地区。

2. 巴塞尔银行监管委员会

巴塞尔银行监管委员会于1974年，由10国集团国家的中央银行行长建立。1998年7月，巴塞尔银行监管委员会通过《巴塞尔协议》（全称是《关于统一国际银行的资本计算和资本标准的协议》），成为国际银行监管方面代表性的文件。

（五）亚洲基础设施投资银行

亚洲基础设施投资银行（Asian Infrastructure Investment Bank，AIIB）简称亚投行，是一个政府间性质的亚洲区域多边开发机构，重点支持基础设施建设，总部设在北京。

2013年10月2日，习近平主席提出筹建倡议，2014年10月24日，包括中国、印度、新加坡等在内的21个首批意向创始成员国的财长和授权代表在北京签约，共同决定成立亚洲基础设施投资银行。2015年3月12日，英国正式申请加入亚投行，成为首个申请加入亚投行的主要西方国家。

之所以要成立亚投行，是因为从2015到2020年这段时期，亚洲地区每年基础设施投资需求将达到7 300亿美元，数额巨大，官方满足不了，私人运作有难度。从另一方面看，中国已成为世界第三大对外投资国，中国对外投资2012年同比增长了17.6%，创下了878亿美元的新高。而且，经过30多年的发展和积累，中国在基础设施装备制造方面已经形成完整的产业链，同时在公路、桥梁、隧道、铁路等方面的工程建造能力在世界上也已经是首屈一指。中国基础设施建设的相关产业期望更快地走向国际。但亚洲经济体之间难以利用各自所具备的高额资本存量优势，缺乏有效的多边合作机制，缺乏把资本转化为基础设施建设的投资。亚洲地区其实并不缺乏资金，缺少的只是融资机制，需要搭建一个专门的基础设施投融资平台，以充分利用本地区充裕的储蓄。

2013年10月，习近平主席和李克强总理在先后出访东南亚时提出了筹建亚投行的倡议。中国提出的筹建亚投行的倡议得到广泛支持，许多国家反响积极。2014年年初以来，中方牵头与亚洲域内、域外国家进行了广泛沟通。经过多轮多边磋商，各域内意向创始成员国就备忘录达成了共识。

在北京举行亚太经济合作组织（APEC）峰会期间，21 个成员国正式推出了亚投行，并于2015年年底前投入运作。

作为由中国提出创建的区域性金融机构，亚洲基础设施投资银行的主要业务是援助亚太地区国家的基础设施建设。在全面投入运营后，亚洲基础设施投资银行将运用一系列支持方式为亚洲各国的基础设施项目提供融资支持，包括贷款、股权投资以及提供担保等，以振兴包括交通、能源、电信、农业和城市发展在内的各个行业投资。

由以上内容可以看出，亚投行的产生，可推动亚洲基础设施的投资，推动亚洲的经济增长。亚投行不仅仅是一个“修桥”和“造路”的机构，更能在投融资体制改革方面发挥更大作用。亚投行会帮助亚洲和全球经济持续增长，以及增强全球经济的稳定性。

第二节　商业银行

一、商业银行的地位和组织形式

（一）商业银行的特殊地位

（1）商业银行是金融体系中规模最大的金融机构。从美国来看商业银行的营业额占整个金融体系营业额的一半，而在金融体系资产总额中商业银行占有最大份额，占 40%左右，其经济实力仍然占有绝对地位。

（2）商业银行经营项目最多，资产负债业务方面多样化程度最高，经营领域最广，被称为“金融百货公司”。商业银行从事存款、放款、投资、证券经纪人、相互基金经理、咨询公司、顾问公司、计算机服务和旅游导游等，银行运用其声望和财力，大力开拓新的业务项目和地盘。

（3）商业银行与中央银行共同构成全国支票结算中心，商业银行是唯一可以吸收活期存款的金融机构，而在西方，90%以上的经济交易都是通过支票进行的，通过这个结算系统进行清算。

（4）商业银行是货币创造者之一，其经营活动强烈地影响货币供应量，对货币供应量的水平和变化至关重要，因而商业银行也就成为中央银行管理货币信贷的主要对象。

随着货币经济的不断发展，金融创新层出不穷，金融自由化程度不断提高，商业银行和其他非银行金融机构之间的界限日益模糊，商业银行的垄断地位受到挑战。尽管这样，银行和非银行金融机构依然以各自传统的业务为主，商业银行依然是占统治地位的金融机构。

（二）商业银行的组织形式

商业银行是指通过吸收公众存款，发放贷款，办理相关票据、结算等多种业务的金融机构。商业银行作为一国金融体系中的主体，是整个金融体系中数量最多，业务量最大，分布面最广的金融机构。它为客户提供多样化的金融服务，给企业和个人都带来了极大的便利。

商业银行的组织形式是指商业银行在社会经济中的存在形式，它是受所在国的政治、经济和法律等多方面因素所影响的，不仅如此，它也受到国际金融发展的影响。各国商业银行的组织形式虽有不同，各具特色，但是大体上可以分为以下几种类型。

1. 单一银行制

单一银行制又称单元银行制，是指商业银行由一个总行机构来管理，不设立任何分支机构的一种银行制度。在现今，只有美国的银行还采取这一银行制度。在美国只有两类商业银行，一类是在联邦政府注册的国民银行，另外一类是在州政府注册的州银行。1863年之前，美国只存在州注册银行而没有联邦注册银行。因为美国各州的独立性非常强，为了保护自己的利益，各州政府都严格禁止本州银行设立分支银行，每家银行都必须以单一的形式在限定的区域内经营。1863年，《国民银行法》颁布将这种单一银行制法制化。《国民银行法》中规定，禁止国民银行在任何地方、以任何形式设立分支银行。这项规定不仅包括禁止国民银行跨州建立分支银行，也禁止国民银行在本州建立分支银行，形成了一种极为典型的单一银行制。

2. 分支银行制

分支银行制又称总分行制，是指允许银行在设立总行之外，可以在国内外各地普遍设立分支银行的一种银行制度。目前世界上大多数国家的商业银行都采用这种制度，在大城市设立总行，在国内各地及国外普遍设立分支行。依照总行管理的方式不同，分支银行制又可划分为管理处制和总行制两种。管理处制是指总行作为总管，只负责管理下属分支机构的业务行为，自身并不具体经营任何银行业务。总行制是指除了拥有管理和控制的职责之外，总行自身也经营相关的银行业务。

在现今社会，实行分支行制的代表国家是英国。早期的英国在很长时间段里规定除英格兰银行以外，不许设立股份制银行。当19世纪20年代银行业危机发生之后，英国政府开始允许在伦敦城之外设立股份制银行。因为股份制银行资金实力雄厚，可以在不同的地方设立营业部，可以增加银行的分支机构。随着时间的推移，股份制银行逐步发展，分支银行制逐渐在英国的银行业中占据了主导地位。另一方面，随着银行合并运动的有利进行，使得银行数目不断减少，分支机构逐渐增多，成功地推进了分支银行制的发展。这里说的银行合并运动，不仅是指早期股份银行吞并私人银行使其成为自己的分支机构，还包括股份银行对其他股份银行的吞并与收购。

3. 银行控股公司制

银行控股公司制又称集团银行制，是指由一家集团成立一个股权公司，再由该公司控制或收购两家以上的银行的股票。虽然在法律上这些银行是独立的，但是实际上股权公司根据其所拥有的股权数目，已经直接或间接地控制并拥有了这些银行。表面上看是股权公司控制了银行，实际上对银行的管理决策和经营政策有着决定性影响的是集团。通过这种方式，大集团通过股权公司将许多银行置于自己的控制之下。银行控股公司分为两类：一类是单一银行控股公司，是指只控制一家银行的公司；还有一类是多银行控股公司，是指同时拥有多家商业银行的公司。

这一组织形式在美国最为流行，因为这种方式可以帮助美国商业银行规避法律不准跨州经营和设立分支机构的规定。银行控股公司制在第二次世界大战后发展迅速，截至1984年年底，美国共有4 643家单一银行控股公司和698多家银行控股公司，美国商业存款中的90%都是由它们完成的。银行控股公司已逐渐成为美国商业银行最基本的组织形式。

4. 连锁银行制

连锁银行制是指由个人或集团控制多家商业银行股权，借此获得对这些银行控制权的一种组织形式。表面上不存在控股公司，而事实上由某个人或集团持有这些银行的股份，控制这些银行的经营决策。法律上，这些银行保持独立，然而经营上实际由某个人或集团控制。连锁制银行中每个成员银行都是独立个体，成员银行的董事会都是由同一批人组成。连锁银行的经营活动大多发生在小地区里，其成员多数为小银行，它们一般以一家大型中心银行为核心，由大型中心银行来确立业务模式，形成各种集团内部联合。从某种程度上来看，连锁银行制与银行控股公司制是有一定相同点的，它们都是为了回避对设立分支机构的限制而采取的一种银行组织形式。但是它与银行控股公司制的区别在于它不需要设立股权公司，而且此时，银行更容易受到个人或是集团的控制，不易获得银行运营时所需的大量资本。所以，连锁制银行存在的数量是远小于银行控股公司制的。

5. 代理银行制

代理银行制又称往来银行制，是指银行之间通过签订代理协议，委托对方银行代办指定业务的一种形式。通常情况下，银行间的代理关系是相互的，所以互为对方的代理行。这种代理银行制通常是发生在各个国家之间的，除此之外只有美国的代理制较为发达。在国际间，代理关系非常普遍。在国内，银行之间也存在着代理关系。在美国，这种代理银行制是指大银行和小银行间形成的一种业务网络关系。小银行将所吸收的存款存入到自己的代理行，大银行（代理行）则为小银行提供各种银行业务服务。这也是美国商业银行为了突破单一银行制限制的另一创新。实际上，在实行分支银行制的国家中，银行之间也可以存在代理关系，这种代理行为是平等的、双向的，是扩大业务领域的一种有效方法。

二、商业银行的职能和业务经营原则

（一）商业银行的职能

1. 信用中介

充当信用中介是商业银行最基本的职能。商业银行可以通过吸收存款，动员和集中社会上一切闲置货币资本，之后再以贷款的方式把这些货币资本投入市场中，以满足经济体中各部门对资金的需求。在这个过程中，银行成为货币资本的贷出者和借入者之间的中介者。银行作为信用中介，可以克服借款者在市场上直接借贷的局限性；可以帮助放贷者寻找最有信用的借款人，获得高收益、低风险；也可以对市场上的资本进行合理再分配，使货币资本得到最有效的运用。

2. 将居民的货币收入和储蓄变为资本

这是商业银行的重要职能，商业银行通过吸收存款可以将社会中各阶层的货币收入和积蓄转变为资本。对于社会居民而言，货币收入是用来进行日常消费的，积蓄是用来进行未来消费的，所以他们都不能被认为是资本。但是，银行将这些闲散资金集中起来，再放贷给所需企业使用，经过这个过程这些零散的货币就成为企业家们用来从事生产经营活动的资本。这也就是非资本货币转化为资本货币的过程，通过这个过程可以扩大社会总资本量，加快了经济的发展。

3. 充当支付中介

支付中介职能在银行为资本家办理资本运动的时候发挥了作用。因为银行具有较高的信用度和较多的分支机构，而且银行业务涉及许多企业和部门，因此，个人或企业都愿意委托银行进行货币保管、有价证券的办理和转账结算等。逐渐，银行成为资本家的“出纳”和“账房”。通过支付中介功能，不仅可以为客户节约流通经费，还能加速资本的周转速度。

4. 创造信用流通工具

银行券和支票是商业银行创造的主要信用流通工具。银行券是指由银行开出，并且保证可以随时兑现的不定期债务证券，它可以帮助商业银行扩大信用业务。支票是指由出票人签发，要求出票行在见票时无条件按照票面金额付款给收款人或者持票人的一种票据，这是商业银行的一种债务证券，在一定程度上，支票也可以扩大商业银行的信用业务。银行券和支票等信用流通工具在投放市场上后，可以很大程度上代替金属货币的流通，这既节约了流通费用，又增加了市场中货币的流通手段和支付手段。

（二）商业银行的业务经营原则

1. 安全性原则

银行业是一个风险高度集中的行业，因此安全性是银行在其经营活动中首先要考虑的一个问题。只有在安全性有保证的条件下，银行才有可能去追求最大的利润；也只有在安全性有保证的条件下，存款者才会将自己的钱存到银行。虽然在一个高度变化的经济环境中，银行要想完全避免风险是不可能的，但是商业银行从安全性原则出发，通过加强自身的管理，提高自身的预测能力，采取必要的避险手段来降低风险却是完全可能的。

商业银行是在众多风险的包围中生存的。传统上，商业银行所面临的风险主要包括信用风险、利率风险和流动性风险，但是近年来由于商业银行业务的国际化，以及银行大量参与衍生产品的交易，使得国家风险转移风险、市场风险、操作风险、法律风险和声誉风险也日渐突出。所以，坚持安全性原则，历来都为银行家所高度重视。

2. 流动性原则

流动性是指商业银行能够随时应付客户的提款、满足必要贷款的能力。商业银行的经营性质决定了它必须保持足够的流动性。商业银行之所以能够存在，是因为所有的存款人不会同时要求提款，从而使得它可以在保留部分准备金的前提下将资金用于贷放或投资。但是存款人对资金市场上的信息是高度敏感的，一有风吹草动，就可能纷纷要求提款，特别是当存款未得到全额保险的时候。如果某一银行因缺乏流动性而出现支付困难时，那么这一消息的传开只会使它陷入更深的困境，因为会有更多存款人竞相赶来提款。当存款人对银行业的前景普遍悲观的时候，这种挤兑还可能引发全行业的危机。在 20 世纪 30 年代大萧条的时候，人们看到的正是这样一幅场景。

这里我们要区分两个不同的概念，即流动性不足和资不抵债。前者是指银行无力立即支付它应该支付的款项，而后者则是指银行的资产损失超过了其自有资本。这两者并不是等同的，一个资不抵债的银行可能因保留了大量的现金而能够履行其付款责任，而一个资产大于负债的银行却可能因无法迅速将资产变现而无力满足客户的提款要求。但是它们又是可以相互转化的，当银行为履行付款责任而被迫将资产低价出售，且损失超过其自有资本时，它便变成了一家资不抵债的银行。

商业银行可以从资产和负债两个方面获得其流动性。从资产方面讲，银行应持有足够多的流动性资产，以便在必要的时候迅速变现；从负债方面看，主要是要开拓尽可能多的低价获取资金的渠道。

3. 营利性原则

营利性是指商业银行为其所有者获取利润的能力。商业银行作为经营性的企业，获取利润既是其最终的目标，又是其生存的必要条件，因为只有获得足够的利润，商业银行才能扩大其自身的规模，巩固自身的信誉，提高自身的竞争能力，从而免于被对手所吞并。

我国在《中华人民共和国商业银行法》中规定："商业银行以效益性、安全性、流动性为经营原则，实行自主经营、自担风险、自负盈亏、自我约束。"商业银行业务经营的三项原则既有联系也有矛盾。联系体现在银行业务的经营目标就是为了获得利润，而如果要达到这一目标就必须要做到流动和安全。矛盾体现在，如果商业银行要增加业务的安全性和流动性，势必会影响所获得的利润；如果银行要增加利润，就会降低经营业务的安全性和流动性。

三、商业银行的负债业务

（一）资本金业务

虽然商业银行是一种特殊的金融企业，但是它和一般的工商企业的相似之处在于，它的存在和发展也需要有一定数目的资本金。商业银行的资本金是银行设立和开展业务活动的基础，用来帮助银行承担经营风险，保障存款人的利益，维护银行的信誉度。银行资本金，也称为自有资金、银行所有者权益。银行的自有资本包含了财政拨给的信贷基金，银行在成立初期通过发行股票所筹集的股份资本、公积金以及未分配的利润。银行资本金主要有以下三个特点：第一，银行资本金是属于银行产权的范畴的，是银行的投资者对银行净资产的所有权，投资者可以据此参与到银行的管理中去，享受相应的权益；第二，银行资本金是银行业务活动的基础资金，只要不违反法律规定，银行可以自由支配并使用这部分资金；第三，资本金与银行共存，在银行经营期间无须偿还。

（二）存款业务

吸收存款的业务是银行接受客户存入的货币款项，存款人可随时或按约定时间支取款项的一种信用业务。这是银行的传统业务，可以说，吸收存款是商业银行与生俱来的基本特征。这是商业银行最基本、最传统的业务，而存款也是银行负债业务中的主要组成部分，占到整个资金来源的70%左右。以一家银行为例，银行资金来源的大小决定着其资产业务的大小，其数量、结构决定着银行资产业务规模和结构，所以说存款是衡量一家银行实力的重要尺度。不仅如此，存款还是进行转移资金、发行信用工具、充当支付中介的基本条件，同时也是银行为客户提供金融服务业务的基础。顾客只有在银行开户并且存有一定存款之后，银行才能为其提供相关的所需服务。如马克思所说："对银行来说具有重要意义的始终是存款。"商业银行的存款分为活期存款、通知存款、定期存款和储蓄存款四类。

1. 活期存款

活期存款是指存款期限不固定，存款人随时都可以去银行进行存取业务，银行也有义务随时兑付存款。银行发给存款人支票簿，所以活期存款也称为支票存款，存款人可以使用支票从银行提现，但是更多的情况是使用支票向第三者支付款项。开立这种存款账户的目的是通过银行进行各种支付结算，由于支付频繁，银行提供服务要有成本开支，所以一般不对存户支付利息。虽然活期存款时存时取、流动性很强，但存取错综交替之中总会在银行形成一笔相对稳定、数量可观的余额，构成银行一项重要的资金来源。

活期存款可以帮助商业银行获取短期可用资金，银行可以将其用于短期的资产业务。即使是活期存款，也不表示这些活期存款会在同一时间全部被提取，所以仍有一部分活期存款余额是比较稳定的，这部分稳定余额可以用于中长期贷款和投资。

银行可以凭借吸收活期存款作为桥梁，扩大与存款客户之间的信用关联，争取更多的客户、更多的存款和更多的放款业务等。

总之，活期存款业务是商业银行的主要经营对象和主要负债，各国的商业银行都十分重视活期存款业务的运行和发展。

2. 定期存款

定期存款是指存款人在存款时约定了固定存期，到期之后才能提取的存款。定期存款的存款期限通常为 3 个月、6 个月、1 年、3 年、5 年甚至更长。定期存款在到期前一般不能提取，所以银行对定期存款给予较高的利息。因为定期存款具有一定的稳定性，可以用于长期的贷款业务，所以为了刺激定期存款业务，银行均支付较高的利息给定期存款。对于定期存款存单，是不允许进行转让的，但是定期存款可以用作抵押品来获得银行贷款。对银行而言，定期存款存期较为固定，支取的频率较小，为银行提供了很稳定的资金来源，这对银行发放长期贷款和进行投资都是非常有意义的。

虽然定期存款的利率高于活期存款，而且办理手续又极为简便，曾受到广大银行客户的欢迎，但是这种存款也有着一定的局限性：存款利率受金融监管部门的限制，存款客户的收益性难以充分满足；定期存款有着一定的时间约束和限制，流动性较差，而且存单的不可转让性更进一步降低了存单的流动性。

3. 通知存款

通知存款是指存款人在存款时并未约定存款期限，当存款人想要提取一定资金时，必须提前一定时间通知银行，以便银行可以提前准备资金，保证按时按量支付款项的存款类型。通知存款的利率通常情况下是要高于活期存款利率的，但是低于定期存款利率。

4. 储蓄存款

储蓄存款是指个体为了积攒货币、获得利息收入而在银行开立账户的存款。储蓄存款也分为活期储蓄存款和定期储蓄存款两种。储蓄存款不使用支票，多使用存折、存单或是银行卡，手续较为简单。储蓄存款业务多属于个人业务，所以为了保护存款者的利益，西方国家对储蓄存款业务的经营有着较为严格的要求，一般只允许商业银行的储蓄部门和专门的储蓄机构来经营。对于储蓄存款的存取是无期限限制的，只需凭存折即可提取，但是存折一般是不允许进行流通转让的，而且存折用户是不允许透支款项的。对于活期储蓄存款的存款人而言，只需持存折即可向银行要求提款，所以说活期储蓄存款是一种不稳定的存款，因而其利率水平较低。但是活期储蓄存款由于户头分散，每户存款数额较小，又因为存款客户的目的之一就是为了获取利息，因此它的稳定性要高于一般活期存款，可以成为银行比较稳定的资金来源。

（三）借款业务

除了存款业务之外，商业银行还通过其他负债方式借入资金。在 20 世纪 60 年代之前，借入款是商业银行资金来源中的小部分。20 世纪 60 年代之后，西方经济学家提出了“负债管理理论”，该理论说，没有必要将资产管理作为保持银行流动性的唯一手段，完全可以在需要资金时进入市场借入所需资金。这样，银行就可以适当地扩大长期性资产所占的比重，进而获得较高的利润。负债管理理论一经出台得到了商业银行的普遍拥护，借款业务在商业银行负债业务中的地位迅速上升。商业银行的借款业务主要有同业借款、中央银行借款和金融市场借款。

1. 同业借款

商业银行借入资金的一个重要途径是向其他银行借款，即同业借款。同业借款主要包括同业拆借、转贴现和转抵押三大类。

银行同业拆借是指银行相互之间的资金融通。一般均为短期的，有的只有一个营业日，称为隔夜拆借。同业拆借的利率水平一般可以反映市场上资金的松紧程度。当市面上资金偏紧时，同业拆借利率会上升；当资金面处于缓和时，同业拆借利率会下降。所以同业拆借的期限一般多则七日、少则一日，还有半日拆借，上午借、下午还。但是我国同业拆借的期限一般较长，同业拆借的利率水平较低。

除了同业拆借以外，商业银行还可以通过转贴现、转抵押的方式向其他银行借入资金。贴现是指票据持有人将尚未到期的票据交给银行，银行按票面金额扣除利息后付款给票据持有人。在贴现过程中，银行垫付了票据的票面资金。当银行急需资金时，可将已经贴现但仍未到期的票据转交给其他银行请求给予贴现，以取得相应的资金，这一过程即为转贴现。转抵押是指商业银行将自己客户的抵押品，转抵押给其他银行以获得资金。转贴现和转抵押虽然能帮助商业银行借入资金，但是转贴现、转抵押的手续和涉及的信用关系都过于复杂，受金融法规的约束也较大，不仅如此，过多地使用这种方式借入资金会使人产生对该银行经营产生不佳的印象。因此，各银行对转贴现、转抵押借款的运用都比较慎重。

2. 中央银行借款

商业银行资金不足，必要时可以向中央银行借款。一般来说，商业银行向中央银行借款，其主要的、直接的目的在于缓解本身资金的暂时不足，而非用来盈利。因而，该项目在商业银行负债中的比重一般都很小。中央银行向商业银行放贷的途径有以下两条。

（1）再贴现。再贴现是指商业银行将已办理贴现，但是尚未到期的票据向中央银行贴付一定的利息，将票据转让给中央银行，获得资金的一种行为。可以说再贴现是商业银行从中央银行借入资金的主要方式，但是商业银行不能过分依赖中央银行的再贴现业务来融入资金，因为中央银行仅对部分满足货币政策要求、高质量的票据进行再贴现。

（2）再贷款。再贷款是指商业银行向中央银行进行直接借款。再贷款既可以是信用贷款，也可以是抵押贷款。与再贴现相比，再贷款更加简便、灵活。但一般来讲，中央银行对再贷款的控制比再贴现还要严，条件也更苛刻和复杂。

3. 金融市场借款

商业银行吸收组织资金的另一重要途径是通过向金融市场上发行债券，这也是商业银行弥补资金不足，形成负债业务的一种措施。这种方式优点在于：第一，债券不是存款，不需要缴纳准备金，所以发行债券得到的实际可用资金要大于等同数额的存款；第二，债券将银行的负债凭证变得标准化，变得更适宜推销，可以很好地提高银行的资金组织能力；第三，债券购买人与商业银行之间是债务债权的买卖关系，而不是银行与客户之间的关系，除了到期必须还本付息之外，商业银行对债券购买人不承担任何的责任和义务。因而，银行可以充分、自主的运用这部分资金。

商业银行除了可以在国内金融市场上获取借款外，还可以从国际金融市场借款以弥补自己资金的不足。商业银行在国际金融市场的借款主要是通过固定利率的定期存单、欧洲美元存单和浮动利率的欧洲美元存单、本票等形式进行，有时也通过发行债券方式从国际金融市场筹集资金。

四、商业银行的资产业务

（一）现金资产

现金资产是指银行随时可以用来应对现金需要的资产，是银行资产中最富有流动性的部分。通常情况下，现金资产包括库存现金、在中央银行的存款、存放同业款项以及其他形式的现金资产。其中库存现金是指银行金库中的现金，它主要用于备付客户提款准备金和超额准备金；中央银行的存款是指法定存款和托收中的现金。我国央行规定，任何商业银行要根据其存款数额，依照规定比例向中央银行缴存一定的法定存款准备金，准备金即商业银行为了应付日常的提款要求而保留的流动性最高的资产。它由商业银行的库存现金（即商业银行保留在自己保险柜中的现金）和商业银行在中央银行的存款两部分组成，其中后者占主要部分。对于商业银行来说，准备金是收益最低的资产，因为多数国家的中央银行都不为商业银行在中央银行的存款支付利息，至于银行的库存现金，更不会有利息收入。

（二）贷款业务

贷款是指商业银行或其他金融机构通过以一定利率把货币借给市场上的货币需求者用以经营生产，货币需求者在约期已满之后要还本付息的一种信用活动。虽然商业银行有很多种资产业务，但是贷款在其资产业务比例中一般占据着首要地位。因为虽然贷款具有较高的风险，但是它的高利率使得放款银行可以获得较高的收益，所以放款银行总是在风险许可的范围内扩张其贷款业务。除此之外，商业银行可以通过贷款业务加深与工商企业等客户之间的联系，进而为吸收存款、扩大业务领域等方面得到客户的支持；同时，商业银行通过放贷来帮助市场上的企业进行相应的资金周转，扩大经营等，可以促进经济的发展。商业银行贷款业务的种类有很多，根据不同的划分标准加以分类表示如下。

1. 按贷款期限划分，商业银行的贷款可以分为活期贷款和定期贷款

活期贷款指没有明确的贷款期，银行可以随时收回或借款人可以随时偿还的贷款。银行提供活期贷款的原因是其手中持有一部分短期资金，为避免资金的暂时闲置，银行便以活期贷款的形式放贷出去。这样既可以在需要资金时随时收回，又可以赚取一定的利息。因此，活期贷款的利率较低，当银行要收回贷款时，一般会预先向借款人发出通知，故又称通知贷款。

定期贷款是指具有明确的贷款期的贷款，又分为短期贷款、中期贷款和长期贷款。当贷款期满时，客户应将贷款本息如数偿还给银行，而在贷款到期之前，银行一般不得要求客户归还款项。短期贷款指贷款期限在1年以下的贷款。短期贷款多用于工商企业的周转资金、各种偶发性质的资金需求以及银行间的资金融通。例如银行向农场主及农民个人提供短期贷款，用于满足各种季节性需求。中期贷款是指期限在1年以上5年以下的贷款。有的国家也将贷款期限为5~8年的贷款称之为中期贷款，中期贷款主要用于工商企业及农业的设备更新改造和部分消费者贷款。长期贷款一般用于企业中各种固定资产的购置，例如新建厂房，购买新机器设备等，还可以提供给农业生产企业，用于土地开发等项目。除此之外，还有一些长期贷款是针对消费者个人的，这些贷款主要用于购买房屋、汽车等。

2. 按贷款是否有担保划分，商业银行贷款可分为信用贷款、保证贷款和抵押贷款

信用贷款是依据借款人的资信而向银行取得的贷款。也就是说这种贷款的发放，是因为借款人以口头或书面做出了保证，保证在贷款到期时会将贷款连本带息的还给银行。可以说，信用贷款是以借款人的信誉作为担保，没有其他形式的担保存在，所以风险相对来说较大。因此，银行对信用贷款的发放审核比较谨慎，通常只放贷给与银行具有密切关系、实力雄厚、良好的财务状况、高企业管理水平、预期未来收益良好、信用度极高的大客户。

保证贷款是指当借款人向银行申请贷款的时候，邀请除自身以外的法人或个人，对资金按时还本付息的行为进行担保，这种贷款就是保证贷款。如果借款人不能按时如数地向银行偿还贷款，那么就由担保人来承担偿付责任。因为保证贷款含有借款人和担保人的双重保证，所以该种贷款安全性较高。当借款人的信誉较低，或是放贷的风险较大时，银行多选择这种放贷方式。

抵押借款是指以特定的抵押品作为担保而发放的贷款。商业银行在发放这种贷款时要求借款人必须要以其自有的一定财产作为抵押品，并同意在无力偿还贷款的情况下，银行有权处理这些财产。因为有抵押品作为保证，即使借款人在不能或不愿偿还贷款的情况下，银行可以通过处理这些抵押品的收入抵补贷款的本息，这大大降低了银行贷款的信用

风险。这里所说的抵押品一般是指易于保存和变卖的财产，例如有价证券、房地产、机器设备等。虽然每个贷款者的抵押品都是不同的，但是抵押品的价值是必须要大于贷款金额的，多出的部分称为贷款“垫头”。当借款人违约时，商业银行可以依据贷款合同出售抵押品，并优先获得赔偿，如若出售价不足抵贷时，商业银行可以通过法律手段追回不足的差额部分，如若出售价高于贷款成本时，商业银行必须将超出的部分返还给借款人。

3. 按贷款的偿还方式划分，商业银行贷款分为一次偿还性贷款和分期偿还性贷款

一次偿还性贷款是指当贷款到期时，借款人要一次性偿还本金，在这笔贷款中，利息既可以选择在中间分几次，也可以选择在贷款到期时一次支付。这种一次偿还性贷款通常数额都较小，并且期限较短。

分期偿还性贷款是指借款人按照规定的期限，偿还贷款的本金和利息。这种贷款可以按年、按季、按月偿付。通常情况下，第一次偿付的比重较大，其余各期偿还的数额大致相等，这种还款方式可以减轻借款人一次全部偿还的负担。它主要适用于房地产抵押贷款。

4. 按贷款的对象划分

商业银行贷款可分为工商业贷款、农业贷款、消费者贷款、不动产贷款和同业拆放。

工商业贷款是指主要用于工业企业固定资产投资，购入流动资产，商业企业商品流转等投资的贷款类型。

农业贷款也分为长期性贷款和短期性贷款。长期性贷款主要指的是用于购买土地、农业机械、土壤改良、保持水土等投资的贷款；短期性贷款则主要用于购买种子、肥料、农药等投资。

消费者贷款是指多用于对个人购买耐用消费品的贷款，例如购买汽车、住房时发放的采取分期付款偿还方式的贷款。消费贷款的清偿方式主要是依靠借款人可靠的收入。

不动产贷款是指用于对房地产商购房屋、土地所发放的长期性抵押贷款，它的期限最长可达 30 年之久，其偿还方式均采用分期付款方式。

同业拆放是指银行间因资金头寸不足而互相提供的一种短期贷款，它的贷款利率与银行贷款的利率相比较低。

5. 按贷款方式的不同，商业银行贷款可分为票据贴现和透支贷款

贴现贷款是指票据持有人将未到期的票据交给银行，银行按照其票面金额扣除利息后付款给票据持有人。可以进行贴现的票据主要包括银行承兑汇票、商业承兑汇票、商业期票、银行本票、政府债券等。贴现贷款的业务从形式上看是银行买进票据，实质上却是债券转移。在票据未贴现前，票据上载明的付款人对票据持有人负债；当票据贴现后，付款人就要对购入票据的银行负债。票据到期时，银行可以依据票据向付款人或是背书人索取票面款项。可以说，票据的贴现就是债权的转移，银行通过贴现间接贷款给了票据金额的支付人。因此，贴现同样也是一种银行的资产业务。

票据贴现虽然是商业银行的一种贷款，但它与银行的一般贷款相比有着许多不同。第一，当事人不同。一般银行贷款的当事人是银行、借款人和其保证人，借款人或保证人在贷款中负有偿付责任；而在贴现业务中，当事人是银行、贴现人以及票据上背书承兑的各个关系人，当票据到期时，票据出票人、承兑人、背书人和贴现人都负有连带清偿责任。第二，期限不同。贷款期限长短不定，且常有展期情况的出现，而贴现的期限则较短，一

般是 3 个月、6 个月，最长不会超过 1 年，而且票据到期即可收回资金。第三，利息不同。贷款利息一般是分期偿还或者是到期后收取，而贴现利息则是在贴现业务发生时从票面金额中预扣除。相应地，贷款利率普遍要高于贴现率。这是因为贴现业务发生时，银行要按票据面额预扣利息，将余额再付给客户，所以银行的实际付款额要低于票面金额，而贴现率是按票面金额计算的，所以贴现率一般要低于贷款利率。第四，流动性不同。在一般的贷款中，银行与借款人之间是一种借贷关系，银行只有在到期后才能收回贷款，通常情况下不能提前收回贷款。而票据贴现是一种票据买卖关系，当银行资金不足时，可以把贴现的票据转给其他银行或向中央银行再贴现，可以随时变为可用资金，以供周转。

票据贴现的表现形式虽然为票据的买卖，但这种票据的购买与其他证券的购买是有区别的。在购买了公债、国库券、公司债券等有价证券以后，卖方对这些证券之后的价值变动，或是否能兑现是不负任何责任的。而在票据贴现业务中，票据贴现人、出票人、承兑人都是银行的债务人，要承担连带清偿责任。

透支是指银行允许存款客户在约定的范围内，即使签发的支票超过其存款余额也予以兑现的一种放贷形式。这种透支分为信用透支、抵押透支和同业透支，但是透支贷款有随时还款的义务，利息要按照透支天数来计算。

6. 按贷款用途的不同，商业银行贷款可分为流动资金贷款和固定资金贷款

流动资金贷款是指商业银行对企业单位在经营过程中的合理流动资金需要所发放的贷款。流动资金贷款根据其期限长短又被分为两种形式：一种是与企业自有流动资金一起参与企业生产或商品物资周转，被长期占用，称之为流动资金周转性贷款；另一种是指用于解决企业因季节性、临时性原因超过周转性流动资金贷款计划限额的合理储备资金的临时贷款需求，其占用时间通常不超过 6 个月，所以这部分贷款被称之为流动资金临时贷款。

固定资金贷款是指我国银行按照有关规定，对现有企业固定资产的维修、设备更新、改造以及新建、扩建企业的基本建设等不同资金需要而发放的各类贷款总称。

（三）投资业务

投资业务是银行资产业务中的重要组成部分。在我国，商业银行的投资业务分短期投资和长期投资两类。短期投资是指银行购入各种能够随时变现，持有时间不超过 1 年的有价证券；长期投资是指银行不能在 1 年内变现的投资，包括股票、债券投资和其他投资。其他投资是指银行以现金、实物、无形资产作为主体，向其他单位投资的行为。通常情况下，银行的投资业务主要是指银行的证券投资业务，即银行依靠其资金在金融市场上购买各种有价证券活动。银行在进行证券投资业务时，它的投资对象主要包括政府公债、公司债券和股票等有价证券。

商业银行作为经营货币资金的特殊企业，其证券投资的目标有以下三点。

第一，可以提高盈利性。证券投资收益是商业银行进行投资业务的首要目标。商业银行在经营货币资金的贷款业务过程中，总是会因为各种条件的限制而无法一时找到合适的贷款对象，从而出现资金暂时闲置状态，这对商业银行来说无疑是一种损失。所以为了使闲置的资金产生效益，银行对此进行了证券投资。通过对不同收益率、不同风险性和不同期限证券的买卖，可很好地提高资金运用的盈利性。另一方面，证券投资业务拓展了商业银行的资产业务范围，增强了银行资金投放的自由度，为银行高效率运用资金，谋求最大

利润，提供了现实条件。

第二，可以降低风险性。降低风险是银行经营的另外一个重要原则，如果想要降低风险，就要实行资产分散化。如果商业银行在从事放贷业务的同时，将一部分资金用于证券投资业务，就可以很有效地避免和抵消放贷业务中可能存在的各种风险；同时，由于证券投资的选择面较大，所以这是一个不受地区、种类、数量、期限等因素限制的分散化投资，从而可以将银行经营风险降低到尽可能低的程度。除此之外，由于证券投资比较灵活，商业银行可以根据自身需要随时进行买进卖出业务，这也有利于商业银行减少经营风险，增加流动性。

第三，可以增加流动性。增加流动性是商业银行进行证券投资业务的一大重要目标。商业银行拥有一定比例的高流动性资产是保证其资产业务可以顺利运行的重要前提。通常情况下，银行以库存现金、存放于中央银行和同业的存款以及托收中的现金作为商业银行的流动资产，借此来应付客户提存货币的第一储备。这种资产的优势是具有较高的流动性，但是它的缺陷在于这些资产都是不生利的，如果其所占比重过大，商业银行的资产收益率势必会受到一定影响。事实上，证券投资，尤其是短期投资，是可以迅速变现且损失较小，具有较高的流动性的一种资产。如果以其充当商业银行的第二储备，不仅能满足对商业银行资产流动性的要求，还能满足银行在经营过程中盈利性的要求。

【拓展知识】

农行成功上市　国有商业银行股改顺利收官

2010年7月15日、16日，中国农业银行分别在上海和香港两地成功实现公开同步上市，成为A股第三大上市公司、全球第七大上市银行，实现了向境内外大型公众持股银行的重大转变。A股及H股全额行使“绿鞋”后，农行A+H股发行的总筹资额达到221亿美元，成为全球最大IPO。至此，长达7年的国有商业银行股份制改造圆满收官。

国有商业银行的股份制改造是在危局之中拉开序幕的。股改之前的2002年底，工、农、中、建四大国有独资商业银行不良贷款率高达25%，平均资本充足率仅为4. 25%，被西方有关机构视为“在技术上已经破产”。国有商业银行的状况如果不能及时改变，不仅直接影响国民经济的运行质量和速度，还将危及市场经济体系的建立与发展。

2003年年底，国务院决定首选中行、建行实行股份制改革试点，向两家银行注资450亿美元用以补充资本金。2004年1月，国务院正式公布中行、建行股改试点的决定，国有商业银行股份制改革的攻坚战正式打响。在成功进行财务重组、股份制改造、引进战略投资者之后，2005年10月，建行在香港挂牌上市。随后，2006年6月和7月，中行先海外、后境内上市，10月工行同步登陆沪、港资本市场。2007年9月，建行回归A股市场。

国有独资银行的股改上市，开启了中国金融业一次全新的改革实践。通过深化内部改革、建立良好公司治理结构、转换经营机制，为我国大型商业银行探索出一条打造具有国际竞争力的现代化股份制商业银行的金融改革之路。

资料来源：安烨．货币银行学［M］．2版．上海：上海财经大学出版社，2010.

五、商业银行的其他业务

（一）结算业务

货币结算的简称为结算业务，它是指因商品交易、劳务供应、资金调拨等经济往来活动所引起的货币收付关系所进行的清算。在结算业务中，银行常使用的票据有支票、汇票和本票三种。结算业务是商业银行存款业务的自然延伸。所谓结算，是指各经济单位之间因交易、劳务、资金转移等原因所引起的货币收付行为。交易双方的货币收付，除少量以现金方式进行外，大部分都是通过双方支票存款账户上的资金划拨来完成的，因此商业银行在其间扮演着重要角色。

银行汇票是指由出票银行签发，由其在见票时按实际结算金额无条件支付给收款人或持票人的票据。商业汇票是指由出票人签发，委托付款人在指定日期无条件支付确定金额给收款人或持票人的票据。银行本票是指由银行签发，承诺自己在见票时无条件支付确定金额给收款人或持票人的票据。支票是指由出票人签发，委托办理支票存款业务的银行或其他金融机构在见票时无条件支付确定金额给收款人或持票人的票据。汇兑是指汇款人委托银行将款项汇给收款人的一种结算方式，汇兑又分为信汇和电汇两种。电汇是指汇出行应汇款人的要求，以电报或电传形式通知汇入行的一种汇款方式；信汇是以邮寄信汇凭证的方式通知汇入行的一种汇款方式。两者唯一的区别仅在于电汇的速度快，收费高。委托收款是指收款人委托银行向付款人收取款项的结算方式。托收承付是指由收款人填写委托收款结算凭证，并向银行提供收款依据，委托银行向付款人收取各种款项，由付款人向银行付款的一种结算方式。托收承付是我国银行的传统异地结算方式之一，但是因为这种结算方式的限制条件过多，结算时间较长，曾经于1989年 8 月 1 日被取消。但是因为在委托收款的情况下，企业不需要承兑，而且银行又不承担审查拒付理由和代扣款责任，所以出现了大量企业拒付或延押货款的现象，因此在1990年 4 月 1 日，托收承付业务又被再次恢复使用。

还有一种结算方式叫作信用证结算方式，信用证结算方式是指付款人先将款项事先交存开户银行作为结算保证金，委托收款银行开出信用证，通知异地收款人的开户银行转告收款人，如果收款人按合同和信用证所载的条件发货之后，银行即按信用证条款代付款人给付货款。信用证结算方式是西方商业银行进行异地结算的重要方式之一，这种结算方式对于交易双方在不了解对方信用的情况下是非常合适的。商业银行在办理信用证业务的同时，不仅可以从中收取手续费，还可以根据交易的时间差，占用一部分客户资金。

（二）信托业务

信托即信任委托。商业银行的信托业务是指它接收个人、机构或者政府的委托，代为管理、运用和处理所托管的资金或者财务，并为受益人谋利的活动。信托关系中的受益人既可以是委托人本身，也可以是委托人指定的个人或机构。信托业务最初由个人和保险公司经营，后来随着业务范围的扩展，债权债务关系的日益复杂，出现了专门的信托公司。同时，商业银行由于资本雄厚，业务经验丰富，也开始介入这一领域。信托行为通常涉及三个方面：委托人、受托人和受益人。委托人是指提出委托，也是向受托人授权的信托财产的所有人。受托人是指接受信托并按之前约定的条件，对信托财产进行管理或处理的人。受益人是指享受信托利益的人，这个利益是包括信托财产本身的利益，以及由信托财产增值所产生的新利益。在信托业务中，受益人和委托人可以是同一个人。

信托业务的种类可以依据不同的角度和不同的标准进行划分。根据承办信托的目的不同，可将信托业务分为盈利信托与非盈利信托，根据名称可知，前者是以盈利为目的，而后者是不以盈利为目的；根据受益对象的不同，可将信托业务分为私益信托和公益信托，前者的受益人与委托人是有利益关系的个人或法人，后者则是以公共利益为委托人的目的而设定的；根据信托行为发生的基础不同，可划分为自由信托和法定信托，前者是由个人或法人自由设立的，后者则是由司法机关指定；根据信托财产的不同，可分为资金信托、动产信托和不动产信托等。

最初的信托业务是由一些个人和团体经营的，后来随着经济的发展、业务范围扩大、个人和团体之间的债权债务关系日趋复杂，最终出现了信托公司之类的金融机构。再后来，因为商业银行的资力雄厚，信誉良好，具有丰富的业务经验，也开始从事信托业务。银行在经营信托业务时，一般只收取与之相关的手续费，营运中获得的全部收入都是归委托人或其指定的受益人所有。同时，银行在承办该项业务时，可以占用一部分信托财产，这也有利于银行进行扩展经营。

我国的银行是从1980年开始从事信托业务的。根据规定，我国银行信托机构开展的信托业务主要包括信托存款、信托贷款、信托投资、委托存贷款和委托投资等。信托存款是指委托人仅将存款交由银行的信托部门，由其负责运用和管理，委托人并不指定存款的用途，只按约定利率获得相关收益。信托贷款是指银行信托机构以其自有资金和筹集到的资金，根据贷款的条件，自行审定贷款对象，发放贷款，并且自己承担贷款风险的一种贷款方式。信托投资是指信托机构以投资者的身份，直接参与联营企业的管理、投资以及经营成果分配。委托贷款是指银行信托机构通过接受委托人或委托单位的委托贷款基金，按照协议对象和用途，代为运用和管理的一种业务。委托投资是指银行的信托机构接受委托人委托，对其指定的企业进行投资，并监督该企业的经营管理和利润分配等事项。

（三）代理业务

代理是指委托人授权代理人，按照已约定的目的，代为处理某些指定的经济事务。可以说，代理和信托的行为过程较为相似，都是一种财产管理制度，并且发挥着共同的职能作用，因而信托类业务和代理类业务一同构成广义的信托范畴，但是这两者之间还有一定的差别。在信托业务中，信托财产的所有权需要转移到受托人手中，受托人是信托财产的名义所有者；而在代理业务中，财产的所有权并不发生转移，委托人只是把财产的管理权和处理权转移给代理人。

目前在西方各国和我国商业银行中，最常见的代理业务有：①代理客户发行证券，即企业为了筹集资金而委托银行为其代理发行股票、债券等。②代理买卖，即银行接受客户的委托，代为其买卖有价证券、贵金属和外汇的业务。③代理收付，即银行接受企业或个人的代办指定业务的款项，或受托在其保证金额度内代为付款的业务。④代理保险业务，即由银行充当保险公司的经纪人，代企业向保险公司投保，或代保险公司为企业保险，从中收取一定的手续费。⑤代理保管，即银行为单位或个人对贵重物品进行保管。

（四）租赁业务

租赁是指以收取租金为条件出让物件使用权的经济行为。租赁可以分为经营性租赁和融资性租赁两种类型。经营性租赁是指出租人将租赁物反复出租给不同的承租人的租赁业务，一般由出租人负责租赁物的保养、维修和配件供应，租赁期满后不发生所有权的转移。融资性租赁则是以融资为目的，是出租人根据企业的要求，筹措资金，购买企业所需的设备，然后出租给企业，收取租金；待租赁期满后，再以象征性的价格将租赁物出售给企业。当企业急需某种机器设备而又缺乏必要的资金时，这一方法不失为一种明智的选择。融资性租赁中的出租人一般只负责筹措购买租赁物所需的资金，而不负责设备的挑选、安装及维修等业务。

融资性租赁是商业银行经营租赁业务的主要方式。按照出租人对购置租赁设备的出资比例，又可分为整租、分租和杠杆租赁。整租是指由出租人百分之百融资购买租赁物。分租是指由出租人支付租赁物的一部分购买资金，剩余部分由承租人自行承担。杠杆租赁也可称为平衡性租赁，是指出租人只需提供设备价款的30%左右，其余部分由出租人以租赁物为抵押品向其他金融机构贷款来支付，之后再用该项业务的租金偿还贷款本息。除此之外，还存在回租、转租和代租等形式。总之，银行办理租赁业务的好处在于，租赁行为并不使财物的所有权发生转移，这可以很大程度上保障资产的安全；而且通过收取租金，可帮助银行收回全部投资及利息，并获得一定的收益；在实行加速折旧和投资免税的国家还可因此获得税收优待；对经营性租赁而言，银行还可以通过维修保养等服务获得更多的报酬。

（五）表外业务

实际上，表外业务并不是银行其他业务中的一项独立业务，这只是从管理角度出发进行的一种划分。表外业务是指银行从事的这样一种业务，它不涉及账上资产与负债金额变动，但是却能改变当期损益及营运资金，从而提高收益。20 世纪 80 年代之前，商业银行将存贷款利差收入作为其主要的利润来源。但是随着银行业务竞争的日趋激烈，存贷利差日趋缩小，加上资本证券业务的迅速发展，迫使银行在筹资方面的成本不断提高。为了弥补利差缩小造成的收益下降，银行通过大力发展表外业务，付出一定的人力、物力和财力，可以借此收取手续费或佣金，用来增加自身收益。最常见的表外业务主要包括：贷款承诺，是指银行承诺在未来一定时期内，履行对客户按约定条件发放约定数额贷款的义务；票据承兑或保证，例如汇票承兑和备用信用证，汇票承兑是指银行为客户开出的汇票签章承诺，保证到期无条件支付；备用信用证是指银行向第三者开具的，保证其客户必定履行债务的一种特殊信用证，当客户不能正常履行债务时，银行必须代客户对第三者履行债务。除此之外，表外业务还包括一些与市场利率和汇率有关的业务，如单一利率掉期、远期利率合约、利率期权、货币掉期、远期外汇合约、外汇期权等。

【拓展知识】

商业银行的发展历史

最初使用“商业银行”这个概念，是因为这类银行在发展初期只承做“商业”短期放贷业务。放款期限一般不超过一年，放款对象一般为商人和进出口贸易商。

西方银行业的原始状态，可溯及公元前的古巴比伦以及文明古国时期。考古学家在阿拉伯大沙漠发现的石碑证明，在公元前2000年以前，巴比伦的寺院已对外放款，而且放款采用的是由债务人开具类似本票的文书，交由寺院收执，且此项文书可以转让。公元前4世纪，希腊的寺院、公共团体、私人商号，也从事各种金融活动。但这种活动只限于货币兑换业性质，还没有办理放款业务。罗马在公元前200年也有类似希腊银行业的机构出现，但较希腊银行业又有所进步，它不仅经营货币兑换业务，还经营贷放、信托等业务，同时对银行的管理与监督也有明确的法律条文。罗马银行业所经营的业务虽不属于信用贷放，但已具有近代银行业务的雏形。

人们公认的早期银行的萌芽，起源于文艺复兴时期的意大利。“银行”一词英文称之为“Bank”，是由意大利文“Banca”演变而来的。在意大利文中，Banca是“长凳”的意思。最初的银行家均为祖居在意大利北部伦巴第的犹太人，他们为躲避战乱，迁移到英伦三岛，以兑换、保管贵重物品、汇兑等为业。在市场上人各一凳，据以经营货币兑换业务。倘若有人遇到资金周转不灵，无力支付债务时，就会招致债主们群起捣碎其长凳，兑换商的信用也即宣告破碎。英文“破产”为“Bankruptcy”，即源于此。

与西方的银行相比，中国的银行则产生较晚。中国关于银钱业的记载，较早的是南北朝时的寺庙典当业。到了唐代，出现了类似汇票的“飞钱”，这是中国最早的汇兑业务。北宋真宗时，由四川富商发行的交子，成为中国早期的纸币。到了明清以后，当铺是中国主要的信用机构。明末，一些较大的经营银钱兑换业的钱铺发展成为银庄。银庄产生初期，除兑换银钱外，还从事贷放，到了清代，才逐渐开办存款、汇兑业务，但最终在清政府的限制和外国银行的压迫下，走向衰落。中国近代银行业，是在19世纪中叶外国资本主义银行入侵之后才兴起的。

最早到中国来的外国银行是英商东方银行，其后各资本主义国家纷纷来华设立银行。在华外国银行虽给中国国民经济带来巨大破坏，但在客观上也对中国银行业的发展起了一定的刺激作用。为了摆脱外国银行的支配，清政府于1897年在上海成立了中国通商银行，标志着中国现代银行的产生。此后，浙江兴业、交通银行相继产生。

商业银行发展到今天，与其当时因发放基于商业行为的自偿性贷款从而获得“商业银行”的称谓相比，已相去甚远。今天的商业银行已被赋予更广泛、更深刻的内涵。特别是第二次世界大战以来，随着社会经济的发展，银行业竞争的加剧，商业银行的业务范围不断扩大，逐渐成为多功能、综合性的“金融百货公司”。

资料来源：庄毓敏．商业银行业务与经营［M］．北京：中国人民大学出版社，2010.

第三节　中央银行

一、中央银行概述

当今世界上大多数国家和地区都建立了中央银行制度，这些国家和地区的中央银行或类似于中央银行的机构，均处于金融体系的核心地位，其不仅担负着制定和执行货币政策，对整个国民经济发挥着宏观调节作用，而且担负着监管商业银行、非银行金融机构以及金融市场的责任。

（一）中央银行的产生及发展

最早的中央银行是成立于1656年的瑞典银行和成立于1694年的英格兰银行。但它们成立之初并非就是中央银行。瑞典银行初建时是一般的私营银行，后于1668年改组为国家银行。实际上，直到1897年它才独占货币发行权。真正最早全面发挥中央银行功能的应属英格兰银行。英格兰银行作为世界上最早的私人股份银行，成立之初就已具有与其他银行不同的特权，例如，接受政府存款并向政府提供贷款，在发行银行券上有优势等。但成为中央银行的决定性的第一步，即基本垄断货币发行权，却是其成立 150 年后的1844年的事情。1844年通过的《英格兰银行条例》，结束了在英国有 279 家银行都发行银行券的局面（当时是金本位时代，发行的银行券是可以兑换黄金的）。1854年，英格兰银行成为英国银行业的票据交换中心；1872年，它开始对其他银行承担起在困难时提供资金支持即“最后贷款人”的责任，并且由于它在发生金融危机时的特殊作用，使它具有相当程度的全国金融管理机构的色彩。在随后的 100 多年里，西方各国纷纷效仿，在第一次世界大战爆发前，出现了成立中央银行的第一次高潮。例如，成立于1800年的法兰西银行，到1848年垄断了全法国的货币发行权，并于 19 世纪 70 年代完成了向中央银行的过渡；德国于1875年把原来的普鲁士银行改为国家银行，并于 20 世纪初基本上独享货币发行权；1913年，美国联邦储备系统建立，是这个阶段最后形成的中央银行制度（对于美国整个的货币统一以及日后美元战胜英镑成为世界上最主要的国际货币都起到了非常重要的作用）。在此期间，世界上约有 29 家中央银行相继设立，其中绝大部分是欧洲国家。它们的产生主要是本国客观经济、金融发展的产物，并且除个别例外，都是由普通银行通过逐步集中货币发行和对一般银行提供清算服务及资金支持而演进为中央银行的。

第一次世界大战结束后，面对世界性的金融恐慌和严重的通货膨胀，1920年在布鲁塞尔召开的国际经济会议上，要求尚未设立中央银行的国家应尽快建立中央银行，以共同维持国际货币体系和经济稳定，由此，推动了又一次中央银行成立的高潮。1921年到1942年，世界各国改组或者新设立的中央银行有 43 家。其中，德国国家银行、奥地利国家银行、匈牙利国家银行、苏联国家银行、智利中央银行、厄瓜多尔中央银行是典型代表。

第二次世界大战以后，一批经济较落后的国家摆脱了宗主国或殖民者的统治获得独立，它们皆视中央银行的建立为巩固民族独立和国家主权的一大标志，纷纷建立本国的中央银行。而且第二次世界大战后，政府对中央银行控制也大大加强了，直接表现为：①中央银行的国有化。各国中央银行实质上成为政府机构的一部分。②制定新的银行法。第二次世界大战后，各国纷纷制定新的银行法，明确中央银行的主要职责就是贯彻执行货币金融政策，维持货币金融的稳定，如日本的新银行法规定，中央银行必须“以谋求发挥全国的经济力量，适应国家政策的需要，调节货币，调整金融及保持并扶植信用制度为目的”。这就从立法上保障了国家对中央银行的控制。

中国的中央银行是中国人民银行。中国人民银行是1948年12月1日在合并解放区的华北银行、北海银行和西北农民银行的基础上于河北省石家庄市组建的，直到改革开放前，其既是行使货币发行和金融管理职能的国家机关，又是从事信贷、储蓄、结算、外汇等业务经营活动的经济组织，其机构遍及全国城乡。这种全国基本上只有中国人民银行一家集中央银行和一般银行的职能与业务于一身的“大一统”银行体制，是与当时实行高度集中统一的计划经济管理体制相联系的。其间虽也存在过一两家专业银行，但它们也不过是财政部或中国人民银行所属的业务部门。1979年后，伴随着经济体制改革进行的金融体制改革，改变了旧有的“大一统”格局，陆续恢复和分设了一些专业银行，开设了各种其他金融机构，以及允许外资、侨资在华设立银行分支机构等。

但是，直到1983年，中国人民银行仍然一身兼二任，既担负日趋繁重的金融管理任务，同时还经营占全国银行业务绝大比重的工商信贷与城镇储蓄业务。在这样的背景下，1983年9月，国务院决定：中国人民银行专门行使中央银行职能，以利于其集中力量研究整个金融工作的方针和政策及有效地进行金融宏观调控与管理；中国人民银行原来承办的工商信贷和城镇储蓄业务则新设中国工商银行来经营。1984年1月1日，这一决定得以实施。中国人民银行完全摆脱了具体银行业务这一步骤，标志着我国金融制度变革的重大转折，即中央银行体制的正式建立。1995年3月18日，第八届全国人民代表大会第三次会议通过了《中华人民共和国中国人民银行法》，首次以国家立法形式确立了中国人民银行作为中央银行的地位，标志着中央银行体制走向了法制化、规范化的轨道，是我国中央银行制度建设的重要里程碑。

（二）中央银行的性质及职能

1. 中央银行的性质

中央银行的性质是由其在国民经济中的地位决定的，并随着政治、经济形势的发展而不断变化。从大多数国家中央银行的实际情况来看，中央银行在性质上应该属于调节宏观经济、管理全国金融的特殊金融机构。

（1）中央银行是一国金融体系的核心。金融体系包括金融机构体系、金融市场体系和金融监管体系，中央银行在金融体系中处于核心和主导地位。

（2）中央银行是特殊的金融机构。

①中央银行经营业务特殊。中央银行有特殊的业务权利，例如垄断货币发行、管理货币流通、集中存款准备金和代理国库等。这是其他类型的银行都没有的业务。

②中央银行的业务对象特殊。中央银行的业务对象是政府、商业银行，不针对普通的国民大众。

③中央银行的经营目的特殊。中央银行的经营目的是保障宏观经济和金融稳定运行，而商业银行的经营目的是营利。

④中央银行的相对独立性。中央银行独立性是指中央银行履行职责时法律赋予或实际拥有的权利、决策与行动的自主程度。其独立性主要反映在中央银行与政府的关系上。这

包括两层含义：一是中央银行应对政府保持一定的独立性；二是中央银行对政府的独立性是相对的。中央银行履行职责应享有一定的自主权和决策权，不受政府财政赤字等问题的干扰，同时，中央银行是国家的银行，代表国家政府制定和实施货币政策，是国家权力的一部分，当然受到国家政府的控制。

（3）中央银行是宏观管理部门。

①中央银行宏观调控职能通过其金融业务进行，采用经济手段，如利率调节、存款准备金率、买卖有价证券等，有别于其他政府部门。

②中央银行宏观调控是分层次实现的，货币政策工具操作→金融机构的行为和金融市场的运作→各经济部门，其作用比较平缓，具有一定的弹性。

总之，从中央银行业务活动的特点和发挥的作用看，中央银行既是为商业银行和政府机构等提供金融服务的特殊金融机构，又是制定和实施货币政策、监督管理金融业、规范和维护金融秩序、调控金融和经济运行的宏观管理部门。

2. 中央银行的主要职能

（1）发行的银行。所谓发行的银行，就是垄断货币的发行权，成为全国唯一的现钞发行机构。

中央银行独占货币发行权，是中央银行发挥其职能作用的基础。目前，世界上几乎所有国家的现钞都由中央银行发行。一般硬辅币的铸造、发行，有的由中央银行经管，有些国家则由财政部负责，发行收入归财政，然后由中央银行以信用程序投入流通。

（2）银行的银行。这个职能的含义为：其业务对象不是一般企业和个人，而是金融机构及特定的政府部门；与业务对象之间的业务仍具有银行固有的“存、贷、汇”等业务的特征；中央银行为金融机构提供支持、服务，同时也是金融机构的管理者。

这一职能具体还表现在三个方面。

①集中存款准备金。集中保管各个商业银行及其他存款机构的准备金，便于中央银行了解和掌握各存款机构的准备金状况。

②充当最后贷款人。是指在商业银行发生资金困难而无法从其他银行或金融市场筹措时，向中央银行融资是最后的办法，中央银行对其提供资金支持则是承担最后贷款人的角色，否则便会发生困难银行的破产倒闭。表现为：a. 当商业银行或其他金融机构发生资金周转困难时，中央银行为其提供全力支持，以防银行挤提风潮的扩大导致支付链条中断，以致引起金融恐慌或整个银行业的崩溃。b. 为商业银行办理资金融通，使其在同业拆借方式以外，增加银行资金头寸短期调剂的渠道，提供最终保障。c. 对商业银行等金融机构提供多种资金支持方式，调节银行信用和货币供应量，传递和实施金融调控的意图。

③组织、管理和参与全国清算。

（3）国家的银行。所谓国家的银行，是指中央银行代表国家贯彻执行财政金融政策，代为管理国家财政收支及为国家提供各种金融服务。作为国家银行的职能，主要是通过以下几方面得到体现。

①代理国库。国家财政收支不另设国库机构，而由中央银行代理，政府的收入和支出均通过财政部在中央银行内开立的各种账户进行。

②代理国家债券的发行。代理政府办理国债、国库券的发行及还本付息事宜。

③为政府融资，对国家给予信贷支持。中央银行作为国家的银行，在国家财政出现收

不抵支、财政赤字的情况时，一般负有提供信贷支持的义务。这种信贷支持主要采取以下两种方式：一种是直接给国家财政以贷款或透支。这大多是用来解决财政先支后收等暂时性的矛盾的。除特殊情况外，各国中央银行只向政府提供临时性的资金融通，一般不向财政提供长期贷款或透支。因为人们普遍认为，那样做容易导致中央银行沦为弥补财政赤字的简单货币供给者，从而可能有损于货币的正常供给及金融稳定。所以，在正常情况下国家的长期性资金大多需要通过其他途径解决。另一种是购买国家公债。

④保管外汇和黄金储备，进行外汇、黄金的买卖和管理。中央银行可以根据国内、国际情况，代表政府买卖黄金外汇，适时适量购进或抛售外汇黄金，以起到稳定币值和汇率、调节国际收支、保证国际收支平衡的作用。

⑤制定和执行货币政策。

⑥制定并监督执行有关金融管理法规。

⑦代表政府出席金融活动。例如参加国际金融组织，出席各种国际性会议，从事国际金融活动，以及代表政府签订国际金融协定；在国内外经济金融活动中，充当政府的顾问，提供经济、金融情报和决策建议等。

【拓展知识】

世界上最古老的银行——英格兰银行

英格兰银行是英国的中央银行。通过观察英格兰银行的发展历程，就能对中央银行的历史有所了解。早期的英格兰银行只是英国政府的“钱袋子”。300 多年前，英法激战正酣，庞大的战争开支早已将英国政府的财政收入消耗一空。为筹集更多军费，急需用钱的英国国王和议会迅速采纳了一位叫威廉·佩特森的苏格兰商人的提议成立一家可向政府贷款的银行。于是，1694年 7 月 27 日，伦敦城的1 268位商人合股出资，正式组建了英格兰银行。此后的短短 11 天内，英格兰银行就为政府筹措到 120 万英镑巨款，极大地支持了英国在欧洲大陆的军事活动。

刚刚成立的英格兰银行只算得上是一般的商业银行：发行钞票、吸收存款、发放贷款，那时的商业银行都能办理这些业务。不过，英格兰银行一开始就与政府维系着一种特殊而密切的关系——一直向政府提供贷款，负责筹集并管理政府国债，还逐渐掌握了绝大多数政府部门的银行账户。正是凭借这一关系，英格兰银行的实力和声誉迅速超越了其他银行。到1837年，英格兰银行不但安然挺过当年的银行危机，还拿出大笔的资金，帮助那些有困难的银行渡过难关，这也成为英格兰银行充当“最后贷款人”角色的开始。1844年，英国议会通过《英格兰银行条例》，让英格兰银行在发行钞票方面享有许多特权。自此，英格兰银行逐渐退出一般性的商业银行业务，专注于货币发行，并开始承担维护英国金融市场稳定和监督其他商业银行的职能。1928年，英国议会通过《通货与钞票法》，使英格兰银行垄断了在英格兰和威尔士地区的货币发行权。到1946年，英国议会通过《英格兰银行法》，赋予英格兰银行更为广泛的权力，使它可以按照法律对商业银行进行监督和管理（后来这项职能移交给1997年 10 月成立的金融服务局），英格兰银行终于名正言顺地成为英国的中央银行。

英格兰银行的最高权力机构是董事会。由于英格兰银行在1946年被国有化，政府成为银行的最大股东，现在，银行的董事们都由政府提名、女王任命。董事会每周和每月都举行例会，讨论并制定相关的重大战略和政策。日常事务则主要由执行董事负责。

在金融史上，英格兰银行具有重要的地位，它是绘就中央银行历史的最具代表性的素材。英格兰银行总部所在的那座城堡早已成为当地的一大标志性建筑，里面还有一座专门介绍英格兰银行历史的博物馆，游客们可以到此参观，领略“历史最悠久的中央银行”的风情。

资料来源：百度百科【EB/OL】http：//baike. haosou. com/doc/3984959-4181142. html.

二、中央银行的业务

（一）货币发行业务

货币发行业务是中央银行最重要的负债业务。中央银行通过再贴现、贷款、购买证券、收购金银、外汇等方式，把它们投入市场，形成流通中的货币。每张投入市场的钞票（又称通货）都是中央银行对持有者的负债，或说是持有者对中央银行的债权。

在现代不兑现信用货币流通的制度下，货币的发行在客观上要受国民经济发展水平的制约。中央银行的货币发行必须建立在可靠的准备金基础上，而决不能因外界影响或政治压力滥发纸币，甚至肆意发行。就我国人民币的发行程序来看，中国人民银行对现金的投放和回笼一直编制现金计划，作为组织执行计划的依据。具体发行由中国人民银行设置发行基金保管库（简称发行库）来办理。所谓发行基金，是中国人民银行保管的已印好而尚未进入流通的人民币票券。其过程如图 5-2 所示。

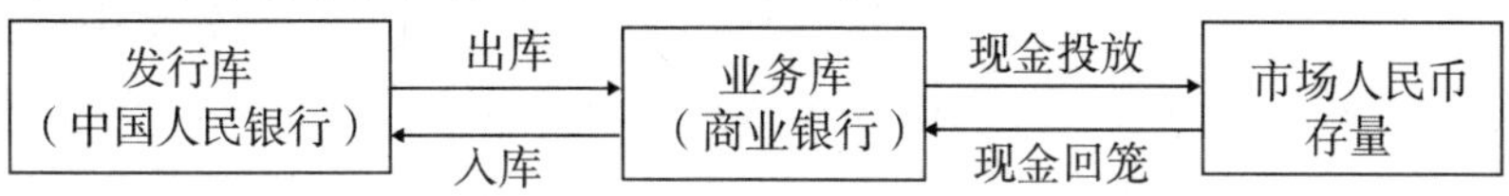

图 5-2　人民币发行和回笼流程图

（二）代理国库业务

如前所述，中央银行作为国家的银行，一般均由政府赋予代理国库的职责，政府财政的收入和支出，都由中央银行代理。同时，那些依靠国家拨给行政经费的行政事业单位的存款，也都由中央银行办理。国库存款、行政事业单位存款在其支出之前在中央银行存放，构成中央银行的负债业务，并成为中央银行重要的资金来源。值得注意的是，目前大部分国家的财政存款都集中存于中央银行，但美国的情况例外。美国财政部只把很小一部分存款存于联邦储备银行内，其余大部分存于许多家合作的商业银行中。

（三）集中存款准备金

集中存款准备金业务是指中央银行对商业银行的存款等债务规定存款准备金率，强制性要求商业银行按此比率上缴存款准备金，并通过调整存款准备金率，以增加或减少商业银行的超额准备金，促使信用扩张或收缩，从而达到调节货币供应量的一种业务活动。这样做的目的可以使中央银行控制商业银行及其他金融机构的放款规模，对宏观经济进行调节。

（四）再贴现和贷款

这主要是指中央银行对商业银行及其他金融机构进行融资的业务。中央银行有责任对后者提供融资支持。在商业银行等金融机构资金紧张时，中央银行用再贴现、再抵押方式给予资金融通，目的是保证银行体系的安全性、灵活性和银行业务的顺利进行。

从各国的经验看，中央银行对商业银行等金融机构办理再贴现和贷款业务，要注意这种资产业务的流动性和安全性，注意期限的长短，以保证资金的灵活周转和对货币流通的及时、有效调节。中央银行办理再贴现时，要了解市场资金需求的真实情况，弄清是否有真实的生产与流通的需要，而且票据的内容、款式及有关手续要符合法律规定，可以做到到期即收，以保持中央银行资金的流动性。

（五）证券买卖业务

中央银行买卖证券是通过对金融机构办理再贴现、再抵押业务或在公开市场购入出售有价证券进行的。其结果使金融机构的可用资金和市场货币流通量发生增减变化，从而达到调节和控制宏观金融的目的。

中央银行买卖证券的目的，不在于盈利，而是为了调剂资金供求，影响整个国民经济，是中央银行宏观经济调控的一种手段。一般有两种形式：一种是直接买卖，另一种是附有回购协议的买卖。

（六）黄金、外汇储备

黄金、外汇是用于国际支付的国际储备。当代世界各国，在国内市场上并不将金银、外汇作为货币来流通与使用，流通中的货币也不与金银兑换，不少国家均实行程度不同的外汇管制。在国际收支发生逆差时，一般也不直接支付黄金，而是采取出售黄金换取外汇来支付的方式。这样，各国的金银、外汇自然就要集中，至少是部分集中到中央银行储存。需要金银外汇者，一般要向中央银行（其实是向国家）申请购买，中央银行就把买卖金银、外汇当作自己的一项业务。中央银行开展这种业务是为了代表国家集中国际储备、调节资金、稳定金融，促进一国国际贸易及对外交往的顺利进行。

美国财政部是美国国家拥有黄金的唯一监理人，并且为了货币的目的而买卖黄金。这些业务都是通过联邦储备银行作为其代理机构来进行的。联邦储备银行也为财政买卖外汇，以进行国际收款和付款，并也为本身利益而买卖外汇用于影响美元汇率状况。英国英格兰银行代理经营政府的“外汇平衡账户”，以稳定英镑币值。法国法兰西银行负责保管国家的黄金外汇储备，黄金不得自由输出输入，还为财政部设立“外汇平准基金账户”，在外汇市场上买卖外汇，干预汇率变动，维持法郎汇率稳定。日本的日本银行作为大藏省的代理机构，与外汇银行一起进行外汇买卖交易。我国的中国人民银行也被赋予持有、管理、经营国家外汇储备、黄金储备的职责。

【课后习题】

1. 中央银行的再贴现与贷款业务有何意义？
2. 我国公开市场业务操作中的回购交易是怎样影响中国人民银行的货币供应量的？
3. 汇票的必要项目是什么？在实际业务中如何使用？

第六章　金融市场

学习目标

通过本章的学习，可以使学生了解金融市场的基本概况，了解金融市场子市场的基本内容及特点。在学习中，要求掌握金融市场的构成要素、金融市场的构架、市场的功能、资本市场和货币市场的基本情况。

案例引入

世界金融市场中心——纽约

纽约国际金融中心的地位在第二次世界大战后得以确立和加强。美国凭借其在战争时期膨胀起来的强大经济和金融实力，建立了以美元为中心的资本主义货币体系，使美元成为世界最主要的储备货币和国际清算货币。西方资本主义国家和发展中国家的外汇储备中大部分是美元资产并存放在美国，由纽约联邦储备银行代为保管。世界各地的美元买卖，包括欧洲美元、亚洲美元市场的交易，都必须在美国，特别是通过纽约的商业银行办理清算，因此纽约成为世界美元交易的清算中心。

纽约金融市场按交易对象划分，主要包括外汇市场、货币市场和资本市场。纽约外汇市场是美国、也是世界上最主要的外汇市场之一。纽约外汇市场并无固定的交易场所，所有的外汇交易都是通过电话、电报和电传等通信设备，在纽约的商业银行与外汇市场经纪人之间进行的。这种联络就组成了纽约银行间的外汇市场。纽约大银行与世界各地外汇市场可以 24 小时保持联系，因此它使国际间的套汇活动几乎可以立即完成。纽约货币市场即纽约短期资金的借贷市场，是资本主义世界主要货币市场中交易量最大的一个。除纽约本地的金融机构、工商业和私人在这里进行交易外，每天还有大量短期资金从美国及世界各地流进和流出。和外汇市场一样，纽约货币市场也没有一个固定的场所，交易都是供求双方直接或通过经纪人进行的。纽约资本市场是世界最大的经营中长期借贷资金的资本市场。其可分为债券市场和股票市场。美国有 10 多家证券交易所按证券交易法注册并被列为全国性的交易所，其中纽约证券交易所、纳斯达克股票交易所和美国证券交易所这三家最大的交易所均设立在纽约。

资料来源：陈登峰. 金融学基础［M］. 大连：东北财经大学出版社，2015.

第一节　金融市场的构成

金融市场是商品经济发展的产物。在商品经济条件下，随着商品流通的发展，生产日益扩大和社会化，社会资本的迅速转移，多种融资形式和种类繁多的信用工具的运用和流通，导致金融市场的形成。而商品经济持续、稳定、协调发展，又离不开完备的金融市场体系。

一、金融市场的定义

金融市场是指通过金融工具的交易实现资金融通的场所或机制。它包括如下三层含义，一是它是金融资产进行交易的一个有形和无形的场所；二是它反映了金融资产的供应者和需求者之间所形成的供求关系；三是它包含了金融资产交易过程中所产生的运行机制，其中最主要的是价格（包括利率、汇率及各种证券的价格）机制。和其他市场相比，金融市场具有自己独特的特征。

第一，金融市场是以资金为交易对象的市场。

第二，金融市场交易之间不是单纯的买卖关系，更主要的是借贷关系，体现了资金所有权和使用权相分离的原则。

第三，金融市场可以是有形市场，也可以是无形市场。

在金融市场上，资金需求者发行和销售金融工具；资金供应者则用资金交换或购买金融工具。资金需求者通过卖出金融工具取得资金有余单位的资金，为此他承担了一定的金融债务。资金供应者通过买进金融工具把资金转给资金不足单位，为此他获得了相应的金融资产。金融市场通过金融工具的这种交换行为使资金供应者与资金需求者的资金得以融通。

金融市场与一般商品市场基本一样，是一种买卖关系的总和。但是，金融市场买卖的对象是金融工具，一种特殊的商品，它代表着一定的货币资金。这就使得金融市场不同于一般商品市场，具有以下两个特征。

第一，金融市场是以金融工具为交易对象的市场。一般商品市场交易的对象是各种各样的商品，其使用价值各不相同。金融市场则不然，作为交易对象的金融工具，虽然有各种形式，如国库券、股票、承兑汇票等，但是没有质的区别，其使用价值具有单一性，即给资金需求者带来利润，给资金供应者带来利息和股息。

第二，金融市场基本上是无形市场。商品市场一般都有固定的场所。但从总体来看，金融市场不一定具有具体的场所和设施，而是指同一金融工具在同一时间受同一价格支配的无形市场区域。在这一特定的区域里，金融市场的参与者并无特定的限制，交易双方有的近在咫尺，有的远在数千里之外，他们通过电话、电报、传真等现代通信手段，讨价还价，进行交易活动。

二、金融市场的作用和功能

金融市场对资金融通及一国的经济增长具有重要的作用。但是，金融市场和其他事物一样，除存在积极意义外，也存在一些消极影响。这主要表现为，在经济繁荣时期，工商业供应者也认为工商业企业生产潜力大，偿还能力强，积极购买各种金融工具，致使利率上涨形成过度扩张，极有可能导致物价上升，出现严重的通货膨胀。在经济衰退时期，人们普遍持悲观态度，工商企业降低生产，压缩投资。金融工具持有者急于脱手，以致利率下降，价格猛跌，加速经济衰退。金融交易活动中的投机行为加剧了这种社会经济的不稳定性。

金融市场的功能可以从不同的方面进行描述，其中一种观点认为金融市场发挥着聚敛功能、配置功能、调节功能和反映功能。所谓聚敛功能就是指金融市场可以引导众多分散的小额资金汇聚成为足以投入社会生产的资金集会的功能，在这里，金融市场起着资金蓄水池的作用。配置功能是指金融市场实现着资源、社会财富和风险的再分配功能。调节功能则是指金融市场对宏观经济具有调节作用。反映功能是指金融市场是国民经济的信号系统，是国民经济的“晴雨表”和“气象台”。金融市场的功能是多样化的，对金融市场功能的完整概括应当包括储蓄功能、财富功能、流动性功能、信用功能、支付功能、风险功能和政策功能。

三、金融市场的分类

在金融市场上交易的金融工具种类繁多。根据金融工具交易的性质、对象、时间、期限等的不同，金融市场可分为不同的类型。各种类型的金融市场构成金融市场体系。

按金融交易的层次划分，金融市场可分为发行市场和流通市场。发行市场又称为初级市场、一级市场和新证券市场，指从事金融工具最初发行的市场。流通市场又称为次级市场、二级市场和旧证券市场，指转让买卖已发行的金融工具的市场。

按金融交易的对象划分，金融市场可分为银行同业拆借市场、票据贴现市场、国库券市场、大额定期存单市场、外汇市场、股票市场、债券市场、期货市场、期权市场等，总之，有一种金融工具的交易，便有一个金融市场存在。

按金融交易成交时约定的付款时间划分，金融市场可分为即期市场和远期市场。即期市场，即金融工具买卖成交后，按成交价格立即进行交割和清算的市场。远期市场，即金融工具按一定价格成交，交易双方在未来某一约定时间进行交割和清算的市场。

按金融交易的空间划分，有交易场所和交易地域两种情况。就交易场所来说，金融市场可分为有形和无形市场。有形市场指有固定交易场所的市场，如证券交易所；无形市场指没有固定的交易场所，交易双方通过电话、电报、传真等现代通信手段联系，讨价还价，达成交易的市场。就地域而言，金融市场可分为国内金融市场和国际金融市场。

按金融交易对象的划分，金融市场分为货币市场和资本市场。货币市场又称短期金融市场，指期限在一年以内的短期金融工具交易的市场。该市场筹集的资金主要用于短期资金的周转，期限短、风险小、流动性强，与货币相差无几，往往被作为货币的代用品，故而此类市场称为货币市场。资本市场是指期限在一年以上的长期金融工具交易的市场，所以又称为长期金融市场。该市场筹集的资金主要用于固定资产投资，期限长、风险大，被当作固定资产投资的资本来运用，故而此类市场称为资本市场。由于资本市场上交易的对象主要是股票和债券这样的有价证券，所以资本市场又称为证券市场或股票债券市场。资本市场主要有股票市场、债券市场、期货和期权市场。

四、金融市场的构成要素

金融市场的构成要素主要包括交易主体、交易对象、交易工具、交易的组织形式和交易价格等。

（一）交易主体

如果从性质来看，金融市场的交易主体可分为以下五类。

1. 工商企业

企业进入金融市场，具有双重角色：筹资者与投资者。无论是何种性质的企业，在其生产经营过程中，由于各种原因会产生资金的不足，因此，企业在金融市场上是主要的筹资人。它们筹资的方式通常有两种，一是通过内部集资，即运用企业的内部积累，或内部员工集资，或减少分派股息；二是向外部筹资，即向企业外部的资金供给者筹资，企业既可选择向银行贷款，也可在金融市场发行有价证券（如股票、债券等），从而成为金融市场的主要筹资者。另一方面，企业也通过购买金融市场工具进行投资，以获取较高的投资回报。

2. 政府

为了弥补财政赤字或建设公共工程，政府经常进入国内或国际金融市场，通过发行各种债券大量地筹集各种资金，成为最大的单个资金需求者。政府在金融交易中主要是筹资方。在政局比较稳定的情况下，政府筹资有借必还，风险小，期限、利率、层次较多，可满足各种投资人的不同需要，因此，政府债券往往被看作最佳的金融市场工具。政府有时也以投资者的身份参与金融交易。在其发生临时资金闲置，或准备调整产业结构时，政府经常通过特定的渠道购买金融工具进而把资金投入金融市场。

3. 家庭或个人

他们参加金融市场的目的，通常是调整自己的货币收支结构，追求消费的最佳效果和投资收益的最大化。家庭或个人既可以是筹资方，也可以是投资者。作为投资者，他们推迟现期消费，用现期的货币收入在金融市场上购买股票、债券等，是金融市场的重要投资者，目的在于追求最大化的未来收益。作为社会资金的唯一净盈余部门，为了增加家庭现期的消费，他们也可能借支未来的收入，这就是人们常说的消费信用。只有在消费信用中，家庭或个人才处在筹资者的地位，不过其筹资目的是消费性的。

4. 金融机构

金融机构，也称金融中间机构，它主要分为两类：银行与非银行金融机构。银行作为筹资人时，向金融市场发行长期债券或大额可转让存单，吸收市场上的闲散资金，用于贷款或投资；作为投资人时，则购买大量的政府债券、银行承兑汇票和少量安全系数高的公司债券。非银行金融机构包括除银行以外的所有金融机构，如证券公司、证券投资基金等，它们的主要业务是为金融商品的卖方寻找买方，或为金融商品的买方寻找卖方。

5. 中央银行

中央银行参加金融市场的目的与其他参加者有本质的不同。中央银行在金融市场的活动是非营利性的，它以调节经济、稳定货币为目标。中央银行作为金融市场的参与者，其身份和地位是双重的。在每一笔具体的金融交易中，中央银行是公平交易的一方，与其他金融市场的参加者进行公平买卖活动；中央银行也是金融市场的重要管理者，它通过制定各种金融交易规则来管理金融市场，直接或间接地影响市场交易活动。众多的、活跃的金融市场参加者（筹资人、投资人、中介人和管理者）形成了资金供给与需求的交易双方。

（二）交易对象与交易工具

即金融市场的买卖对象，是“货币”这种特殊商品的使用权，它在金融市场上直接表现为各种信用工具，如商业票据、政府债券、公司债券、股票、可转让大额定期存单以及各种借贷契约等。

（三）交易的组织形式

1. 场内交易

场内交易是指通过证券交易所进行的股票买卖活动。证券交易所是设有固定场地，备有各种服务设施（如行情板、电视屏幕、电子计算机、电话、电传等），配备了必要的管理和服务人员，集中进行股票和其他证券买卖的场所。在这个场所内进行的股票交易就称为场内交易。目前在世界各国，大部分股票的流通转让交易都是在证券交易所内进行的，因此，证券交易所是股票流通市场的核心，场内交易是股票流通的主要组织方式。

2. 场外交易

场外交易是指证券投资机构之间不通过股票交易所，而以电话、电传等方式相互进行的股票交易。场外交易在市场组织结构、管理结构、交易方式、交易标的等诸多方面，都有自己的鲜明特点。

（四）交易价格

任何一种金融工具的价格均可用利率表示，当市场上资金供不应求时，市场利率则会趋于上升；当市场上资金供过于求时，市场利率又会自动下降。

【拓展知识】

黑色星期一

1987年10月19日，星期一，华尔街笼罩在阴云之中，在急促而沉闷的“当、当、当”的钟声中，纽约股票交易所开始了新的一天。开市伊始，一种不祥的预感就袭上了喧嚣的交易大厅内每个人的心头：道琼斯工业平均指数一开盘就下跌了67点。转眼间，卖盘涌起。在蜂拥而至的滚滚抛盘的打压下，荧屏上尽数翻起绿盘（下跌），看不见半点红浪（上升）。交易所内一片恐慌，期货市场也处于一片混乱之中。从上午9：30直到11：00，道琼斯工业平均指数直线下泻，没有人知道应该如何遏制继续恶化的局势。虽然也有人提议休市，但无人敢做决定。纽约股票交易所顾忌到华尔街在全球股市中的“风向标”作用，只得拼命坚持下去。

当芝加哥商业交易所的人士大量卖出指数期货时，纽约股市也大量抛盘，而买家却极为匮乏。由于许多只股票没有交易，当时道琼斯工业平均指数无法真实反映市场的实际价格，整个市场处于无序状态。交易量不断被刷新，计算机交易系统速度减慢，道琼斯工业平均指数和标准普尔500指数的准确数字根本无法计算。由于股票市场与期货市场相互驱动，股价和期指跌落速度越来越快，交易量猛增。大机构在两个市场上大量进行交易，将这场灾难推向了顶点。

而纽约股票交易所计算机系统在这一天也几乎陷入了瘫痪的状态。纽约股票交易所共有200台计算机，这套系统从未处理过如此巨大的交易。当股票交易数据涌进计算机时，计算机几乎无法处理。卖单蜂拥而至时，信息系统处理速度远远滞后。下午13:09，一则可怕的消息传到华尔街股市，美国证券交易委员会主席大卫·路德在华盛顿发表讲话说："在关键时刻，虽然我们不知道这一关键时刻会在什么时候，我将与股票交易所讨论暂时关闭交易所。"这则消息立刻引起了一阵恐慌。因为交易所一旦关闭，交易商们将来不及抛掉手中的股票，他们的股票将一文不值，成千上万的美元将化为灰烬。于是，他们不得不迅速"倾销股票"。道琼斯工业平均指数像着了魔似的狂泻，到下午2:00，已经下挫250点，股票换手4亿多股，计算机比实际交易速度落后了100分钟。在此期间，证券交易委员会的官员出面澄清：他们没有讨论有关关闭交易所的事情。然而为时已晚，灾难已无法遏止。

当天收盘时，道琼斯工业平均指数下降了508.32点，由2 246.72点狂跌到1 738.40点，跌幅达22.6%，创下了一天下跌的最高纪录。而股市的其他指数如NYSE综合价格指数下跌了19.2%，AMEX综合指数下跌了12.7%，NASDAQ综合指数下跌了11.35%。相当于法国全年国民生产总值的5 030亿美元的股票面值在一天之内化为乌有。而且许多具有代表性的蓝筹股也在劫难逃。几乎所有大公司的股票均狂跌30%左右，如通用电气公司下跌33.1%，电报电话公司下跌29.5%，可口可乐公司下跌36.5%，西屋公司下跌45.8%，运通公司下跌38.8%，波音公司下跌29.9%。

这一天纽约股票交易所内阴云密布，气氛极度紧张。价格变动极快，电话机不够用，荧光屏上的价格跟不上市场实际价格。一个交易员说他的荧光屏上显示道琼斯工业平均指数下降了3.78点，而实际上这个数字是508.32点。平时一天的交易额为1亿股左右，而这天为6亿股。由于计算机系统运行滞后，约有28%的指令未能执行，其中包括9 200万个限价指令。许多投资者，尤其是中小投资者，直到两三天后才知道他们的股票没有卖出。此外，受股票价格变化的影响，美国政府债券市场也是一片混乱。而新闻机构由于计算机的影响，收盘5个半小时后才把股市的收盘价报道出去。

"一切都失去了控制"，《纽约时报》这样报道。这一天损失惨重的投资者不计其数，世界首富萨姆·沃尔顿一天之内股票价值损失21亿美元，世界上最年轻的亿万富翁比尔·盖茨损失39.45亿美元，电脑大王王安仅在19日下午就损失了3 100万美元。许多百万富翁一夜之间沦为贫民。最苦的是那些把自己多年积存的血汗钱投资于股票的投资者。受股价暴跌的震动，股民的心理变得极为脆弱。因股市暴跌而不堪债务重压的许多人精神彻底崩溃，自杀的消息不绝于耳。银行破产，工厂关门，企业大量裁员，人心惶惶。

资料来源：百度百科【EB/OL】http：//baike. baidu. com/link？url = HhrjyoOsDesfs5D - HGkfHQmX5OVfuDrJ1kP45KOsu66AHr30NTyY9Sm7R9fGE_ 8hxAQT6ELsrJ70jgdqA5rmX _ .

第二节 货币市场

货币市场是实现短期资金的市场，主要从事一年以内的短期资金的借贷活动。货币市场的功能是提供短期资金，以满足短期资金需求者由于生产的季节性原因或其他原因，对临时性生产或周转资金的大量需求。对希望在金融市场上筹措长期资金的人而言，他要根据长期利率的变化情况，确定最适当的举债时间，在此之前，可以利用货币市场筹措临时性资金，以满足需要。对资金的供给者来说，在他没有选择好新的投资方向时，可以在短期内先通过货币充分运用手头闲置的资金。对商业银行来说，货币市场是其调节日常准备状况的重要场所。中央银行则可以通过再贴现业务参与货币市场，增减市场货币流通量，从而达到一定的政策目标。可见，货币市场的存在能够缓解短期资金供求矛盾以及金融的不确定性。货币市场主要有同业拆借市场、票据贴现市场和国库券市场。

一、银行同业拆借市场

银行同业拆借市场是指银行之间短期的资金借贷市场。从目前国内商业银行的操作实践看，越来越多的银行把同业拆借作为补充经常性短期流动资金的一个重要来源。这种资金借贷活动一般没有固定的场所，主要通过电信手段成交。期限按日计算，有 1 日、2 日、5 日不等，一般不超过 1 个月。拆借的利息叫“拆息”，其利率由交易双方自定。拆息变动频繁，灵敏地反映资金供求状况。同业拆借每笔交易的数额较大，以适应银行经营活动的需要。日拆一般无抵押品，单凭银行间的信誉。

世界各国都实行中央银行缴存准备金制度，就是说，商业银行与其他金融机构所吸收的存款，必须按照一定比例提取一部分存入中央银行作为存款准备金，以应付可能发生的银行存户挤兑提存的需要。存款准备金以外的资金才能用于发放各种贷款。

金融企业每天的存贷业务量极大，一些银行和金融机构往往会出现资金有余，反映在其中央银行账户上是超过法定准备金那部分的超额准备；而另一些银行和金融机构则会出现资金不足，达不到法定准备金的要求。由于中央银行对法定准备金和超额准备金一般不付利息，有超额准备金的金融机构，为了生息获利，必须运用这部分多余资金；而法定准备金不足的金融机构，为了免受处罚，又必须设法借入资金补足其准备金。这样，存款准备金不足和多余的金融机构，便相互拆借融通资金，从而产生了同业拆借市场。

在同业拆借市场出现以前，法定准备金不足的银行，一般通过向中央银行进行再贴现取得短缺资金，而有超额准备金的银行如找不到运用途径，只能暂存于中央银行。因此，同业拆借市场的产生，是金融业发展的客观需要。

在 20 世纪 20 年代初，美国纽约即形成同业拆借市场，称为联邦资金市场。所谓联邦资金就是指商业银行存在联邦储备银行的准备金账户上的存款资金。典型的联邦资金交易就是联邦资金的拆放交易，即准备金不足的银行向存有超额准备金的银行拆借资金。伦敦同业拆借市场的形成则是由于各家银行为了轧平其票据交换差额而需相互拆借。随着金融机构业务的不断扩展，同业拆借市场也有很大的发展。拆借交易不仅涉及银行之间，还涉及银行与其他金融机构之间，拆借目的不限于补足存款准备金和轧平票据交换头寸，金融机构因业务经营需要，暂时短缺资金，也可进行拆借。拆借的资金规模也越来越大。目前，各国金融中心都有同业拆借市场。同业拆借市场已成为一个重要的短期资金融通市场。

二、贴现市场和大额定期存单市场

贴现市场是指通过票据贴现的方法融通短期资金的场所和机制。票据贴现指票据持有者将未到期的票据转让给银行，并向银行贴付一定的利息，以提前获取现款的一种票据转让行为。票据贴现对于持票人来说，等于提前取得了到期支付的票款；对于银行来说，等于向票据持有人提供了一笔相当于票面金额的贷款，只是利息已预先扣除。

贴现市场交易的对象主要有国库券、短期债券、银行承兑汇票及其他商业票据。贴现市场的参与者主要有工商企业、商业银行和中央银行。工商企业参与贴现市场，将自己持有的未到期的票据提前转化为现款，可以满足企业对资金的需求。商业银行从事票据贴现业务，表面上是一种票据的购买，实际上是一种放款，而且比一般的短期贷款要优越得多。因为按“商业票据理论”，商业票据是一种自偿性票据，即到一定时间，随商业行为的结束票据会自动清偿，因而就票据本身而言比较可靠。再者，就票据的兑付来看，除付款人外，尚有发票人、背书人等负有连带清偿责任，因而这种资金的运用比较安全。另外，商业银行参与票据贴现，贴现利息预先扣除，不像一般贷款必须要到期才能收取。除商业银行外，中央银行也参与贴现市场，从事再贴现业务。再贴现指中央银行对商业银行已办理贴现但尚未到期的票据予以贴现。实际上是中央银行对商业银行发放的一种再贷款。再贴现时商业银行向中央银行贴付的利息与票面面额的比率即为再贴现率。商业银行在营运过程中常常发生资金不足的情况，已贴现的票据尚未到期无法兑现，这时通过贴现市场向中央银行进行再贴现，就能解决商业银行对短期资金需求。中央银行通过再贴现，一方面满足了商业银行对短期资金的需求，另一方面，也是更主要的方面，是中央银行通过贴现市场再贴现率的调整影响市场的一般利率水平，以达到信用扩张和收缩的目的。如果中央银行提高再贴现率，商业银行就得以较高的价格获得中央银行再贷款。为了不亏本，商业银行必须提高贴现率和贷款利率。利率提高后，工商企业将会由于盈利减少或无利可图而减少贴现和贷款，这样便达到了紧缩信用的目的。反之，中央银行降低贴现率，就达到扩张信用的目的。中央银行构成了贴现市场积极的参与者，在贴现市场上发挥着重要的作用。

大额可转让定期存单（Negotiable Certificates of Deposits，简称，NCDs）是20世纪60年代以来金融环境变革的产物。由于20世纪60年代市场利率上升而美国的商业银行受Q条例的存款利率上限的限制，不能支付较高的市场利率，大公司的财务主管为了增加临时闲置资金的利息收益，纷纷将资金投资于安全性较好，又具有收益的货币市场工具，如国库券、商业票据等。这样，以企业为主要客户的银行存款急剧下降。为了阻止存款外流，银行设计了大额可转让定期存单这种短期的有收益票据来吸引企业的短期资金。这种存单形式的最先发明者应归功于美国花旗银行。

同传统的定期存款相比，大额可转让定期存单具有以下几点不同：①定期存款记名，不可流通转让；而大额定期存单则是不记名的，可以流通转让。②定期存款金额不固定，可大可小；而可转让定期存单金额较大，在美国向机构投资者发行的 CDs 面额最少为 10 万美元，二级市场上的交易单位为 100 万美元，但向个人投资者发行的 CDs 面额最少为 100 美元。在香港最少面额为 10 万港元。③定期存款利率固定；可转让定期存单利率既有固定的，也有浮动的，且一般来说比同期限的定期存款利率高。④定期存款可以提前支取，提前支取时要损失一部分利息；可转让存单不能提前支取，但可在二级市场流通转让。

大额定期存单一般由较大的商业银行发行，主要是由于这些机构信誉较高，可以相对降低筹资成本，且发行规模大，容易在二级市场流通。

大额定期存单的发行主要由商业银行签发。从签发银行的角度来看，CDs 为它提供了和定期存款流动性一样的资金，即在到期前不得提取，且利率较低。商业银行发行 CDs 的方式大致有两种：一种是批发式发行。发行机构把准备发行的总额、利率、发行日期、到期日和每张存单的面额预先公布，供投资者认购。另一种是零散式发行。即按投资者的需求随时发行，利率由双方协商决定。大额定期存单流通市场的主要投资者包括大企业、地方政府、商业银行、货币市场互助基金以及一些富裕的个人。从投资者的角度来看，CDs 的上市性强，到期前可以随时变现，因而弥补了它比定期存单利率低的缺点。CDs 发行以后，主要通过交易商进行交易，交易商从中收取佣金；也可以直接在 CDs 市场上进行买卖，购买者需付给出售者以前那段时间的利息。

三、国库券市场

国库券，又叫短期国债，是由中央政府发行的期限在一年以内的政府债券。其期限通常为 3 个月、6 个月或 12 个月。最早发行短期国债的国家是英国。国库券发行市场发行方式有两个：一是折扣发行，二是公开投标。折扣发行又称贴现发行，指国库券发行时按面额折扣发行，到期按票面金额清偿。例如，国库券的票面面额为 1 万元，6 个月到期，按九五折发行，那么，购买这张国库券只需 9 500 元。到期时可凭这张国库券领取 1 万元。折扣发行的折扣金额按发行时的利率计算。国库券发行时的利率采取公开投标方式，由众多投标者投标决定。通常国库券的发行者（财政部）预先公布将要发行的国库券的数量和期限，要求投资者如银行、信托公司、证券交易商及其他单位公开投标。投资者将标书送交中央银行及其分支机构。投标分竞争性投标和非竞争性投标两种。竞争性投标者在投标书中列出欲购买的数量及价格。每一投标者可提交几份投标书，表示愿意以不同的价格购买不同的数量；非竞争性投标者不提投标价格，而以竞争性投标者的平均价格为价格。这种投标者购买国库券的数量往往有一定的限制。中央银行接到投标书后，在预定日开标，以价格高低顺序通知财政部。财政部先以竞争性投标者的平均价格为准，确定所有非竞争性投标者的购买数量，而后将余额按投标者出价高低确定竞争性投标者的中标数量和金额。正式发行日，由中标者向发行机构交款，领取新发行的国库券。至此，国库券从发行市场转入流通市场。

由于国库券是政府发行的债务凭证，而政府具有征税和发行钞票的权力，所以国库券被认为是安全性最强的信用工具。加之国库券期限短、流通市场极为发达，其流动性仅次于现金。因此，国库券成为最具吸引力的投资工具之一。

四、回购市场

回购市场是指通过回购协议进行短期资金融通交易的市场。所谓回购协议(Repurchase Agreement)，指的是在出售证券的同时，和证券的购买商签定协议，约定在一定期限后按原定价格或约定价格购回所卖证券，从而获取即时可用资金的一种交易行为。回购协议实际上是一种以证券为抵押的短期贷款。

回购协议的期限从一日至数月不等。当回购协议签订后，资金获得者同意向资金供应者出售政府债券和政府代理机构债券以及其他债券以换取即时可用的资金。一般地说，回购协议中所交易的证券主要是政府债券。回购协议期满时，再用即时可用资金作相反的交易。从表面上看，资金需求者通过出售债券获得了资金，而实际上，资金需求者是从短期金融市场上借入一笔资金。对于资金借出者来说，它获得了一笔短期内有权支配的债券，但这笔债券到时候要按约定的数量如数交回。所以，出售债券的人实际上是借入资金的人，购入债券的人实际上是借出资金的人。出售一方允许在约定的日期，以原来买卖的价格再加若干利息购回该证券。这时，不论该证券的价格是升还是降，均要按约定价格购回。在回购交易中，若贷款或证券购回的时间为一天，则称为隔夜回购，如果时间长于一天，则称为期限回购。

还有一种逆回购协议（Reverse Repurchase Agreement)，实际上与回购协议是一个问题的两个方面。它是从资金供应者的角度出发相对于回购协议而言的。在回购协议中，卖出证券取得资金的一方同意按约定期限以约定价格购回所卖出证券。在逆回购协议中，买入证券的一方同意按约定期限以约定价格出售其所买入证券。从资金供应者的角度看，逆回购协议是回购协议的逆进行。

第三节　资本市场

一、资本市场与证券市场的概念

资本市场是长期资金市场。全面地看，资本市场包括两个部分：一是银行中长期存贷款市场；二是有价证券市场。但是，一般可将资本市场视同或侧重在证券市场。其原因是：

(1) 在世界各主要国家长期资本市场的两大部分中，证券市场最为重要；

(2) 从世界金融市场发展的趋势看，融资证券化特别是长期融资证券化已成为一种潮流，构成当今融资活动的主要特征。

所谓证券市场，是指按照市场法则从事法律认可的有价证券的发行、转让活动所形成的市场，它是债券市场和股票市场的总称。

按照证券交易的性质和特点，证券市场可分为一级市场和二级市场。

一级市场又称初级市场或原始市场，是发行新证券的市场，也称资本发行市场。一级市场可以分为债券发行市场和股票发行市场。在证券发行中，由于投资者与筹资者不容易直接接触、交易，因此，往往要有一个中介机构，这就是证券经纪商。所以，证券一级市场通常是证券经纪商市场。

二级市场是买卖已流通的有价证券的市场，也称为流通市场。二级市场可以分为证券交易所市场和场外交易市场。

两类市场的关系是密切相连的：没有一级市场自然就没有二级市场；但二级市场对一级市场又有重要的影响，如果二级市场交易旺盛，那么企业或其他筹资者有可能在一级市场上更为活跃。

二、证券的发行

(一) 前期准备

证券发行前，发行人（公司）须对有关证券发行的一些主要问题作出决策。主要包括：

(1) 证券发行方式。是公募发行还是私募发行。一般采取公募发行方式。我国目前称为社会募集和定向募集。

(2) 还本付息的办法。是单利计息还是复利计息，是分期付息还是期末还本付息等。

(3) 确定证券发行数量及发行价格。

(4) 准备招募书。

上述内容一般要向有关部门报批，批准后向社会公布。

(二) 选择、确定证券承销机构

确定发行证券后，可以自办发行，但一般要挑选一个资力雄厚、信誉卓著、经验丰富的银行或信托投资机构作为承销机构，由它代为销售证券。承销机构一般是通过竞争性的投标或磋商来选定的。具体的承销方式有三种：推销、助销、包销。目前国际上流行的是包销方式。所谓包销，是指证券发行者与银行等机构协商，由银行等承销机构按照商定的条件把全部证券包销下来，包销期满时，无论证券是否已经推销出去，包销机构都要如数付给发行人应得资金。如果证券发行量巨大，则可由某个大银行出面，组织银团共同包销。

为使包销成功，银行等机构要帮助发行人确定合理的发行价格，测算股息、利息水平。为此，它要对企业的现实状况和发展趋势进行调查研究，对市场同类证券的价格、股息、利息水平和市场发展趋势进行调查、预测和分析。

(三) 承销银行或银团等机构选择有利时机销售证券

所谓有利时机，总的看是证券市场供求状况。供大于求时发行不利，供不应求时发行有利。具体说来，主要考察两个方面。

(1) 市场利率水平。利率低时发行有利，相反则不利。

(2) 市场资金存量状况。市场资金充裕时发行有利，相反则不利。

(四) 选择证券销售方式

不论是自办发行还是由承销机构发行，向市场销售证券有两种方式可供选择。

（1）批发销售，即把证券的全部或一部分以批发形式出售给证券商，然后由其向市场销售。

（2）零售，即把新证券直接销售给最终投资人。这类业务可以由公司或承销机构自行办理，也可以通过有关的证券商办理，后者显然有利于资金的区域流动。

三、证券的交易方式

在证券交易市场中，交易方式主要有五大类：现货交易、信用交易、期货交易、期权交易及股票价格指数期货交易。

（一）现货交易

现货交易亦称现款交易，即以现款买卖有价证券，一般要求买卖成交后立即交割。但在实际交易过程中很难做到成交后立即交割，常常是在成交后较短时间内进行交割。

（二）信用交易

信用交易又叫垫头交易或保证金交易，是指交易人凭借自己的信誉，通过交纳一定数额的保证金取得经纪人的信用，在委托买进证券时由经纪人贷款，或者在卖出证券时由经纪人贷给证券来买卖有价证券的交易方式。

信用交易易产生投机活动，如投机者对某种证券价格看涨，可以以先支付部分价款作为保证金，余款由经纪人垫付购买该证券，若一定时期后该证券价格果真上涨，这时将证券卖出，除归还经纪人垫款及利息外，超过预付定金的部分即为投机收益。

信用交易方式对交易市场的稳定性有很大的影响。资金因经纪人借款而被大量转移到有价证券上来，可能会突然增加对有价证券的需求，促使价格上涨。一旦行情下跌，客户不愿偿还垫款购买证券，经纪人又大肆抛售证券，使行情进一步下跌。

（三）期货交易

期货交易是指买卖双方成交以后，交割和清算要按照期货合约中规定的价格在未来某一时间进行的交易。期货交易的一个重要特征是契约规定的价格与交割时的现货价格往往不一致。

期货交易的价格要根据不同情况来确定。如果预计未来证券价格是稳定的，那么期货价格就按成交日的现货价格加上由成交日至交割日等额的存款的利息确定，这时期货价格要高于现货价格；如果预计未来证券价格下跌，那么期货价格就按现货价格加由成交日至交割日等额存款利息，再减去价格下降因素确定，这时期货价格将会根据证券价格预计下降幅度或等于现货价格或低于现货价格。

在期货交易中，买者所以要买，是因为他看涨证券行情；卖者之所以要卖，是因为他看跌证券行情。期货交易的目的大体有三个：一是投资者看好当前某种证券，但其资金要在以后一个确定的时间才能到位；二是保值；三是投机获利。

（四）期权交易

期权交易又称选择权交易，是指证券买卖双方签订协议，约定在一定时期内，购买者有按双方协议的价格购买或出售一定数量的某种证券的权利。期权的买方通过交付期权费就可取得一定期限内按约定价格买进或卖出一定数量的金融资产或商品的权利，期权买方在期权有效期内有权行使期权，也可放弃期权，也可把期权转卖给他人；而期权卖方则要承担在买方要求行使期权时履行期权契约的义务。形成证券期权交易的原因与期货类似，但因为没有实际证券交易，故风险要小于期货交易。

（五）股票价格指数期货交易

股票价格指数是报告期平均股票价格对基期平均股价的百分比，它是考察股票市场一般价格水平的指标。股票价格指数在期货交易中买卖的不是股票，而是股票价格指数，故称之为“没有股票的股票交易”；投资者在进行股票价格指数期货交易时，也要交纳保证金。股票价格指数期货交易不办理实物交投，而采用现金交割方式。这是因为指数期货代表的是双方同意买卖股票的市场价值，每一份合约代表了一种假设的股票资产，而不是买卖某种具体的股票。股票价格指数期货交易的主要意义在于减少投资者的风险。当投资者看涨股市时，可买进指数期货；相反，则卖出指数期货。这种交易方式的出现，被美国投资分析家称为“股票交易的一场革命”。

【课后习题】

1. 什么是货币市场？它包括哪些市场？其主要功能有哪些？
2. 金融市场同其他的生产要素市场及社会再生产各个环节之间具有哪些关系？
3. 什么是银行间同行拆借市场，其特点是什么？
4. 决定金融资产需求的因素有哪些？
5. 如何理解世界金融市场的发展趋势？

第七章　通货膨胀与通货紧缩

学习目标

通过本章的学习，了解通货膨胀与通货紧缩现象的成因；掌握通货膨胀的含义、成因、效应的对策；掌握通货紧缩的界定及经济效应。

案例引入

津巴布韦的通货膨胀

当非洲的津巴布韦在1980年成为一个独立的国家时，津巴布韦元（Zimbabwe dollar）实际上比美元的价值还要高，津巴布韦元兑美元的汇率为 1 : 1.25。由于没有节制地印发纸币和部族冲突造成的强征土地，津巴布韦元在 21 世纪初开始经历恶性通货膨胀。到2004年，通货膨胀率达到了前所未有的 624%，在2005年低于三位数，而到2006年又飙升到了1 730%。在2006年 8 月，新的津巴布韦元以 1 : 1 000的兑换率取代了旧货币。到2007年年中，在一年的时间里通货膨胀率达到了11 000%。到2008年 5 月，1 亿面值和 2.5 亿面值的新津巴布韦元被发行出来，而在不到两周的时间里，5 亿面值的货币就出现了（大约值2.5美元）。一周不到，5 亿、25 亿和 50 亿面值的津巴布韦元纸币被发行出来，之后，到了 7 月，又出现了 100 亿面值的货币。在2008年 8 月，政府从货币上勾掉了 10 个零，100 亿津巴布韦元相当于 1 新津巴布韦元。据估计在这一年里，年通货膨胀率达到了 $5\%\times10^{18}$，月通货膨胀率为 $1.3\times10^{10}\%$。

资料来源：李绍昆，曾红燕. 货币银行学［M］. 北京：中国人民大学出版社，2013.

第一节　通货膨胀的一般理论

一、通货膨胀的定义

通货膨胀一般指物价水平在一定时期内持续普遍的上升过程，或者是说货币价值在一定时期内持续的下降过程。可见，通货膨胀不是指这种或那种商品及劳务的价格上涨，而是物价总水平的上升。

虽然经济学家们在对通货膨胀的表述和形成机理上面不能达成有效的共识，但是在对通货膨胀现象的描述上面却非常一致。

我们一般把社会总体物价水平持续的、稳定的上升叫作通货膨胀。这一定义强调了物价上涨，但并非物价上涨便是通货膨胀。比如说春节前后的菜市场异常火爆，菜农往往趁着春节前后供不应求的行市提高菜价，但是这却不属于通货膨胀。那么，通货膨胀又具有怎样的特征呢?

现在人们广泛接受的、符合国际习惯用法的通货膨胀定义是：通货膨胀是指一般物价水平的持续上涨。全面理解这一定义，要把握以下四个要点。

（1）通货膨胀只发生在纸币流通情况下。通货膨胀是一种货币现象，但在金币或可兑换银行券流通条件下，由于金币具有储藏手段职能，能够自动调节货币流通量，一般情况下不会发生通货膨胀。而在纸币流通条件下，情况发生了变化。一方面，纸币流通从技术上提供了扩大货币供给的可能性；另一方面，国家具有货币发行的垄断权，它可以多发行货币，并强制其进入流通。而纸币作为一种价值符号，本身没有内在价值，进入流通的纸币不会通过储藏方式退出流通，即不具有自动调节货币流通量的功能。而过多货币进入流通必然引起纸币贬值，表现为物价上涨，形成通货膨胀。

（2）通货膨胀的原因是货币供应量超过经济中所需要的货币而引起物价上涨。商品的价格是商品价值的货币表现。在商品供应既定的前提下，如果纸币发行过多，超过市场商品和劳务供应对货币的需求，纸币所代表的价值就会减少，而用贬值的纸币衡量商品和劳务的价值，就会表现为商品价格上涨。因此，通货膨胀的结果就表现为物价上涨。当然，价格上涨并不一定就是通货膨胀，但价格上涨是通货膨胀的主要特点。

（3）通货膨胀是一般物价水平的上涨，个别商品和劳务的价格上涨不能视为通货膨胀。物价总水平上涨有两种情况：一种是所有商品同比例或不同比例全部上涨；另一种情况是某类商品价格上涨，其他商品价格同时下跌，或下跌的比例比上涨的比例小。这两种情况的物价上涨，都属于通货膨胀。

（4）通货膨胀表现为物价水平的持续上涨。季节性、暂时性的物价上涨不能视为通货膨胀。物价上涨（指总水平）不管其幅度有多大，从时间上看都有短期和长期之别。那么，物价上涨持续多长时间才算通货膨胀?理论界没有定论。目前，各国通常以年度为单位判断是否出现通货膨胀，同时公布月度、季度和年度物价指数统计指标。

二、通货膨胀的观测与计量

作为一种经济学现象，通货膨胀可以说普遍地存在于各国的经济运行当中。各国为了将通货膨胀的程度维持在健康可控的范围内，一般通过以下三种指标来检测本国通货膨胀水平：消费者物价指数（Consume Price Index，CPI）、生产者价格指数（Producer Price Index，PPI）和国民生产总值平减指数（GNP Deflator）。

（一）消费者物价指数（Consume Price Index，CPI）

消费者物价指数是根据家庭消费的具有代表性的商品和劳务的价格变动状况而编制的物价指数。该指数在很大程度上反映了商品和劳务价格变动对居民生活消费的影响，因而它是居民最关心的物价指数。居民消费价格指数可按城乡分别编制为城市居民消费价格指数和农村居民消费价格指数，也可按全社会编制全国居民消费价格总指数。消费者物价指数追踪一定时期的生活成本以计算通货膨胀。如果消费者物价指数升幅过大，表明通货膨胀已经成为经济不稳定因素，央行会有紧缩货币政策和财政政策的风险，从而造成经济前景不明朗。因此，该指数过高的升幅往往不被市场欢迎。例如在某年，消费者物价指数上升2.3%,那表示，生活成本比 12 个月前平均上升 2.3%。当生活成本提高，你的金钱价值便随之下降。那么，一年前收到的一张 100 元纸币，今日只可以买到价值［100/（1+2.3%）］元的货品及服务。

消费者物价指数的计算往往比较复杂。复杂的不是计算的过程，而是纳入到“与居民生活有关的产品及劳务价格”范畴中的产品和劳务。一般来说，计算对象应该涵括生活必需品如食物、新旧汽车、汽油、房屋、公用设备、衣服以及医疗的价格。此外，消费者物价指数亦加入了一些生活享受的成本，例如体育活动的门票以及高级餐厅的晚餐。但是由于我国经济正处于高速发展时期，居民的生活水平和消费内容变化很快，所以纳入计算范畴的产品和服务必须根据当前大多数居民消费支出的内容适时做出调整。我国目前国内的 CPI 指数统一执行国家统计局规定的“八大类”体系，即指数的构成包括食品、烟酒及用品、衣着、家庭设备用品及服务、医疗保健及个人用品、交通和通信、娱乐教育文化用品及服务、居住八大类，每个大类中又包含若干个具体项目，总共有 300 多项。其构成权重分别是食品 34%；娱乐教育文化用品及服务 14%；居住 13%；交通和通信 10%；医疗保健及个人用品 10%；衣着 9%；家庭设备及维修服务 6%；烟酒及用品 4%。与此相比，美国的 CPI 计算涵盖的内容是食品和饮料 15%；教育和通信 6%；医疗 7%；休闲活动 6%；服装 4%；其他物品与劳务 3%（其他物品中包含香烟、理发和丧葬支出）；住房 42%以及交通 17%。

CPI 指数在反映经济运行状况上主要有以下三方面的作用。

（1）反映通货膨胀状况。通货膨胀的严重程度是用通货膨胀率来反映的，它说明了一定时期内商品价格持续上升的幅度。通货膨胀率计算方法如下。

通货膨胀率=［（当期 CPI-基期 CPI）/基期 CPI］×100%

（2）反映货币购买力变动。货币购买力是指单位货币能够购买到的消费品和服务的数量。消费者物价指数上涨，货币购买力则下降；反之则上升。消费者物价指数的倒数就是货币购买力指数。

货币购买力指数=（1/CPI）×100%

（3）反映对职工实际工资的影响。名义工资即货币工资，是指工人出卖劳动力所得到的货币数量。实际工资是指工人用货币工资实际买到的各类生活资料和服务的数量。消费者物价指数的提高意味着实际工资的减少，消费者物价指数的下降意味着实际工资的提高。因此，可利用消费者物价指数将名义工资转化为实际工资，其计算公式为：

实际工资=名义工资/价格水平=名义工资/通货膨胀率

CPI 指数在经济统计中用途较广，但是也有自己的局限性。CPI 指数的局限性主要体现在以下几个方面：①CPI 指数没有考虑到一部分消费品价格的提高，可能是由于商品质量改进、新产品对消费者福利的增进以及商品间的相互替代性等，因而存在夸大物价上涨幅度的可能。②CPI 计算范围较窄，其计算对象仅包括社会最终产品中的居民消费品这一部分，不包括公共部门的消费资料、生产资料和资本产品以及进出口商品，这就使得 CPI 指数在衡量全社会的生产方面力不从心。

为了克服 CPI 指标的缺点，经济学家们还会使用其他参数来观察、描述通货膨胀（见图 7-1）。

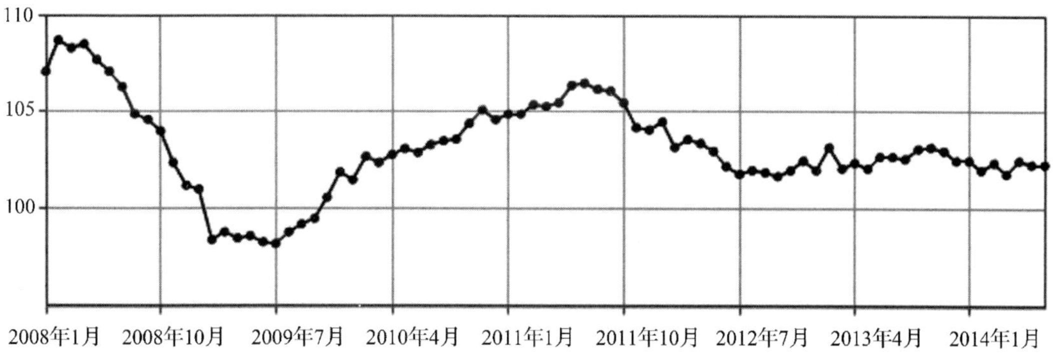

图 7-1　2008—2014 年的中国居民消费价格指数（基期为 100）

资料来源：中国统计局、东方财富网数据中心

（二）生产者价格指数（Producer Price Index，PPI）

生产者物价指数是以大宗批发交易为对象，根据产品和原料的批发价格编制而成的指数。美国劳工统计局根据批发企业购买的大约2 400种商品的批发价格编制而成。抽样商品包括化学制品、农产品、燃料、木材、皮革、机器、金属、纸张、橡胶以及纺织品等。

需要注意的是，生产者价格指数并不仅仅是一个指数，它是一组指数，是生产的三个渐进过程的每一个阶段的价格指数：原材料、中间品和产成品。常被用于分析市场动态并对金融市场最有影响的是最后一个，即产成品的 PPI。它代表着这些商品被运到批发商和零售商之前的最终状态。在生产最后状态的价格常常由原材料和中间品过程中遇到的价格压力来决定。这就是为什么观察这三个过程都很重要的原因。除此之外，还有将食物及能源去除后的，称为“核心 PPI”（Core PPI）指数，这一指数排除了较容易受季节影响的食物以及能源价格的波动，更能够帮助经济学家正确判断物价的真正走势。

PPI 和 CPI 有着时间上的联动关系。因为生产者价格指数是测算价格变化的指标，该价格是制造商和批发商在生产的不同阶段为商品支付的价格。这里任何一点的通货膨胀都可能最终被传递到零售业。如果销售商不得不为商品支付更多，那么他们更乐于把更高的成本转嫁给消费者。因此，从理论上来说，生产过程中所面临的物价波动将反映至最终产品的价格上，观察 PPI 的变动情形将有助于预测未来物价的变化状况。在对未来物价进行预测时，这项指标受到市场重视（见图 7-2）。

（三）国民生产总值平减指数（CNP Deflator）

GNP 平减指数，又称“GNP 缩减指数”，是按当年价格计算的国民生产总值与按不变价格计算的国民生产总值的比率。GNP 平减指数是衡量一国在不同时期内所生产的最终产品和劳务的价格总水平变化程度的价格指数。物价平减指数的表达方式是当年的国民生产总值同基期的国民生产总值比较，假若上下两季的物价未波动，则固定物价平减指数就不

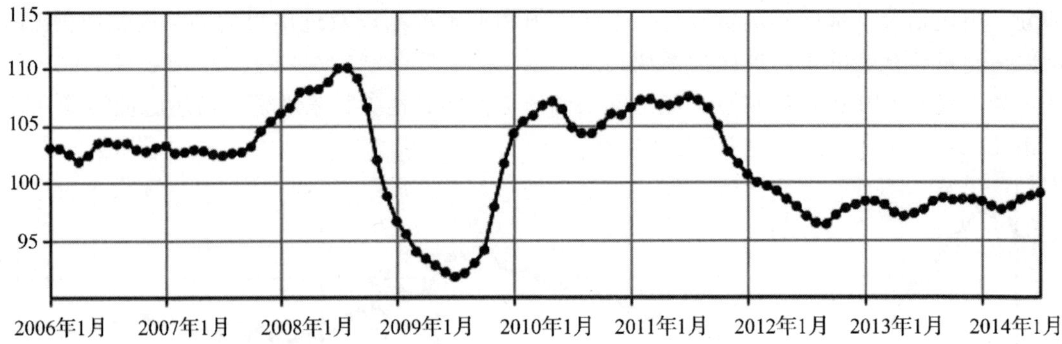

图 7-2 2008—2014 年的中国生产者价格指数（基期为 100）

资料来源：中国统计局、东方财富网数据中心

会产生变动。其计算公式为：

国民生产总值平减指数=当期国民生产总值/基期国民生产总值

GNP 平减指数的优点是包含 CPI 和 PPI 的计算对象，范围较这两个指标更为广泛。因此，GNP 平减指数更能准确地反映一般物价水平的变化趋势。而 GNP 平减指数的缺点是编制期间需要收集大量的资料、投入大量的时间，这就导致 GNP 平减指数很难及时更新和公布，在时效上无法满足经济决策的需要。

另外，GNP 平减指数还有一个局限就是容易受到价格结构因素的影响。例如，虽然与公众生活密切相关的消费品价格上涨幅度已经很高，但其他产品价格变动幅度不大，就会出现 GNP 平减指数虽然不高，但公众的日常消费支出已经明显增加的情况。

除了以上三种指标之外，中国现行的物价指数还有商品零售价格指数（RPI）、固定资产价格指数、进出口商品价格指数、农产品收购价格指数、建筑业产值价格指数等衡量通货膨胀的标准。

【拓展知识】

外汇储备与通货膨胀：中国1994年的经验

外汇市场上的供求状况有时会严重地影响到基础货币的投放，并进而影响到物价水平。我国1994年高达 21.7%的通货膨胀率就与当年外汇储备的急剧上升有很大的关系。

1994年年初，我国外汇体制改革取得重大进展，实现了官方汇率和市场调剂汇率的并轨，并开始实行银行结售汇制外汇管理办法。由于人民币的大幅度贬值（人民币官方汇率由1993年年末的 1 美元=5.8 元人民币下降到1994年 1 月 1 日的 1 美元=8.7 元人民币），我国1994年的出口增长高达 31.9%，贸易收支由1993年的逆差 122.2 亿美元一举转变为顺差 53.9 亿美元；外商直接投资由1993年的 275.2 亿美元上升至 337.7 亿美元，增幅达 22.7%；实际利用外资额 458 亿美元，居世界第二位。另一方面，由于我国1993年连续两次提高利率，1994年继续实行货币紧缩政策，不少企业受信贷规模控制转而借外汇后兑换成人民币使用，一些外商也以各种形式进入国内进行套利活动，例如，某些外商通过其在华企业用外汇兑换成人民币后高息拆借给资金短缺的国内企业。

上述因素使得中国人民银行的外汇储备由年初的212亿美元猛增到516.2亿美元，增加304.2亿美元。按照1994年1美元=8.6元人民币的平均汇率计算，仅此一项就意味着中国人民银行要增加2 600多亿元的基础货币投放。尽管中国人民银行对此采取了一些抵消性的措施，例如，加大力度收回对金融机构的贷款，压缩其增长速度（中央银行对存款货币银行债的同比增长率确实从1994年第一季度的39.4%急剧降低到了第四季度的8.8%），但是1994年的基础货币增长率仍达到30%左右。基础货币的高速增长带来了货币供给的相应增长。广义货币M2和狭义货币M1的增长率分别达到34.5%和26.2%，均远远高于计划水平。外汇占款的增加构成了当年基础货币投放的主要途径，因此被不少经济学家认为是1994年高通货膨胀的主要原因。

资料来源：《中国人民银行统计季报》

三、通货膨胀的分类

为了对通货膨胀进行分析，经济学上一般按照物价上涨的速度不同、市场机制的运行状况不同和通货膨胀的成因不同等标准对通货膨胀进行分类（见图7-3）。

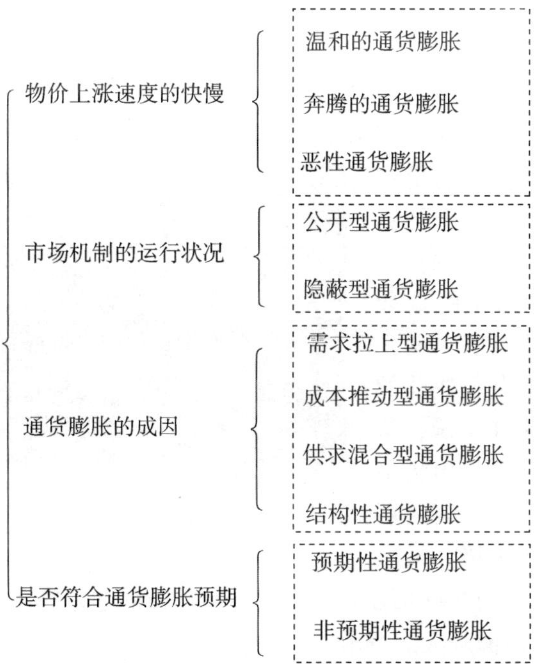

图7-3 通货膨胀的分类

（1）按照物价上涨的速度，可以把通货膨胀分为以下几类。

①温和的或爬行的通货膨胀。这是一种使通货膨胀率基本保持在并且始终比较稳定的一种通货膨胀。一些经济学家认为，如果每年的物价上涨率在2%以下，不能认为是发生了通货膨胀。当物价上涨率达到2.5%时，叫作不知不觉的通货膨胀。当通货膨胀率接近

3%并且小于3%时，我们称之为“爬行的通货膨胀”，当这一数字徘徊在5%左右时，我们称之为“温和的通货膨胀”。这两种通货膨胀人们会有明显的感觉，但总体上还是可以接受的。

一些经济学家认为，在经济发展过程中，温和的通货膨胀可以刺激经济的增长。因为提高物价可以使厂商获得较多的利润，这样可以刺激厂商投资的积极性。同时，温和的通货膨胀不会引起社会的动荡。温和的通货膨胀即将物价上涨控制在2%~5%时，通货膨胀会像润滑油一样刺激经济的发展，这就是所谓的“润滑油政策”。

②疾驰的或飞奔的通货膨胀。疾驰的或飞奔的通货膨胀亦称为奔腾的通货膨胀、急剧的通货膨胀。它是一种不稳定的、迅速恶化的、加速的通货膨胀。在这种通货膨胀发生时，通货膨胀率较高（一般达到两位数以上，甚至是三位数），所以在这种通货膨胀发生时，人们对货币的信心产生动摇，由于物价上涨速度较快，幅度较大，导致人们为了避免遭受损失而尽可能地储存实物。经济社会产生动荡，但还不至于引起金融崩溃和社会混乱。这是一种较危险的通货膨胀。

③恶性的或脱缰的通货膨胀。恶性的或脱缰的通货膨胀也称为极度的通货膨胀、超速的通货膨胀。这种通货膨胀一旦发生，通货膨胀率会达到非常高的水平（一般达到三位数以上），而且完全失去控制，其结果是社会物价持续飞速上涨，货币大幅度贬值，人们对货币彻底失去信心。这时整个社会金融体系处于一片混乱之中，正常的社会经济关系遭到破坏，最后有可能会导致政治动荡，甚至政府垮台。

这种通货膨胀在经济发展史上是很少见的，通常发生于战争或社会大动乱之后。目前公认的恶性通货膨胀在世界范围内只出现过4次。第一次发生在1923年的德国，当时第一次世界大战刚结束，德国的物价在一个月内上涨了2 500%，一个马克的价值下降到仅及战前价值的1×10^{12}。第二次发生在1946年的匈牙利，第二次世界大战结束后，匈牙利的一个便哥价值只相当于战前的1/8 281 027。第三次发生在中国，从1937年6月到1949年5月，伪法币的发行量增加了1 445亿倍，同期物价指数上涨了36 807亿倍。最后一次发生在津巴布韦。如图7-4所示，受政府赤字导致的通货膨胀的影响，津巴布韦央行发行的目前为止世界上面额最大的货币。

图7-4 津巴布韦千亿元纸币

（2）按照市场机制的运行状况，通货膨胀可以分为以下几类。

①公开型通货膨胀。公开型通货膨胀，也称为开放型通货膨胀，是指政府对物价水平不加管制，价格随市场供求变化而自由涨落，表现为价格水平的明显波动。这是对于货币供给的增加，市场机制所发挥的一种调节作用，在市场经济条件下，由于市场机制完善，没有政府直接干预，所以货币的多少直接决定着物价水平的升降。在这种情况下，物价水平的上升可以准确地直接反映出通货膨胀的程度。

②隐蔽型通货膨胀。隐蔽型通货膨胀，也称为压抑型通货膨胀，是指政府通过价格控制、定量配给以及其他一些措施来抑制物价上涨。从表面上看，货币工资没有下降，物价总水平也没有上升，但居民实际消费水平却是下降的。我国实行计划经济体制时期，就存在这种隐蔽型通货膨胀。这种供求失衡会以排队抢购、凭证购买、有价无市甚至产品质量大幅下降、黑市横行等途径表现出来。这时的商品价格并不能准确地反映通货膨胀的程度，但是一旦价格限制被打破，市场价格会迅速靠近能够反映市场供求的真实价格，这时市场上便会发生通货膨胀。

我国在改革开放初期，国家逐步放开价格管制，和居民每天生活有关的商品价格水平曾一度大幅上升（见表 7-1）。

表 7-1 我国改革开放 30 年 GDP 增长率和商品零售价格（RPI）情况（单位:%）

年份	GDP 增长率	RPI 上涨率	年份	GDP 增长率	RPI 上涨率
1978	11.7	0.7	1994	12.6	21.7
1979	7.6	2	1995	10.5	14.8
1980	7.8	6	1996	9.6	6.1
1981	5.2	2.4	1997	8.8	0.8
1982	9.1	1.9	1998	7.8	-2.6
1983	10.9	1.5	1999	7.1	-3
1984	15.2	2.8	2000	8	-1.5
1985	13.5	8.8	2001	7.5	-0.8
1986	8.8	6	2002	8.3	-1.3
1987	11.6	7.3	2003	9.5	-0.1
1988	11.3	18.5	2004	9.5	2.8
1989	4.1	17.8	2005	9.9	0.8
1990	3.8	2.1	2006	11.1	1
1991	9.2	2.9	2007	11.4	3.8
1992	14	5.4	2008	9	5.9
1993	13.5	13.2			

（3）根据通货膨胀是否能符合大众预期，可以将通货膨胀分为如下两类。

①预期的通货膨胀（Expected Inflation），又被称为“核心通货膨胀”（Core Inflation），是指政府有意识地实行通货膨胀政策，使人们能据此预期未来的通货膨胀。因为供求各方认为这种通货膨胀会发生，所以各方都会采用积极的应对策略减小这种通货膨胀所带来的影响。例如，作为劳动者来说，我预计将来物价会上涨 5%，那么为了保证我的生活质量不发生变化，在与用人单位协商的时候我会将我的契约薪资要求上调 5%。在这样的情况下，上调的工资会成为产品的额外成本，造成最终产品的价格上涨，从而进一步推进通货膨胀。这种物价—工资螺旋上升导致的通货膨胀有时也被叫作是惯性的通货膨胀（见图 7-5）。有时，对于通货膨胀率变化的错误预期本身也可以推动通货膨胀的发生。

②非预期的通货膨胀（Unexpected Inflation）。与前者相反，非预期型通货膨胀是指政

府当局采取很隐蔽的方式增加货币供应量，由此造成的通货膨胀人们预先并不知道，也很难预测未来的通货膨胀趋势。

非预期的通货膨胀往往会和预期的通货膨胀同时存在。虽然从统计方法上来说很难统计出各自导致的通货膨胀程度。但是可以通过两者在社会财富再分配的贡献上面来对两者做出一定的区分。预期的通货膨胀会影响到整个社会而并非某个行业，故而预期的通货膨胀不会造成财富的再分配；非预期的通货膨胀是由于产品供求失衡，而产品供求失衡的状况在各个行业之间必然不尽相同，所以非预期的通货膨胀可以导致社会财富的再分配。

根据通货膨胀的成因，可以将通货膨胀分为需求拉上型通货膨胀（Demand-pull Inflation）、成本推动型通货膨胀（Cost-push Inflation）、供求混合型通货膨胀（Compound Inflation）和结构型通货膨胀（Structure Inflation）四种。具体我们将在本章第二节详细说明。

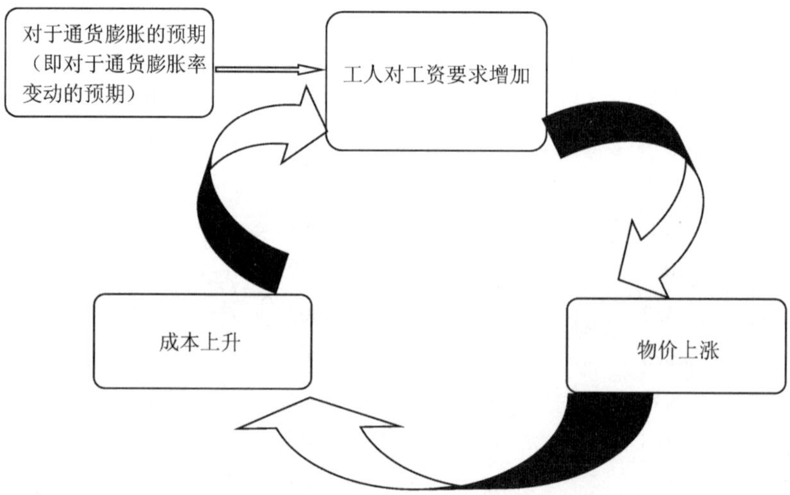

图 7-5　惯性通货膨胀示意图

四、通货膨胀的经济效应

通货膨胀在经济学初学者心目中容易被误认为是对经济运行有害的经济现象。在新闻和报纸中也经常能听到例如“抑制通货膨胀”“将通货膨胀维持在较低水平”一类的字眼，那么，通货膨胀究竟是不是绝对有害的呢？关于通货膨胀的经济效应，也就是关于通货膨胀对于社会经济的影响，经济学家们各执一词，主流经济学界经过几百年的讨论，对于通货膨胀的经济效应给出了以下几方面的分析和阐述。

经济学家们对于通货膨胀对社会经济的影响给出了三种截然相反、针锋相对的理论。一般可以把这三种理论归纳为“促进论”“中性论”和“促退论”。

（1）坚持“促进论”的经济学家们对于通货膨胀对社会经济的积极影响的解释。

1958年，菲利普斯（A. W. Philips）根据英国1861—1913年间失业率和货币工资变动率的经验统计资料，提出了一条用以表示失业率和货币工资变动率之间交替关系的曲线，即菲利普斯曲线。1960年，加拿大经济学家利普赛（R. G. Lipsey）进一步验证了菲利普斯的研究结论，并通过对劳动市场的供求情况分析，为菲利普斯曲线提供了理论上的诠释。

这条曲线表明：当失业率较低时，货币工资增长率较高；反之，当失业率较高时，货币工资增长率较低，甚至是负数。失业率高表明经济处于萧条阶段，这时工资与物价水平都较低，从而通货膨胀率也就低；反之失业率低，表明经济处于繁荣阶段，这时工资与物价水平都较高，从而通货膨胀率也就高。失业率和通货膨胀率之间存在着反方向变动的关系。西方经济学家认为，货币工资率的提高是引起通货膨胀的原因，即货币工资率的增加超过劳动生产率的增加，引起物价上涨，从而导致通货膨胀。所以，菲利普斯曲线又成为当代经济学家用以表示失业率和通货膨胀之间此消彼长、相互交替关系的曲线。

如图 7-6 所示，横轴代表失业率，纵轴代表通货膨胀率，向右下方倾斜的曲线即为菲利普斯曲线。这条曲线表明，当失业率高时通货膨胀率就低，当失业率低时通货膨胀率就高。

菲利普斯曲线提出了如下几个重要的观点。

第一，通货膨胀是由工资成本推动所引起的，这就是成本推动通货膨胀理论。正是根据这一理论，把货币工资增长率同通货膨胀率联系了起来。

第二，失业率和通货膨胀率存在着交替的关系，它们是可能并存的，这是对凯恩斯观点的否定。

第三，当失业率为自然失业率时通货膨胀率为 0。因此可以把自然失业率定义为通货膨胀为 0 时的失业率。

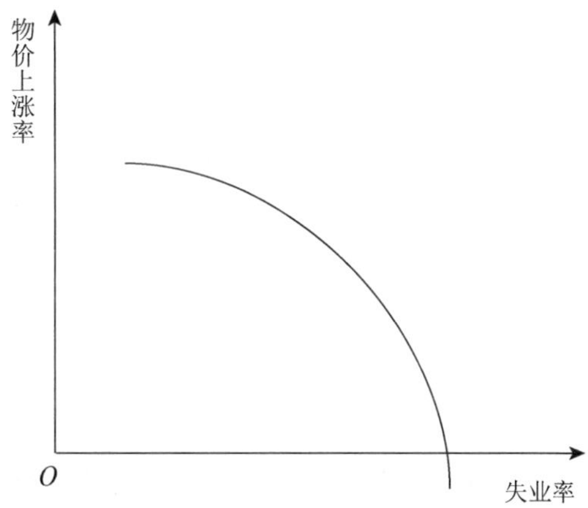

图 7-6 菲利普斯曲线

第四，由于失业率和通货膨胀率之间存在着交替关系，因此可以运用扩张性的宏观经济政策，用较高的通货膨胀率来换取较低的失业率，也可以运用紧缩性的宏观经济政策，以较高的失业率来换取较低的通货膨胀率。这就为宏观经济政策的选择提供了理论依据。

总之，促进论认为，通货膨胀如果作为政府的一项政策指标，获得直接利益的肯定是政府，获利大小完全取决于政府调控经济水平的高低。政府应努力提高自己的管理技能，最大限度的发挥通货膨胀政策的积极作用，并把其带来的经济利益转化为经济增长的动力。

（2）坚持“促退论”的经济学家们对于通货膨胀对社会经济的消极影响的解释。

①通货膨胀降低储蓄。通货膨胀意味着货币购买力下降，减少了人们的实际可支配收入，从而削弱了人们的储蓄能力；通货膨胀造成本金贬值和储蓄的实际收益下降，使人们对储蓄和未来收益产生悲观的预期，为避免将来物价上涨所造成的经济损失，人们的储蓄意愿降低，即期消费增加，致使储蓄率下降，投资率和经济增长率都降低。

②通货膨胀减少投资。首先，在通货膨胀环境下，从事生产和投资的风险较大，而相比之下，进行投机有利可图。这说明，在通货膨胀环境中，长期生产资本会向短期生产资本转化，短期生产资本会向投机资本转化。生产资本，特别是长期生产资本的减少对一个国家的长期发展是不利的。同时，短期资本，特别是投机资本增加会使各种财产价格上升，土地、房屋等所有者可以坐享其成，而对这类财产的过度投机于社会的利益要小于其

害处。

其次，投资者是根据投资收益预期而从事投资的，在持续的通货膨胀过程中，各行业价格上涨的速度有差异，市场价格机制遭到严重的破坏。由于市场价格机制丧失了所有的调节功能，投资者也无法判断价格上涨的结构，从而做出盲目的投资或者错误的投资决策，不利于产业结构的优化和资源的合理配置，使经济效率大大下降。

最后，在通货膨胀时期，会计标准可能还会沿用过去的标准，对折旧的提取还是按固定资产原值和一定的折旧率为计算标准。折旧提取大大低于应有水平，因此，企业成本中的很大一部分转变成了利润。这种虚假利润也会被政府征税，因此，企业未来发展的实际可用资金将会减少。

③通货膨胀不利于社会公平。通货膨胀对经济力量强的阶层有利，而对贫困阶层不利。在通货膨胀中最能捞到好处的是利润获得者阶层，他们可以不断地从物价上涨中获得更多的超额利润，大部分雇员则发现在他们的货币工资没增加之前物价已经上涨了，或者是货币工资刚增加，物价又上涨了。经过一番艰苦的斗争才补回一点损失，但其货币收入总是落后于物价上涨。而固定收入者的境况更糟，也许是通货膨胀已经发生了相当长的时间，或许已经有了几轮的物价上涨后，这些固定收入者的收入才增加。最凄惨的是靠养老金生活的退休者和穷人，他们既没有增加收入的希望，又得不到通货膨胀的好处。收入分配的不公，会造成社会的不安定，而安定的社会秩序则是一个国家经济发展的保证。

④通货膨胀造成外贸逆差。本国通货膨胀率长期高于他国，会产生两种影响：一是使本国产品相对于外国产品的价格上升，从而不利于本国的出口，但刺激了进口的增加；二是使国内储蓄转移到国外，势必导致本国国际收支出现逆差，并使黄金和外汇外流，给本国经济增长带来压力。

⑤恶性通货膨胀会危及社会经济制度的稳定，甚至令其崩溃。发生恶性通货膨胀时，价格飞涨，价格不再能反映商品供给和需求的均衡，信用体系也会产生危机。这样就会危及社会经济制度的稳定，甚至令其崩溃。例如经历第一次世界大战后的德国，战后因战争赔款和重建经济的需要，政府支出大大超过其收入。德国政府本应提高税收以应付这部分增大了的支出，不过这种解决办法在政治上不易被接受，而且需要很长时间才能落实。政府本也可以向公众借款来筹集这笔费用，但所需金额远远超过了政府的借款能力。因此，剩下的只有一条路：开动印钞机，政府只能印刷更多的钞票（增加货币供应）以支付它的运转的费用，并用这些钱从个人和公司手中换取商品和劳务。1921年以后，德国的货币供比量开始迅速增加，物价水平也同样开始迅速上升；1923年，德国政府的预算状况进一步恶化，不得不以更快的速度印制钞票以应付财政危机。货币激增的结果是物价水平火箭式地上升，从而使得1923年的通货膨胀率超过1 000 000%。恶性通货膨胀导致了严重的经济危机，使得经济制度崩溃，从而导致了政治危机。

（3）“中性论”。

所谓“中性论”，是一种通货膨胀对产出、经济增长既没有正面效应也没有负面效应的理论。这种理论认为，由于公众预期，在一段时间内他们还会对物价上涨做出合理的行为调整，通货膨胀的各种效应的作用就会相互抵消。因此，通货膨胀对产出、经济增长既不会促进，也不会损害。

通货膨胀除了具有以上三个方面的经济效应之外，还会对社会资源配置起到一定的扭曲效应。一般地，通货膨胀会扭曲市场价格信号，导致价格机制无法正常发挥作用。因为若市场上各类商品的价格保持着正常升降状态，则生产者和消费者可据此清楚地判断它们之间相对价格的变化及目前的供求状况，从而正确做出购买或售出商品的决策。而当高通货膨胀率发生时，人们很难区分相对的价格变化与整体的价格变化，对是否继续进行某种商品交易变得难以适从。

通货膨胀同样会扭曲货币的使用，在通货膨胀严重的时候，人们会急于将现金脱手，或频繁地去银行提取，并迅速将现金换成实物或其他的硬通货，减少手持现金，增加存货。因为往返银行取现的行为不仅磨光了鞋底，浪费了时光，也造成资源的浪费。因此减少货币持有量的成本也被称为通货膨胀的“皮鞋成本”。皮鞋成本并非单纯指鞋的磨损，而是指为了使手头保留的钱少于没有通货膨胀时的数量而必须牺牲的时间与便利。

类似地，在通货膨胀过程中，大多数企业会频繁地变化商品的价格。而因为价格的变化不得不重新印刷菜单导致的成本也称为“菜单成本”。菜单成本包括决定新价格的成本、印刷新清单和目录的成本、把这些新价格和目录送给中间商和顾客的成本、为新价格做广告的成本以及由于顾客对新价格不满而付出的成本等。

在恶性通货膨胀中，甚至会迫使人们回到物物交换的低效率形式。通货膨胀会助长投机并导致社会资源的浪费。通货膨胀期间，由于投机利润大于生产利润，投机活动大大增加，大量的资源被投机者用于囤货和投机获利，减少了可用于发展生产和技术等方面的社会资源。在通货膨胀期间，中央银行基准利率的调整往往滞后，使金融机构的正常融资渠道受阻，同时民间高利贷则得以盛行，因而会改变正常的利率结构，抑制长期金融工具的发行，影响金融市场的健康发展及完成配置社会资源的功能。

第二节　通货膨胀的原因

对于通货膨胀的成因，经济学家们根据实际的观察和讨论给出了多种解释。解释的切入点是相同的，即形成通货膨胀的直接原因是货币超额发行，供给大于实际需要，导致货币贬值，物价上涨。在当代经济中，流通中的货币，无论是现金通货还是存款货币，均是通过信贷程序流向市场的。因此，过度的信用供给或者是过量的贷款是造成通货膨胀的直接原因。那么，哪些原因会导致通货膨胀呢？

一、金融市场上的供求失衡导致的通货膨胀

金融市场上的供求失衡导致的通货膨胀的原因主要有三类：财政原因、信贷原因以及国际收支失衡。下面，我们来逐一分析每种原因是如何导致通货膨胀的。

（一）财政原因

因财政原因迫使政府过度供给货币的情况一般有两种，一种是财政赤字的情况，另外一种是推行赤字财政政策的情况。财政赤字是指财政部门在执行国家财政预算过程中，因收入减少或支出增加而导致的财政收不抵支的状况。赤字财政政策是指政府在制作财政预算时，为了刺激经济或改善民生等目的提高财政支出的预算，客观上形成了财政缺口，也

就是预算赤字。赤字财政是一种宏观经济的扩张政策，主要目的还是在于刺激市场上的有效需求。无论以上哪一种原因导致的财政赤字，都需要政府在一般性的财政收入之外寻找新的资金来源，即向中央银行借款或发行国债。财政借款是中央银行直接发行基础货币弥补财政赤字，发行国债是中央银行向社会公众包括商业银行借债，这些债券会通过中央银行的公开市场业务不同程度地转化为中央银行的资产，从而使中央银行信用规模扩大。

（二）信贷原因

因信贷原因迫使货币过度供给主要是指银行发行的货币量超过了商品经济的发展对货币数量的客观需求，而导致的货币贬值、物价上涨的情况，一般也称之为“信用膨胀”。引起信用膨胀的原因也可以分为主动的和被动的，主动的原因主要是为刺激经济增长，中央银行实行扩张性的货币政策，降低利率或增加对商业银行的再贷款；而被动的原因包括经济过热以及银行自身决策失误等。长期实行扩张性的货币政策会导致市场上流动性过剩，从而引起通货膨胀。

（三）国际收支失衡

国际收支长期顺差是2000年以来我国宏观经济的基本特征。国际收支顺差意味着外汇市场外汇供给增加，为防止人民币汇率下降，本币过快升值，中央银行就要不断买进外汇，增加外汇储备，在这一过程中中央银行相当于向国内市场发行了同等额度的人民币。换句话说，外汇储备是中央银行的资产，外汇储备增加的同时商业银行在中央银行的存款增加，即外汇储备增加会导致中央银行基础货币投放增加。截止到2014年6月，我国外汇储备已达到3.99万亿美元，储备外汇资产成为中央银行基础货币投放的主要渠道。巨额外汇储备以及由此形成的基础货币投放成为我国宏观经济中流动性过剩以及造成通货膨胀的直接原因之一。

除上述因素外，投资规模过大、经济结构比例失调、主要贸易伙伴国家通货膨胀等因素都有可能导致国内供需失衡，引发通货膨胀。

二、商品市场上的供求失衡导致的通货膨胀

除了以上金融市场上供求失衡所导致的通货膨胀之外，商品市场上的供求失衡也会导致通货膨胀。根据供求失衡的原因，通货膨胀可以分为需求拉上型通货膨胀（Demand-pull Inflation）、成本推动型通货膨胀（Cost-push Inflation）、供求混合型通货膨胀（Compound Inflation）和结构型通货膨胀（Structure Inflation）。需要指出的是，每种原因都是基于一定的经济学假设下的理想模型，现实情况要比这些假设复杂得多。下面，我们将对这四种通货膨胀理论逐一进行介绍。

（一）需求拉上型通货膨胀

所谓需求拉上型通货膨胀就是由于变动的需求和来不及变化的供给导致了“供不应求”，因而拉动了物价水平的普遍上涨。这种理论出现得最早也最容易理解，可以说是西方经济学中较为重要的理论基础。由于需求拉上型通货膨胀是从市场上购买者对产出过多需求来解释物价上涨的，故又称为“买方通货膨胀”。如图7-7所示，原始的均衡状态价格为P_0，此时的供给曲线为S，需求曲线为D_0。由于某种原因需求发生了变化，需求增加导致需求曲线右移到D_1，经过D_2最终稳定在D_3状态上。此时的均衡价格也由P_0上升到了P_1。也就是发生了通货膨胀。

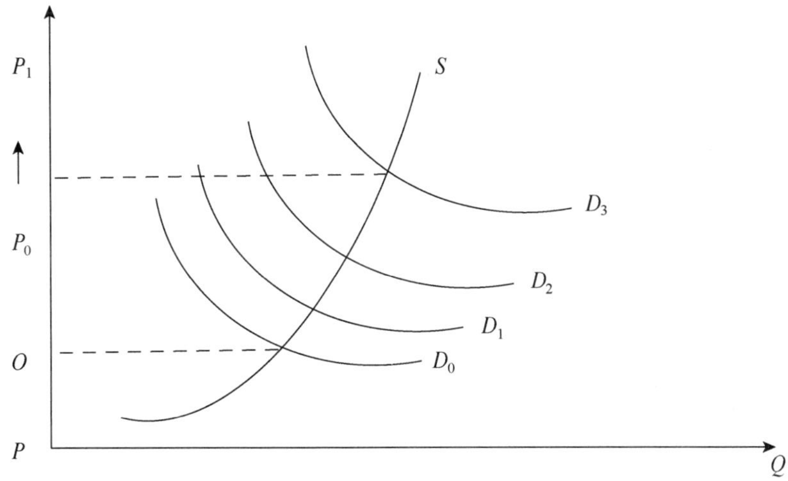

图 7-7 需求拉上型通货膨胀

对于需求拉上型通货膨胀的解释目前主要有两种，一种是凯恩斯学派的“需求拉上论”，一种是货币学派的“需求拉上论”。

凯恩斯学派的经济学家们在摒弃了货币流通速度固定不变的假设、承认非充分就业现象的存在的前提下描述了需求拉上型通货膨胀的传导过程：在经济中存在大量失业和闲置资源的情况下，通过扩张信用、增加货币供给量以增大总需求，不会造成通货膨胀，而只会刺激经济、扩大产出；当经济逐渐接近充分就业时，总需求的增加一方面使产出增加，另一方面又使物价逐渐上升，形成所谓的“半通货膨胀”（Semi-inflation）；当经济已达到充分就业时，总需求的增加不能再使产出增加，而只会使物价上涨，凯恩斯称之为“真正的通货膨胀”（True-inflation）。

货币学派的经济学家们则更多地强调货币供给对通货膨胀的决定作用。他们所描述的需求拉上型通货膨胀的基本含义是：当经济中需求的扩张超出总供给的增长时，过度的需求就会拉动价格总水平持续上涨，从而引起通货膨胀。由于总需求是由以货币形式体现、通过货币的多次周转而实现的社会购买力构成，总供给则表现为市场上商品和服务的供给，因此，需求拉上型的通货膨胀可以通俗地表述为“太多的货币追求太少的商品”。当“太多的货币追求太少的商品”时，就会使对商品和服务的需求超出了现行价格条件下可得到的供给，从而导致一般物价水平的上涨。而一旦人们对这种物价上升产生预期之后，整个经济就会陷入工资—物价螺旋式上升的过程（见图 7-5），致使由货币供给过多而引起的通货膨胀愈演愈烈。

两派学说都认为通货膨胀的根源在于总需求方面，但两者关于引起需求过度的原因解释不同。凯恩斯学派认为总需求增长是由实际因素如消费、投资、政府支出等因素的过度增加所引起的。货币学派认为总需求的增长是货币数量的过度增加导致的。但无论实际因素还是货币因素，需求拉上说都是强调总需求方面，而忽略了总供给方面的变动，尤其无法解释通货膨胀与失业并存的“滞胀”现象。因此，从 20 世纪 50 年代后期起，经济学家的注意力开始转向总供给方面，提出了通货膨胀成因有可能是由成本的上升所引起的。

需求拉上型通货膨胀可分为：①自发性的通货膨胀，即支出的增长是独立的，与实际的或预期的成本增长均无关；②诱发性的，即成本的增长导致工资及其他收入的增长，诱使消费支出增长；③支持性的，即政府为阻止失业率上升而增加支出，或采取扩张性的财政政策、货币政策以增加总需求（见图 7-7）。

（二）成本推动型通货膨胀

成本推动型通货膨胀指因成本自发性增加而导致物价上涨的通货膨胀。进入 20 世纪 70 年代后，西方发达国家普遍经历过高失业和高通货膨胀并存的“滞胀”局面。即在经济远未达到充分就业时，物价就持续上涨，甚至在失业增加的同时，物价也上升。而需求拉上通货膨胀理论无法解释这种现象。于是许多经济学家转而从供给方面寻找通货膨胀的原因，提出了成本推动通货膨胀理论。

该理论认为，通货膨胀的根源并非总需求过度，在供给方面由于生产成本上升也可能引起物价上涨。由于大多数国家实行成本加成的定价制度，即商品价格等于其生产成本加上合理利润额，因而生产成本上升是物价上涨的根本原因。大多数经济学家认为促使产品成本上升的原因主要在于经济中的垄断因素，包括：

①势力强大的工会，它们强有力的活动迫使货币工资增长率超过劳动生产率的增长率。在现代经济中有组织的工会对工资成本具有操纵能力。工会要求企业提高工人的工资，迫使工资的增长率超过劳动生产率的增长率，企业则会因人力成本的加大而提高产品价格以转嫁工资成本的上升，而在物价上涨后工人又会要求提高工资，再度引起物价上涨，形成工资—物价的螺旋上升，从而导致“工资成本推动型通货膨胀”。

②垄断经济组织为追逐高额利润，通过制定垄断价格而人为地抬高物价。垄断性大公司也具有对价格的操纵能力，是提高价格水平的重要力量。垄断性企业为了获取垄断利润会人为地提高产品价格，由此引起“利润推进型通货膨胀”。

③汇率变动引起进出口产品和原材料成本上升，以及石油危机、资源枯竭、环境保护政策不当等造成原材料、能源生产成本的提高，都是引起成本推进型通货膨胀的原因。

如图 7-8 所示，原始的均衡状态价格为 P_0，此时的供给曲线为 S_0，需求曲线为 D。由于工资上涨的原因，成本上升导致供给发生了变化，供给曲线上移到 S_1，最终稳定在 S_2 状态上。此时的均衡价格也由 P_0 上升到了 P_1。也就是发生了通货膨胀。

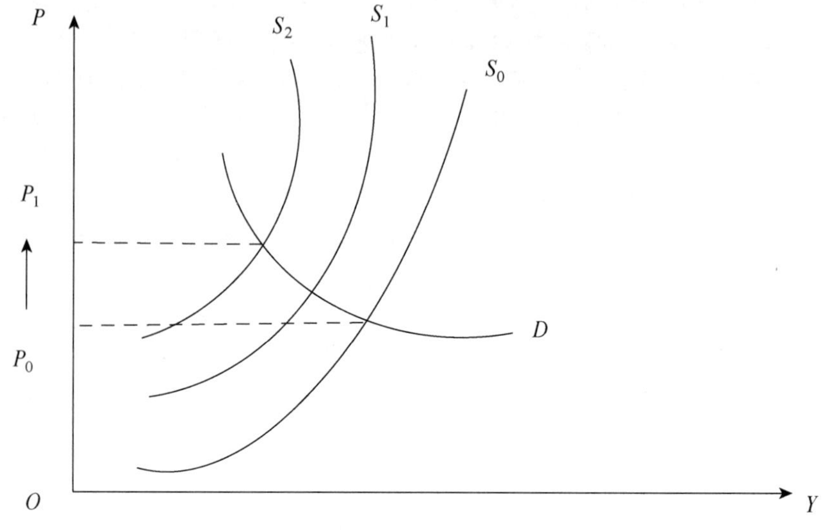

图 7-8 成本推动型通货膨胀

除上述两种类型成本推动的通货膨胀外，现代企业为加强竞争、扩张市场必须增加许多间接成本开支，如技术改进费、广告费、新产品开发费等，这种增加的间接成本转嫁到商品价格上去，也会引起物价上涨；由于汇率变动引起进出口产品和原材料成本上升以及资源枯竭、环境保护政策不当等造成原材料、能源生产成本的提高也会引起成本推动型通货膨胀。

（三）供求混合型通货膨胀

在现实的社会经济运行中，需求的变化和成本的变化无时无刻不存在，因为这两种经济要素的变化本身都有可能成为通货膨胀的原因，当两种要素共同起作用时，则会引起更大程度上的通货膨胀。

供求混合型通货膨胀理论，就是将供求两方面的因素结合起来。该理论认为，通货膨胀是由需求拉上和成本推动共同引发的。任何单方面的作用只会暂时引起物价的上涨，并不能引起物价总水平的持续上涨，只有总需求曲线与总供给曲线共同变化才会导致长期的物价上涨，也就是通货膨胀现象。

如图 7-9 所示，原始的均衡状态价格为 P_0，此时的供给曲线为 S_0，需求曲线为 D_0。由于工资上涨的原因，成本上升导致供给发生了变化，同时由于某些原因，社会的总需求发生了变化。最终导致供给曲线上移到 S_1，需求曲线稳定在 D_1 状态上。此时的均衡价格也由 P_0 上升到了 P_1。也就是发生了通货膨胀。

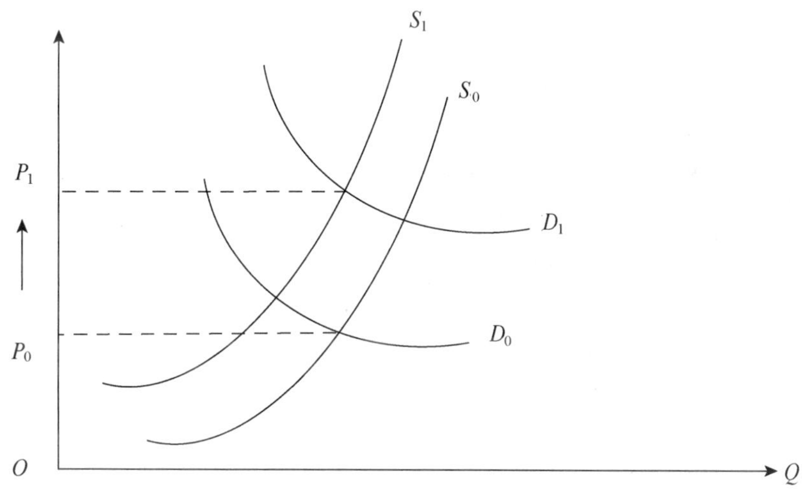

图 7-9 供求混合型通货膨胀

（四）结构性通货膨胀

根据上面三种理论，一个行业的供给或者需求变化，更多时候是供给、需求的同时变化，会引起对于这一种产品的持续的、稳定的价格上涨，也就是通货膨胀。那么为什么一种产品的价格上涨最终会导致整个社会的通货膨胀呢？结构性通货膨胀理论比较细致地解释了相关的细节。

结构性通货膨胀理论是这样的：假设整个经济运行体系中有两大部门，这两大部门可以有如图 7-10 所示的种种组合。由于需求的转移、劳动生产率的增长不平衡等原因，其中一个部门的工资以及产品价格将会上升。由于工资本身具有刚性①，另外一个部门的员工和经营者由于既不认可工资的下降或者利润的下调，也会相应地提高本部门的员工工资，最终导致其产品价格上升。

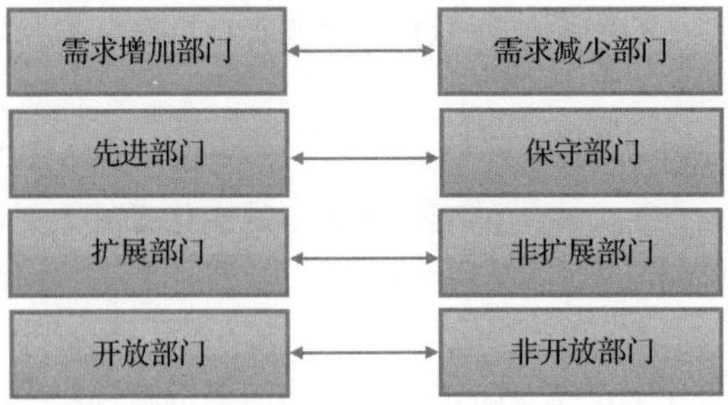

图 7-10　结构型通货膨胀两部门假设

来源于结构性因素的通货膨胀不只发生在发达国家，欠发达国家在实行扩张政策发展经济的过程中，由于多种原因所导致的供求结构间失衡以及部门间劳动生产率增长的差异较发达国家更易出现，发生这种通货膨胀的可能性更大。

第三节　通货膨胀的治理

一、通货膨胀的治理理论

由于通货膨胀对于一国经济运行会产生各种各样的影响，有时甚至会对社会和政治生活也产生重大影响，各国政府和经济学家都不遗余力地将控制通货膨胀作为宏观经济政策研究的主要议题加以研究和讨论。根据到目前为止的理论和实践经验来看，比较合理和有效的治理通货膨胀的对策理论主要由以下几种。

（一）新古典综合派的政策主张

以萨缪尔森为代表的新古典综合派的政策主张的核心是“需求管理”思想。所谓“需求管理”，就是由政府积极采取财政政策、货币政策和收入政策，对社会总需求进行适时的和适度的调节，以保证经济的稳定增长。作为需求管理对象的主要经济变量有投资、储蓄、消费、政府支出、税收、进口和出口等。需求管理的任务是，政府通过各种经济政策来设法直接或间接地影响这些经济变量的变化，使社会经济的总产量或总收入水平符合政府的意图。

（二）现代货币主义的政策主张

以弗里德曼为代表的现代货币主义认为，通货膨胀的发生是有一个过程的，医治通货

① 西方经济学理论认为，在劳动力市场中，工资应像所有其他商品一样，由劳动力供求关系决定，劳动力需求量大，工资就高，反之工资就低。然而，当需求曲线向左移动时，工资不能下降到新的均衡工资水平，这就是工资刚性。通常认为，工会、合同与政府最低工资法规，限制了工资的波动。同时，公司老板们不喜欢降低工资还由于降低工资而不是解雇低效率的员工会使优秀员工失去积极性甚至跳槽。

膨胀同样需要一个过程。弗里德曼认为，货币供给的变动和物价水平的变动存在着正相关关系，通货膨胀主要是一种货币现象，是由于货币供给量比产量增长更快造成的。而货币供给量的过快增长是政府造成的；只要政府将货币供给量增长率控制在生产增长率以下的一个固定水平，就可以避免通货膨胀的发生；治理通货膨胀是要付出代价的，并且需要一个相当长的时期才能见效。

（三）供给学派的政策主张

供给学派在分析凯恩斯经济政策后认为，凯恩斯主义的需求管理政策是失败的，由于在刺激总需求增加的同时，没有同时对更多的供给提供足够的刺激，就不可避免地导致了通货膨胀，这就阻碍了实际经济增长，使产量和就业减少，从而造成高通货膨胀和经济的低速增长。为了消除滞胀，就要实行供给管理政策，具体有以下几项：大幅度地和持续地削减个人所得税和企业税来诱导人们多做工作和对企业增加资本投资；适当增加货币供给，降低利率，从而刺激投资，增加总供给；减少政府开支，以保证减税的成功；精减政府实行需求管理的规章制度，更多地依靠自由市场经济的内存动力。以上政策中，减税是其核心内容。他们从许多实际例证出发，证明减税的积极作用，结果是经济获得上升而没有显著地加剧通货膨胀。

二、通货膨胀的治理实践

在实践中，各国政府主要通过对社会总需求、工资等经济要素进行调整来控制通货膨胀的。具体来说，主要有如下四个方面的实践方法。

（一）通过宏观调控政策治理需求（需求政策）

政府可以通过出台紧缩性的财政政策或者紧缩性的货币政策（或者两者结合）来控制通货膨胀。

紧缩性的货币政策包括：①提高商业银行法定准备金率，提高各个银行的法定存款准备金，从而削弱商业银行创造信用的能力；②提高再贴现率，从而影响整个市场的利率，控制信贷规模；③通过公开市场业务出售政府债券，收回一定数量的流通货币。紧缩性的货币政策并非严格地减少市场上的货币存量，而是将市场上的货币发行速度放缓。弗里德曼认为，过多地增加货币量才是通货膨胀的唯一原因，因此只有减少货币供给量，物价才可能稳定下来。

紧缩性的财政政策包括：①提高税率，改善税制结构；②减少政府购买量，包括减少军费和各种政府采购；③减少公共事业投资和公共福利支出。通过这样的手段，一方面减少政府财政支出的需求，另一方面通过调整税制结构使税收分配更加合理。但是从世界各国的经验来看，减少公共支出和增加税收在通货膨胀较严重的时期很容易引起民众的不满，而且减少公共支出会进一步提升失业率，引起新的社会问题。因此，对于财政支出的调整各国一般都会采取比较谨慎的态度。即使真的有调整的需要，一般也会经过慎重的审议，通过立法的形式完成。

无论是紧缩性的货币政策，还是紧缩性的财政政策，独立地执行起来可能效果都很有限。为了能够迅速地抑制通货膨胀，一般会将两者结合起来使用。

（二）通过行政手段干预经济运行（收入政策）

政府除了通过宏观调控的手段治理通货膨胀外，还可以利用行政手段强制干预市场经济运行，从而帮助通货膨胀“刹车”。具体来说，政府可以通过以下三种行政方法来抑制通货膨胀。

（1）确定“工资和价格指导线”，进行指导性为主的限制。对待定的工资或物价进行“权威性劝说”或施加政府压力，迫使工会或雇主协会让步；对一般性的工资或物价，政府根据劳动生产率的提高等因素制定一个增长标准，作为工会和雇主协会双方协商的指导线，要求他们自觉遵守。

（2）以税收为手段的限制。政府以税收作为奖励和惩罚的手段来限制工资和物价的增长。如果增长率保持在政府规定的幅度之内，政府就以减少个人所得税和企业所得税作为奖励，如果超过界限，就以增加税收作为惩罚。

（3）强制性限制，管制或冻结工资和物价。在通货膨胀比较严重的时期，政府颁布法令对工资和物价实行管制，甚至实行暂时冻结，以硬性规定的方式来限制工资和物价的上升。但是因为通货膨胀导致的社会经济混乱、黑市横行，政府强制管制或者冻结工资极为困难。

但是，收入政策也存在以下几点缺陷。

（1）如果是保守性的指导性政策或税收政策，则效果取决于劳资双方与政府能否通力合作。如果得不到任何一方的配合，最终政策的实施效果就会大打折扣。

（2）强制性的收入政策会阻碍市场机制对资源的有效调整。市场是通过价格信号来指导生产要素流动的，如果禁止价格上涨，价格限制也就等于被取消了，那么相对的资源转移的动力也就消失了。这对于整个社会资源的有效配给非常不利。

（3）如果在价格管制的同时没能采取相应的紧缩需求的措施，公开的通货膨胀将会变为隐蔽型通货膨胀，一旦重新开放价格，通货膨胀会以更大的力量爆发出来。

（三）在工资中引入“收入指数化”政策

通货膨胀的现象十分普遍，而遏制通货膨胀又是如此困难，许多经济学家如费里德曼，提出了收入指数化政策（the index policies），也就是将各种名义收入，如工资、利息等，部分或全部地与物价指数相联系，自动随物价指数的升降而升降。例如，在劳资双方的工资合同中，可以附加上“生活费用调整”条款，如果消费物价指数上升，工资上涨率可作相应的调整。实施的办法是使各种收入按物价指数滑动或根据物价指数对各种收入进行调整。经济学家们对于收入指数化的优点概括为两个方面：一方面，货币指数化之后即使政府出台抑制通货膨胀的政策，通货膨胀率低于签订劳动合同时的预期水平，工人的工资也不会提高，失业率也就不会因此上升。这对于在政府实行宏观政策抑制通货膨胀时期社会的稳定有一定的意义。另一方面，收入指数化可以消除通货膨胀率预测失误而带来的效率损失。毕竟收入是以实际生活支出的水平来决定的，收入的指数化可以稳定或降低通货膨胀预期，从而抑制通货膨胀率的持续上升。我国在1988年到1996年推出过一种保值储蓄，也是类似的政策，其核心目的还是为了抵抗经济运行中的通货膨胀现象。

但是这一政策也并非完美无瑕，假如由于生产率的增长下降或其他类似石油危机时的来自供给方面的冲击，造成产出下降，这就要求国民收入中工资的份额必须下降。但是由于指数化工资制度保护了工人的实际工资，其他人为维护自身利益，也提高价格，结果引起通货膨胀。在通货膨胀发生后，可以说指数化使其一定程度上具有惯性，使得实际情况变得更为复杂。

（四）通过发展社会发展改变社会供给（供给政策）

一部分经济学家①认为，通货膨胀归根结底还是社会上的总需求大于社会上的总供给所导致的。因此，长期治理通货膨胀的根本方法还是发展整个社会能够提供的总产品量，增加有效供给，从而满足过剩的需求，改善通货膨胀的现状。实际上，无论整个社会是否处于通货膨胀的状态，政府都有义务通过各种手段促进社会有效供给的提升。但是在通货膨胀状态下，政府有必要通过异于寻常的手段极力加强社会总供给的提升。具体来说，改善供给的措施主要有以下几条：

（1）通过减税使企业和个人的税后净收入增加，以刺激企业和个人投资的积极性，从而使生产力提高和供给增加，这样就可抑制甚至消除供给不足所造成的通货膨胀。

（2）削减政府用于社会的福利开支。这样一方面可削减政府财政赤字，以消除通货膨胀的压力；另一方面又可杜绝人们对社会的依赖心理，促使人们更多地工作，从而使失业减少。

（3）限制货币增长率，稳定物价，排除对市场机制的干扰，保证人们储蓄与投资的实际利益，增强其信心与预期的乐观性。

除此之外，供给政策还强调政府应该除了为增加供给创造良好的环境和提供必要的条件外，不应该对经济多加干预，应该放任市场机制对经济进行的自动调节。只有这样，才能充分发挥减税刺激供给的积极作用，从而彻底消除通货膨胀。

从实际执行的效果来看，这一治理方式虽然对于滞涨的治理有一定的积极意义，但是更多时候减税并不能从根本上解除技术对于经济发展带来的瓶颈效应，所以也很难在短时间内突破性地改善供求不平衡的状况。想要依靠单纯的提高社会总供给抑制通货膨胀效果并不明显。

（五）调整社会生产各部门的结构

考虑到通货膨胀的结构性，一些经济学家建议应使各产业部门之间保持一定的比例，从而避免某些产品供求因结构性失调而推动物价上涨。特别是某些关键性产品，如食品、原材料，这一点尤其重要。

实行微观财政、货币政策，影响需求和供给的结构，以缓和结构失调而引起的物价上涨。微观财政政策包括税收结构政策和公共支出结构政策。税收结构政策不是指变动税收

---

① 这些经济学家也被叫作“供应学派”。该学派认为，生产（供给）的增长决定于劳动力和资本等生产要素的供给和有效利用。个人和企业提供生产要素和从事经营活动是为了谋取报酬，对报酬的刺激能够影响人们的经济行为。自由市场会自动调节生产要素的供给和利用，应当消除阻碍市场调节的因素。这个学派的主要代表人物之一 A·B. 拉弗把供给经济学解释为“提供一套基于个人和企业刺激的分析结构。人们随着刺激而改变行为，为积极性刺激所吸引，见消极性刺激就回避。政府在这一结构中的任务在于使用其职能去改变刺激以影响社会行为”。

总量，而是在使保证一定的税收总量的前提下，调节各种税率和施行范围等。同样，公共支出结构政策指在一定的财政支出总量前提下，调节政府支出的项目和各种项目的数额。在当代西方国家，各个执政党为了政治上的需要，把建立国家福利制度作为其争取选民的一种手段。财政支出的这种结构性变化，不仅失去了刺激生产、扩大就业的作用，而且使得失业者不急于寻找工作，扩大了失业队伍。降低财政支出中转移支付的比例，增加公共工程等投资性支出，可以扩大就业，增加产出，降低通货膨胀率。

微观货币政策包括利息率结构和信贷结构政策，旨在通过各种利率差的调整，以及通过各种信贷数额和条件的变动来影响存款和贷款的结构和总额，提高资金使用效率，鼓励资金流向生产性部门，遏制消费资金的扩张。

第四节　通货紧缩的一般理论

一、通货紧缩的定义

通货紧缩（Deflation）是指当市场上流通货币减少，人民的货币所得减少，购买力下降，影响物价之下跌，造成通货紧缩。长期的货币紧缩会抑制投资与生产，导致失业率升高及经济衰退。对于其概念的理解，仍然存在争议。但经济学者普遍认为，当消费者价格指数（CPI）连跌三个月，即表示已出现通货紧缩。通货紧缩就是产能过剩或需求不足导致物价、工资、利率、粮食、能源等各类价格持续下跌，可以分为需求不足型通货紧缩和供给过剩型通货紧缩。

对于通货紧缩的含义，与对通货膨胀一样，在国内外还没有统一的认识，从争论的情况来看，大体可以归纳为以下三种。第一种观点认为，通货紧缩是经济衰退的货币表现，因而必须具备三个基本特征：一是物价的普遍持续下降；二是货币供给量的连续下降；三是有效需求不足，经济全面衰退。这种观点被称为“三要素论”。第二种观点认为，通货紧缩是一种货币现象，表现为价格的持续下跌和货币供给量的连续下降，即所谓的“双要素论”。第三种观点认为，通货紧缩就是物价的全面持续下降，被称为“单要素论”。从上面的介绍可以看出，尽管对通货紧缩的定义仍有争论，但对于物价的全面持续下降这一点却是共同的。

二、通货紧缩的判断标准

在实际经济生活中，通货紧缩与通货膨胀一样都十分复杂。要判断一国经济是否出现通货紧缩，往往有如下一些标准。

（1）物价水平是否持续下降。通过物价水平来看是否发生通货紧缩，一是看通货膨胀率是否由正转变为负；二是看物价下降是否持续了一定的时间，如持续下降达到 6 个月、12 个月或 18 个月，可基本判断为出现了通货紧缩。

（2）在物价下降过程中，是否出现了货币供应量的相应持续减少而造成了社会总需求的不足。与通货膨胀相对应，货币供应量在某一水平持续下降是通货紧缩的另一表现形式。各国都会根据本国的具体情况，在货币供应量与物价水平、经济增长率和就业率之间确定一个能够实现充分就业的货币供应量增长的“合意”区间，并以此为标准来判断是否出现通货膨胀或通货紧缩。当货币供应量达不到“合意”区间并持续相当长的时间时，就可认为出现了通货紧缩。

（3）商品有效需求是否不足。通货紧缩往往发生在通货膨胀得到抑制之后。如果在通货膨胀期间已经扩大的商品供应没有相应的有效需求相匹配，物价就会下跌。有效需求不足持续一定时间，就必然表现为物价的持续下降。

（4）投资风险是否明显加大。如果出现通货紧缩，必然反映出市场有效需求不足，企业商品滞销，库存增加，发展前景黯淡。在这种情况下，市场无热点、投资无热项，致使整个投资风险加大，从而导致投资不足，经济发展受到严重影响。

（5）经济增长率是否持续下降或在低位徘徊。通货紧缩对经济发展的打击是非常大的，需求不足、投资减少、物价下跌，企业没有盈利空间，经济增长率必然持续下降。

（6）失业率是否上升。通货紧缩期间，由于货币供应量没有达到充分就业的水平，企业商品积压导致再生产萎缩，市场投资不足又不能提供新的就业机会，因而失业人员大幅度增加，人们的收入水平下降。这又反过来进一步加重了社会有效需求的不足。

三、关于通货紧缩的理论

（一）马克思对通货紧缩的阐述

在经济学研究中，较早提出通货紧缩问题的是马克思，他在《资本论》中，多次分析到流通中货币的膨胀和收缩问题。他认为通货的膨胀和收缩可能由经济的产业周期引起，可能由流通中的商品数量、价格变动引起，可能由货币流通速度变化引起，还可能由于技术因素引起。但他在研究这一问题时，其对象是以金币为主的货币流通，由于金属货币本身具有价值，其过多过少都不会引起币值的变化，只有在纸币流通的条件下，货币供给的过多或过少才会引起币值的变动。因此，马克思对通货膨胀和通货紧缩问题的研究，是建立在信用货币（纸币）流通规律的基础上的。实际上是在讨论金币流通与替代金币流通的价值符号的关系，并非在讨论货币供给的多少与物价涨落的关系。

（二）凯恩斯对通货紧缩的阐述

继马克思之后，联系货币政策来讨论通货紧缩问题的是凯恩斯。他于1923年在《币值变动的社会后果》中分析了1914年到1923年英国物价水平的变动，指出：“从1914年到1923年间，所有国家都出现了通货膨胀现象，也就是说，相对于可购买的物品而言，支出货币的供给出现了极大的扩张。从1920年起，重新恢复对其金融局势控制的那些国家，并不满足于仅仅消灭通货膨胀，因而过分缩减了其货币供给，于是又尝到了通货紧缩的苦果。”他认为，通货紧缩将使社会生产活动有所下降。指出：“无论是通货膨胀还是通货紧缩，都会造成巨大的损害……两者对财富的生产也同样会产生影响，前者具有过度刺激的作用，而后者具有阻碍作用，在这一点上，通货紧缩更具危害性。”而通货紧缩之所以会使社会生产活动陷于低落，是因为通货紧缩的再分配效应不利于生产者。由于生产者的生产资金大部分是借来的，在通货紧缩的情况下，生产者停止经营，减少借款，把自己的实物资产变为通货，比辛苦经营劳作更有益。

凯恩斯在他的代表作《就业、利息和货币通论》中，对通货紧缩现象的分析，更多使用的是就业不足和有效需求不足这样的术语，通过对 20 世纪 30 年代大危机的精辟分析，提出“有效需求不足”的论断，认为有效需求不足是导致通货紧缩的根本原因。治理的对策自然就是扩张有效需求，而在扩大有效需求方面，财政政策比货币政策更有效，在通货紧缩时期，政府要做的就是通过财政政策和货币政策的有机结合，尽可能地扩张有效需求。

(三) 欧文·费雪对通货紧缩的理论解释

与凯恩斯的有效需求理论不同，费雪是从供给角度，联系经济周期来研究通货紧缩问题的，他通过对 20 世纪 30 年代世界经济危机的研究，于1933年提出了“债务-通货紧缩”理论。他认为企业的过度负债是导致 30 年代大萧条的主要原因。在经济的繁荣时期，企业家为追求更多利润会过度负债，而在经济状况转坏时，企业家为了清偿债务会降价倾销商品，导致物价水平的下跌，出现通货紧缩。通货紧缩的出现，又会使企业利润减少，生产停滞，失业增加。而失业的增加，会使人们的情绪低落，产生悲观心理，对经济和生活丧失信心，更愿持有较多的货币，居民和企业的这种行为将使货币流通速度下降。而因物价下降出现的利润减少和实际利率的上升，意味着企业真实债务的扩大，会使贷者不愿贷，借者不愿借。过度负债和通货紧缩会相互作用，由于过度负债的存在，在经济周期的阶段转型时，会出现通货紧缩，反过来由债务所导致的通货紧缩又会反作用于债务，其结果会形成欠债越多越要低价变卖，越低价变卖自己的资产越贬值，而自己的资产越贬值负债就越重的恶性循环。最后，则必然出现企业大量破产，银行倒闭的危机。该理论实际上是将通货紧缩的过程看作是商业信用被破坏和银行业引发危机的过程。

走出“大萧条”，解决通货紧缩的对策要么是自由放任企业破产后的强制恢复，要么是增加货币供给，利用通货膨胀的方式助其恢复。

(四) 其他经济学家的理论解释

美国经济学家保罗·克鲁格曼将出现世界性通货紧缩的原因归结为社会总需求的不足，并强调需求不足在不同国家或在同一国家的不同时期有着不同的社会制度根源，如果实行联系汇率和固定汇率制度的国家的货币被高估，就极易受到其他出口国家货币突然贬值的冲击，出现国内价格下降导致通货紧缩。他主张用“有管理的通货膨胀”政策来治理通货紧缩，而这一观点则对以稳定物价为目标的传统货币金融理论构成了挑战；美国另一著名经济学家加利·西林则指出通货紧缩具有自我强化的性质，他认为，当购买者采取观望态度，等待物价进一步下跌时，资本将进一步过剩，商品存货将继续增加，从而将使物价进一步下降。物价继续下降的结果，会使消费者产生进一步的观望心理。这样物价就会陷于一个螺旋式的自我强化的下降过程；美联储主席格林斯潘认为，通货紧缩的发生是由于人们更愿意把持有的实物换成货币。通货紧缩产生的主要原因很可能是资产泡沫破裂对经济产生的消极影响，20 世纪 30 年代危机的出现，与资产泡沫的破裂有着紧密联系，至少加重了通货紧缩的局面。出现通货紧缩，与技术进步、信息的快速传播导致的结构性变化有着直接的关系，也是导致通货紧缩发生的重要原因。

四、通货紧缩的危害

一般来说，适度的通货紧缩，通过加剧市场竞争，有助于调整经济结构和挤去经济中的“泡沫”，也会促进企业加强技术投入和技术创新，改进产品和服务质量，对经济发展有积极的一面。然而，通货紧缩的历史教训和全球性通货紧缩的严峻现实迫使人们认识到，通货紧缩与通货膨胀一样，会对经济发展造成严重危害。具体来说，通货紧缩会带来以下几方面的危害。

（一）加速经济衰退

物价的持续与普遍下跌使得生产者所生产的产品价格降低，从而使其利润减少甚至亏损，严重打击了生产者的积极性，这将使生产者减少生产或停产，进而使全社会的经济增长速度受到抑制，物价持续与普遍下跌将使实际利率上升，这是一种有利于债权人而损害债务人的制度安排。因为债务人在向债权人偿还债务的时候，由于物价一直下跌，偿还同样的货币，实际上包含了更多的价值，债务人越是还债，其债务就越重。必须承认的是，社会上债务人大多是生产者和投资者，债务负担加重，无疑会使他们的生产与投资活动受到影响，从而对经济增长也带来了负面的影响。物价下跌使生产者的利润减少，生产积极性降低，这又将影响到居民的收入水平和就业状况。居民收入水平的降低意味着消费需求减少，加重社会总需求不足的状况；非自愿失业增多，标志着社会远未达到充分就业状态，实际经济增长低于自然增长。

（二）导致社会财富缩水

通货紧缩发生时，全社会总物价水平下降，企业的产品价格自然也跟着下降，企业的利润随之减少。企业盈利能力的下降使得企业资产的市场价格也相应降低。而且，产品价格水平的下降使得单个企业的产品难以卖出，企业为了维持生产周转不得不增加负债，负债率的提高进一步使企业资产的价格下降。企业资产价格的下降意味着企业净值的下降和财富的减少，在通货紧缩的条件下，供给的相对过剩必然会使众多劳动者失业，此时劳动力市场供过于求的状况将使工人的工资降低，个人财富减少。即使工资不降低，失业人数的增多也使社会居民总体的收入减少，导致社会个体的财富缩水。

（三）分配负面效应显现

通货紧缩的分配效应可以分为两个方面来考察，即社会财富在债务人和债权人之间的分配以及社会财富在政府与企业、居民之间的分配。从总体而言，经济中的债务人一般为企业，而债权人一般为居民。因此，社会财富在债务人与债权人之间的分配也就是在居民和企业之间的分配。

企业在通货紧缩的情况下，由于产品价格的降低，使企业利润减少，而实际利率升高，使作为债务人的企业的收入又进一步向债权人转移，这又加重了企业的困难。为维持生计，企业只有选择筹集更多的债务来进行周转，这样企业的债务总量势必增加，其债务负担更加沉重，由此企业在财富再分配的过程中将处于更加恶劣的位置。如此循环往复，这种财富的分配效应不断得到加强。

(四) 可能引发银行危机

与通货膨胀相反，通货紧缩有利于债权人而有损于债务人。通货紧缩使货币越来越昂贵。这实际上加重了借款人的债务负担，使借款人无力偿还贷款，从而导致银行形成大量不良资产，甚至使银行倒闭，金融体系崩溃。因此，许多经济学家指出："货币升值是引起一个国家所有经济问题的共同原因。"

第五节　通货紧缩的原因与治理

一般来说，经济运行中的各种现象都是由于市场资源不均衡引起的，通货膨胀和通货紧缩也不例外。作为两种相互对立的经济现象，通货膨胀和通货紧缩有着相反的原因。

一、关于通货紧缩原因的理论

从历史的时间来看，不同国家的通货紧缩有着不同的历史、经济和文化原因。经济学家们对这些原因进行了分析和总结，最终给出了多种不同的解释。弗里德曼和舒瓦茨(1963) 认为美国1920—1921年出现的严重通货紧缩完全是货币紧缩的结果。因为从1919年4月到1920年6月期间，美国联邦储备银行多次提高贴现率，将贴现率从4%提高到7%。1929—1933年大萧条期间，通货紧缩的出现也是同样的原因。

格林斯潘认为，导致通货紧缩的另一个可能的原因是资产泡沫破裂对经济产生致命的消极影响。20世纪30年代初期的大萧条以及产品价格的持续下跌，同1929年开始的资产价格下降紧密相关。泡沫资产的破灭严重打击了问题掩盖下的金融机构，对经济产生很大的负面影响。

施里恩（1998）将当今通货紧缩的成因归结为14种结构性因素：冷战的结束导致了全球军费支出的削减；大国的财政支出和赤字在减少；中央银行在继续同通货膨胀作斗争；科技进步降低了成本，提高了生产率；信息通过互联网传播，强化了竞争；将商品和服务大量批发给消费者，降低了成本和价格；管理制度的取消降低了价格；全球性的商品和服务市场压缩成本；等等。

迈耶（1999）认为，日益激烈的全球竞争和降低成本的科技创新是导致生产率出现增长趋势、供给增加和物价下降的重要的结构性因素。同样，格林斯潘（1999）也指出，由技术推动导致的劳动生产率的不断提高，尤其是信息技术的发展所引发的仍在进行的结构性变化，使价格的抑制过程在一定程度上得到自我加强，而近几年较低的通货膨胀也明显地改变了人们的心理预期。

二、通货紧缩的治理

一般来说，对待通货膨胀，可以大刀阔斧地紧缩银根进行缓解。但是，当经济陷入通货紧缩后，由于凯恩斯陷阱的作用，导致货币政策不起作用，即所谓的"货币政策无效"，有可能在物价触底之前让货币政策当局丧失有效手段。其核心是作为货币政策工具的利率已经被各国央行降低到了一个较低的水平，即使是要对通货紧缩进行治理，也很难对利率进行进一步的降低。图 7-11 展示了日本1993—2009年的利率水平，可以看到，政府曾经通过调整利率的手段治理通货紧缩，但是在将利率调整到一个极低水平之后，利率作为货币政策工具就不再起作用了。

与此同时，由于通货紧缩形成的原因比较复杂，并非由单一的某个方面的原因引起，而是由多种因素共同作用形成的混合性通货紧缩，因此治理的难度甚至比通货膨胀还要大。必须根据不同国家不同时期的具体情况进行认真研究，才能找到有针对性的治理措施。下面以我国存在的通货紧缩为例，提出治理通货紧缩的一般措施，包括两个方面。

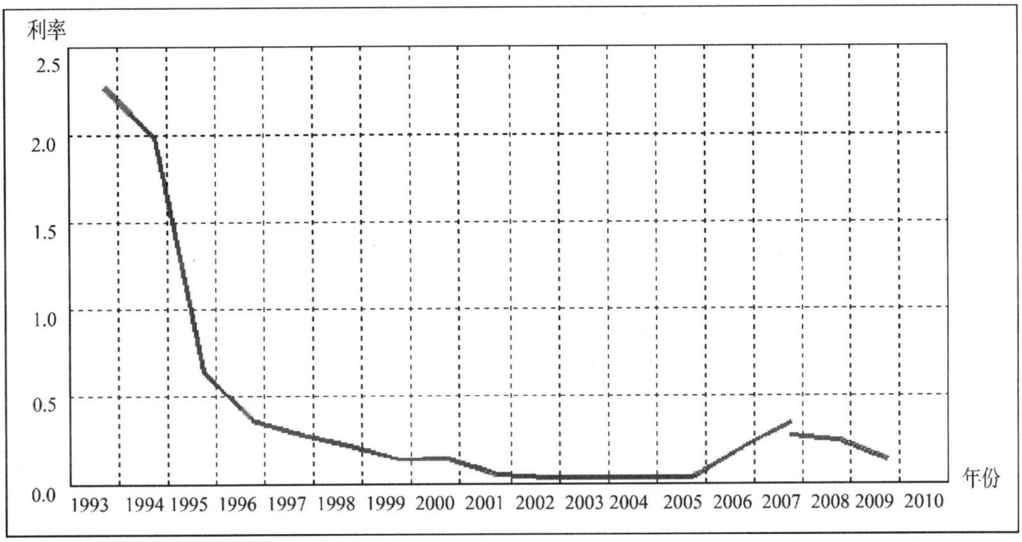

图 7-11　日本1993—2009年间 1 年期定期存款（300 万日元以下）年平均利率

（数据来源：日本银行官方网站）

（一）实行扩张性的财政政策和货币政策

要治理通货紧缩，必须实行积极的财政政策，增加政府公共支出，调整政府收支结构。对具有极大增长潜力的高新技术产业，实行税收优惠，尽可能地减少对企业的亏损补贴以及各种形式的价格补贴，利用财政贴息的方式启动民间投资，大力发展民营经济，引导其资金投向社会急需发展的基础设施领域，在继续增加国家机关和企事业单位以及退休人员工资的基础上，更要把增加农民和中低收入者的收入水平当作一件大事来抓。总之，实行积极的财政政策，就是要在加大支出力度的基础上，优化财政收支结构，既要刺激消费和投资需求，又要增加有效供给。

通货紧缩首先表现为货币现象，货币供应过程及货币供给与货币需要的相互关系是通货紧缩形成的最直接原因，因而解决通货紧缩问题必须首先调整货币政策。作为反周期的政策，中央银行应该在经济过热时反通货膨胀，在经济萧条时反通货紧缩。因此，要走出通货紧缩状态，中央银行首先要加大货币政策的调控力度，增加中央银行资产运用和基础货币投放量，实行扩张性的货币政策，迅速扭转中央银行资产运用规模和基础货币下降的势头，扩大投放，增大货币政策对经济增长的拉力，使货币政策真正调整公众心理预期。

财政政策与货币政策配合运用，是治理通货紧缩和通货膨胀的主要政策措施，但由于货币政策具有滞后性的特点，而且在通货紧缩时期，利率弹性较小，因此财政政策的效果一般比货币政策更直接有效。

（二）加大改革，充分发挥市场机制

通货紧缩与总需求严重不足，在现实经济运行中实际上是一对互为因果关系的关联性范畴，通货紧缩是由于总需求的严重不足而造成的，同时通货紧缩也导致了总需求严重不足，因而调节通货紧缩，就不能不加大对总需求的刺激力度，解决总需求严重不足的问题。由于在通货紧缩条件下，中央银行的基础货币收缩具有被动性，单纯放松基础货币的政策有可能会失灵，因为通货紧缩条件下国民经济运行低水平循环的一个关键问题是生产者和消费者的信心不足。因此，为打破国民经济运行低水平循环，恢复生产者和消费者的信心是至关重要的。而要做到这一点，就必须在积极地运用货币政策的同时，加大需求的刺激力度。

（三）引导预期行为

治理通货紧缩之所以困难，主要是因为预期心理发挥较大的作用。通货紧缩初期，投资者预期价格进一步下降，价格下跌的压力较大。此时，经济生活中投资冲动很微弱，投资需求大幅下降。消费者预期收入下降，并相应减少消费支出，出现持币待购的倾向。其中，投资者和消费者对未来经济消极的预期心理起着重要作用。治理通货紧缩，要努力促进社会消费需求和投资需求的回升，通过政策引导，调整人们对未来的预期行为。无论是采取宽松的货币政策、贬值还是财政转移支付等办法，不引起投资决策行为的变化是难以启动经济的。为此，政府公开宣布有关治理通货紧缩的政策措施，引导消费需求和投资需求，可以起到一定的导向作用。

（四）鼓励消费

通货紧缩从根本上来说，是由消费需求不足所产生的。因此，要治理通货紧缩，就必须努力提高消费需求，其中个人收入和消费支出的稳定上升是防止物价持续下跌的重要条件。鼓励消费的政策应该是综合的，要充分利用各种政策组合，从财政政策、货币政策、产业政策等方面，创造增加社会消费的条件，引导社会消费的稳定增长。一方面要取消各种不利于增加消费的政策措施和制度约束；另一方面要在经济实力允许的情况下，使居民收入能够稳步增加，增强居民对未来收入的预期和信心，以增加居民的消费需求。

【拓展知识】

美国《白银收购法案》与国民党政权的垮台

蒋家王朝的覆灭和新中国的成立，以历史学家的眼光看来，是人心所向、大势所趋；而货币主义学派的大师弗里德曼却得出他的结论说：远在大洋彼岸的美国通过《白银收购法案》，“显而易见，是促成蒋介石政权覆灭的一个重要因素”。我们就顺着他的思路，来看一看20世纪40年代的中国从通货紧缩到恶性通货膨胀的一段历史。

众所周知，中国传统上采用金属本位的货币制度——大额货币是银圆，小额辅币是铜

圆。这是一种有效的银本位制。因为当时世界各地大部分采用金本位制，所以在 20 世纪 30 年代大萧条初期，当全世界以黄金换算的物价暴跌给金本位制的国家造成极大困难时，中国却由于货币的对外贬值（白银在国际市场上作为商品同样降价）增强了出口商品在国际市场上的竞争能力，同时也保持了国内物价的稳定。

银本位带来的这种经济状况持续至1932年下半年，当时以美元计算的白银价格降至每盎司 25 美分左右。1934年，美国总统罗斯福支持通过了《白银收购法案》，要将白银在国家货币储备中的比例由 1/6 提至 1/3，该法案一经通过，银价陡升至每盎司 70 美分，这也就意味着中国货币对美元的汇价骤然上升。白银升值严重削弱了中国的商品出口能力，同时又极大地刺激了中国白银的输出，事实上，白银几乎成为中国能够出口的唯一商品。白银的倾泻而出导致了中国的货币奇缺和严重的通货紧缩。在种种阻止白银走私的努力失败后，中国被迫“永远地脱离了银本位”，转而以政府信用实行纸币本位制，这就是1935年的法币改革。这种货币制度安排为以后的恶性通货膨胀铺平了道路。20 世纪 40 年代，国民党政府以通货膨胀性的货币发行作为攫取财源的主要手段。在 40 年代末的最后几年中，国民党统治区的物价呈现天文数字般地急剧上涨，纸币每一分钟都在贬值。民众对政府的货币失去了信心，进而对这个政府失去信心。所以，弗里德曼作出总结：“必须将其（指《白银收购法案》）看作是在经济上及政治上削弱中国的一个重要因素。”

资料来源：Friedman，Milton and Anna Schwartz 1963，A Monetary History of the United Startes：1867—1960.

【课后习题】

1. 如何正确理解通货膨胀的含义？
2. 简要评价衡量通货膨胀的量化指标。
3. 简述需求拉上型通货膨胀的形成过程。
4. 什么是通货紧缩？它如何进行分类？
5. 根据通货膨胀的类型，分析通货膨胀的治理对策。

第八章　货币供求均衡

学习目标

通过本章的学习，了解货币需求的含义、分析角度和基本内容、货币需求的各种因素；理解货币供给的含义；掌握货币供给口径的划分依据及我国货币供给口径的划分；认识货币供给的决定以及同基础货币与货币乘数之间的关系。

案例引入

年轻情侣的不同货币需求

骆明和小欣是一对感情不错的情侣，今年同时从一所名牌大学毕业。骆明进了某国家机关，待遇很不错，每个月可以拿7 500元左右工资，可惜遇到住房政策的改革，不能分到房子了，这是美中不足。而小欣进了一家国际贸易公司，作对外贸易工作，工资和奖金加在一起，每个月大概有5 000元。看来这对情侣的前途一片光明。不过前几天，他们为了将来存钱的问题大吵了一架。

骆明认为，现在他们刚刚大学毕业，虽然单位都不错，工资也不低，但将来用钱的地方还很多，所以要从毕业开始，除了留下平常必需的花费，以及预防发生意外事件的钱外，剩下的钱要定期存入银行，不能动用，这样可以获得稳定的利息收入，又没有损失的风险。而小欣大概是受到在外企工作环境的影响，她以为，上学苦了这么多年，一直过着很节俭的日子，现在终于自己挣钱了，考虑那么多将来干什么，更何况银行利率那么低。她说发工资以后，先要买几件名贵服装，再美美地吃上几顿。然后，她还想留下一部分钱用来炒股票，等着股市形势一好，立即进入。上大学时，看着别人炒股票她一直很羡慕，这次自己也要试试。但骆明却认为，中国股市行情太不稳定，运行不规范，所以最好不要进入股市，如果一定要做，那也只能投入很少的钱。

资料来源：李多全．金融学基础［M］．北京：北京交通大学出版社，2014.

第一节　货币需求

一、货币需求的含义

货币需求是指经济主体持有货币的意愿吗？不是。由于货币是一般财富的代表，在无限制条件情况下，经济主体对货币的占有欲望将是无限的，显然这不是经济学要研究的货币需求的概念。经济学意义上的需求是指经济主体有支付能力的欲望，它不仅是指人们希望得到或拥有某种东西的欲望，而且是一种有支付能力的需要，即有效需求。所以，经济学上的货币需求是一种有效需求，是指经济主体在某一时点上能够拥有的货币量。货币需求必须同时包括两个基本要素：一是人们有持有货币的愿望；二是必须有持有货币的能力，二者缺一不可。因此，人们的货币需求是有限的，种种客观条件制约着货币的可获得性。

影响货币需求的因素较多，大致可以分为如下几个因素。

（1）商品供求结构的变化。一般情况下，只有满足人们需求的商品供给才能产生货币需求。由于商品的供求结构常发生变化，所以货币供求也发生变化。

（2）货币流通速度。货币流通速度与货币需求呈反比例关系。货币流通速度越慢，那么完成单位交易所需要的货币量越多。反之，货币流通速度越快，所需的货币量越少。

（3）产业结构和人口密集程度。不同产业部门的货币流通速度不同，那么对货币的需求也不同，在各产业货币流通速度不变的情况下，产业结构的变动就会对整个经济的货币流通速度产生影响，如生产周期长的部门占整个产业部门的比重较大时，货币流通速度较慢，对货币的需求就越大；人口密集程度与货币需求量成正比关系，某地区人口越密集，该地区所需要的货币越多。

（4）收入水平。收入状况是决定货币需求的主要因素之一。货币需求不仅取决于收入水平的高低，同时也取决于获得收入的时间间隔。通常情况下，货币需求与收入水平成正比，收入水平越高，对货币的需求量也就越大。另外，由于人们获得收入的时间存在一定的间隔，因此，货币需求量也受取得收入的时间间隔影响。人们取得收入的时间间隔越长，货币需求就越多；反之，时间间隔越短，货币需求就越少。

当然影响货币需求的因素还有很多，比如收入分配结构、利率、金融资产收益率和心理预期等。

二、传统货币数量论

早期的货币需求理论并不把货币需求作为直接的研究对象，而是研究宏观货币需求，侧重于商品流通所产生的货币需求。随着货币数量论的发展，它作为货币需求的理论越来越明显。可以说，现金交易数量说已成为一种完整意义上的货币需求理论。弗里德曼的货币数量论更是直接作为货币需求理论来阐述的，这一观点也得到了西方经济学家的普遍接受。

（一）费雪的现金交易数量论

美国经济学家欧文·费雪（1867—1947年）于1911年出版了《货币购买力》，该书对古典的货币数量论进行了阐述，提出了著名的“交易方程”，即：

$$MV=PT$$

在这个方程中，M 表示经济中的货币存量；V 表示货币流通速度，也就是一定时期内单位货币用于购买经济中的最终产品和劳务的平均次数；P 表示一般物价水平；T 表示各类商品的交易量，此处的交易量为商品价格保持不变的商品交易总量。

费雪认为，一般物价水平与流通中的货币数量、货币流通速度和商品的交易量之间存在的关系是：①物价与流通中的货币数量呈正比关系；②物价与货币流通速度呈正比关系；③物价与各类商品的交易量成反比关系。

但是在这个方程中，费雪认为 M 是由模型之外的因素决定的外生变量，V 是不能直接测定的，而是由制度、个人习惯、技术发展状况等因素决定的，因此短期之内不发生变化，可以视为常数；T 是由生产决定的，可视为大体上是稳定的。所以，该方程式说明了 P 与 M 之间的密切关系。所以，由方程 $MV=PT$ 可知，流通中的货币需求量为：

$$M=\frac{1}{V}\times PT$$

上式表明：一定时期流通中所需要的货币量取决于商品交易总量、价格水平和货币流通速度。由于 V 和 T 都保持不变，所以经济中的货币存量增加，那么一般物价水平就会同比例地上升。所以，费雪方程的本质是描述货币数量与物价水平之间关系的等式，货币数量决定物价水平，而不影响交易总量，货币只是笼罩在实物经济上的一层面纱。

（二）现金余额数量论

对于费雪提出的交易数量论，剑桥学派创始人马歇尔（1842—1924年）认为该理论存在一定的缺陷。该理论仅仅把货币当作交易媒介，但是货币还存在其他的职能。它虽然得出了和现金交易理论完全相同的结论，但是分析的出发点却截然不同。

1. 现金余额数量论的假设

（1）在一般情况下，人们都把财产和收入的一部分用货币形式持有，而另一部分用非货币的形式持有。

（2）人们所愿意持有货币的数额实际上是人们在持有货币获得利益、进行投资获得收益以及用于消费获得的享受三者之间权衡的结果。而货币的价值决定于全国居民愿意用通货形式保持的实物价值与货币数量的比例。

（3）现金余额为与保持实物价值相对应的货币数额。货币数量和价格水平同比例变化。

2. 现金余额数量论方程

剑桥学派认为，人们持有货币的目的主要是交易媒介和价值储藏。关于货币的交易需求，剑桥学派同意费雪的观点，认为交易需求与商品价值总额成正比，由于商品价值总额与国民收入成正比，所以交易需求与国民收入成正比，记为 aPY，其中 a 为收入水平为 PY 时人们为交易而持有的货币数量与名义国民收入水平之比。剑桥学派认为，货币的财富储藏需求与财富存量成正比，而财富存量也与国民收入成正比，所以，财富储藏需求与名义国民收入成正比，记为 bPY，其中 b 为人们为储藏财物而愿意持有的货币与名义国民收入之比。由此，经济主体愿意持有的现金余额与名义国民收入存在一定的比例关系，即：

$$aPY+bPY=(a+b)PY$$

令

$$a+b=K$$

用 M_d 代表货币需求，则有

$$M_d=KPY$$

剑桥学派还假设货币供给 M 和货币需求 M_d 会自动趋于平衡，则有

$$M=KPY$$

剑桥方程式的重要意义在于：货币数量的供求关系决定货币价值，如果货币供给量增加，则物价水平 P 上升，在 M 和 Y 不变时，物价水平 P 随 K 的增大而减少，随 K 的减少而增大，所以，物价水平取决于现金余额数量 K 的大小。

剑桥学派的现金余额数量论方程与费雪的现金交易数量论方程在形式上有相同之处。假定剑桥方程中的 Y 等于费雪方程中的 T，系数 K 等于货币流通速度 V 的倒数。K 是人们所持有的现金占整个交易量的比。现金余额增加，货币流通速度减慢；现金余额减少，货币流通速度加快。但是费雪的现金交易数量论方程只着眼于货币的流通手段职能，而现金余额理论更注重货币的价值储藏功能，把货币视为资产的一种，并从人们持有货币多少的角度分析货币数量与物价水平之间的关系。

三、凯恩斯的货币需求理论

古典货币数量论以充分就业为前提条件，认为货币供求变动只能影响物价，对于就业和实际产出则没有影响，这样一来，古典数量就不能解释和说明资本主义社会经济危机和失业等现实经济问题，在1929—1933年的大危机中也没有提出有效的解决方法和政策措施，由此货币数量论宣告破产。凯恩斯（1883—1946年）为解决当时资本主义社会的经济危机，他于1936年发表了《就业、利息和货币通论》，通过总量分析的方法，将就业理论和货币理论联系在一起，提出了一种独创的货币需求理论，即流动性偏好理论（Liquidity Preference Theory）。

（一）持有货币的三个动机

凯恩斯把人们持有货币的动机分为三类：交易动机、预防动机、投机动机。相应地，货币需求可以分为三部分：交易性需求、预防性需求、投机性需求。

1. 交易性的货币需求

所谓的交易性货币需求是指因收入与支付时间不一致，企业和个人为满足日常的交易活动而愿意持有的一部分货币。由于收入和支出在时间上是不同步的，因而个人和企业必须有足够的货币资金来支付日常需要的开支。个人和企业出于这种交易动机所需要的货币量，决定于收入水平以及惯例和商业制度，而惯例和商业制度在短期内可假定为不变，于是，按凯恩斯的说法，出于交易动机的货币需求量主要决定于收入，收入越高，交易数量越大。

2. 预防性货币需求

预防性的货币需求的出现源于企业为了应付意料不到的货币支出或者捕捉一些突然出

现的有利时机而愿意持有的一部分货币。如果说货币的交易需求产生于收入与支出间缺乏同步性，则货币的预防性需求产生于未来收入和支出的不确定性。西方经济学家认为，个人对货币的预防需求量主要决定于他对意外事件的看法，但从全社会来看，这一货币需求量大体上也和收入成正比，是收入的函数。由于出于预防性动机而保有的货币需求也与国民收入水平密切相关，与收入成正比，因此，收入水平越高，人们出于预防性动机保有的货币越多。

交易性货币需求与预防性货币需求的特点：①相对稳定可以预计。一定时期内，经济主体用于交易的货币资金数量和支出时间是可以事先预计的，因此这部分资金一般比较稳定；而预防性货币需求主要是作为交易的备付金，一方面受限于交易规模与货币收入，另一方面受限于持有货币的机会成本，而这些因素在短期之内是比较稳定的，所以预防性货币需求也是比较稳定的。②货币主要充当交易媒介。由于这部分资金主要用于商品或者劳务的交换，主要充当交易媒介发挥流通手段的职能。③对利率变化不太敏感。因为交易性货币需求和预防性货币需求是用于日常交易必不可少的资金和备付金，无论利率多高，经济主体也要持有，以满足日常的交易正常进行。④交易性货币需求与收入成正比。一般而言，收入增加会使支出增加，交易数量增加，必然引起货币需求的增加。

3. 投机性货币需求

如果只考虑交易动机和预防性动机的货币需求，凯恩斯的货币需求理论与剑桥学派的现金余额理论没有太大的突破。凯恩斯认为，人们持有货币除了为了交易需求和应付意外支出外，还为了储存价值和财富。凯恩斯把用于储藏财富的资产分为两大类：货币和债券。人们持有货币资产，收益为零；持有债券资产，则有两种可能：如果利率上升，债券价格就要下跌；利率下降，债券价格就会上升。

因此，投机动机的货币需求大小取决于三个因素，即当前市场利率、投机者认为的正常利率以及投机者对利率变化趋势的预期。其中，前两个因素是第三个因素的基础，所以投机动机的货币需求实际上取决于当前市场利率与投机者正常利率目标值之间的偏差。从整个经济社会看，不同的投机者对正常利率目标值的判断各有不同，所以不同投机者对利率变化的预期也存在很大差异。如果当前市场利率水平较低，那么预期利率上升的投机者就会较多，从而以货币形式持有财富的投机者也就较多，货币的投机性需求就会增加；反之，如果当前市场利率水平较高，那么预期利率下降的投机者就会较多，从而以债券形式持有财富的投机者也就较多，货币的投机性需求便会减少。可见，投机动机的货币需求是当前利率水平的递减函数。

显然，人们对现存利率的估价就成为人们在货币和债券之间进行选择的关键。如果人们确信现行利率高于正常值，这就意味着他们预期利率水平将会下降，从而债券价格将会上升，人们就必然会多持有债券；反之，则会倾向于多持有货币。由此可知，投机性货币需求最主要受利率的影响，是利率的减函数。

（二）凯恩斯的货币需求函数及流动性陷阱

1. 凯恩斯的货币需求函数

将上述三种货币需求结合起来即构成了凯恩斯的货币需求理论。由于交易性货币需求和预防性货币需求具有相同的特征——与收入成正比，因此将二者合并为 L_1，其需求函数可近似地表示为：

$$L_1 = L_1 \ (Y),\ \frac{dL_1}{dY} > 0$$

式中，Y 表示国民收入，dL_1/dY 表示 L_1 对国民收入的导数。

类似地，投机性货币需求与利率成反比，其需求函数如下：

$$L_2 = L_2 \ (i),\ \frac{dL_2}{di} < 0$$

式中，i 为利率。

由于货币需求可以被看作是交易需求、预防需求与投机需求之和，所以凯恩斯的货币需求函数为：

$$L = L_1 + L_2 = L_1(Y) + L_2(i)$$

由公式可以看出，与剑桥方程相比，凯恩斯在其货币需求方程式中加进了一个新的变量——利率，意味着通过利率将货币供求与实际的经济供求联系起来，分析货币供求的变化对商品市场的影响。

总的来说，凯恩斯的流动性偏好理论是剑桥学派的现金余额理论的扩展，在分析持有货币的动机上比前者更细致。

2. 流动性陷阱

凯恩斯理论的另一个创新在于其分析货币需求时提出了著名的“流动性偏好”假说。凯恩斯认为，一般情况下，由流动性偏好决定的货币需求在数量上主要受收入和利率的影响。交易性和预防性货币需求是收入的递增函数；投机性货币需求是利率的递减函数，所以，这时的货币需求量是有限的。但当利率极低，低到不能再低时，人们就会预测利率将只会上升而不会下降，于是人们只会持有货币而完全放弃持有债券，此时，对货币的需求将会变得无限大。这就是所谓的“流动性陷阱”假说。如图 8-1 所示，当利率下降至 r_t 时，货币需求的利率弹性就变得无穷大，从而货币需求曲线变成了与横轴平行的直线。从另一个角度来说，也就是利率不会一直下降，而是有一个下限存在，利率水平不可能低于 r_t。

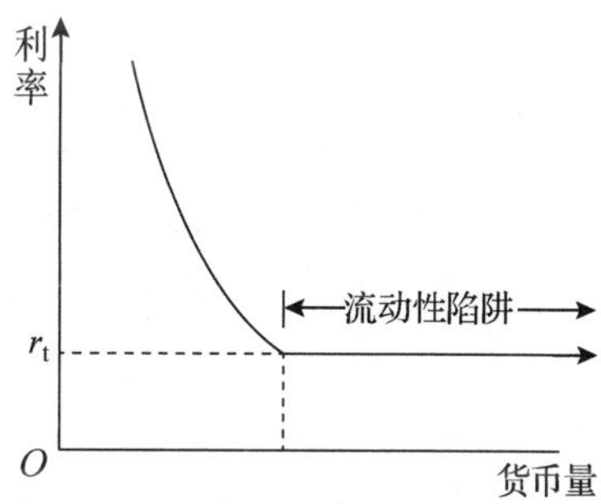

图 8-1 “流动性陷阱”假说

凯恩斯学派将利率引入货币供求理论中来，为利率成为货币政策中介目标的货币政策主张打下坚实的理论基础。即在社会总需求不足的情况下，可以通过货币供给量的增加来降低利率，从而使投资需求增加，促进经济增长；而由于流动性偏好陷阱的存在，当利率不能降低时，货币政策失效，需配合相应的财政政策。

四、弗里德曼的货币需求理论

1956年，美国著名经济学家弗里德曼在其发表的《货币数量论——一种新的阐述》中，给了传统货币学说以新的解释。弗里德曼认为，货币数量理论首先是货币需求理论，是确定哪些因素影响货币需求的理论；其次才是产量、货币收入或物价水平的理论。因此，他对影响人们货币需求量的各种因素进行分析，得出独具特色的货币需求函数，这个货币需求函数被称为现代货币数量论的新解释。

弗里德曼将货币需求当作财富所有者的资产选择行为加以考察，弗里德曼认为，货币作为资产形式之一，是持有财富的一种方式，同时把债券、股票以及各种实物资产都列为可替代的货币资产，这是他与凯恩斯不同的地方，凯恩斯仅用债券来代表货币之外的金融资产。弗里德曼将范围扩大后，却得出了不同的结论。弗里德曼认为，货币需求取决于以下因素。

第一，总财富。在诸多影响货币需求的因素中，弗里德曼认为总财富是最重要的，因为即使人们将其全部财富都以货币形式持有，其货币需求总量也只能等于其拥有的财富总额，而不可能超过总财富。由于总财富很难计算，而财富又与收入之间有着密切的关系，所以弗里德曼提出用永久收入概念替代它。永久收入是指过去、现在和未来一个较长时间内的平均收入，它是当前及过去至少三年以上测得的收入的加权平均数。因而永久收入比较稳定，它不同于带有偶然性的临时收入，与凯恩斯理论中的当前收入相区别。弗里德曼将永久收入作为货币需求的决定性因素，意义在于：它表明货币需求在很大程度上不随产业周期的波动而波动。根据弗里德曼的分析，经济主体的永久性的实质收入与货币需求成正相关的关系，收入增加，货币需求也会相应增加；收入减少，货币需求也随之减少。

第二，人力财富和非人力财富的比较。弗里德曼将财富分为人力财富和非人力财富。其中，人力财富是指个人获得收入的能力；非人力财富是指物质性财富。人力财富只有转化为非人力财富时，才能为人们带来实质性的效用。虽然人力财富和非人力财富之间存在着相互转换的关系。但是，这种转换常常是受到严格限制的。例如，人力财富在劳动需求很低时，是难以获得收入的。因而，如果非人力财富在总财富中所占比例越小，则为人力财富获取收入的可能性很低时做好准备的必要性就越强，对货币的需求也就越大。

第三，持有货币的机会成本。持有货币的机会成本是指货币与其他资产的预期报酬率。包括预期的货币名义收益率 r_{m}、预期债券名义收益率 r_{b}、预期股票名义收益率 r_{B} 和预期的物价变动率 $\frac{1}{p}\frac{\mathrm{d}p}{\mathrm{d}t}$。由于人们能够从这些预期报酬率中衡量出持有货币的潜在收入或损失，由此出现机会成本。这些机会成本的高低自然会影响人们对货币的需求。债券、股票和实物资产是货币的主要替代品，这三种资产的收益就成了具有代表性的持有货币的机会成本。

债券的收益由两部分组成，一是债券利息收入，二是因债券价格变动而引起的资本增值或贬值。同样，股票持有人的名义收益具有三种形式：在价格不变条件下，他每年能获得的固定股息收入；价格变动后，该股息收入的增量或减量；以及因股票市场价格变动而带来的资本利得。

第四，财富所有者对不同形式财富所提供效用的嗜好与偏好。持有货币既可以满足交易性需求，又可以满足预防性货币需求，还可以利用获利机会而获取收益，这便给经济主体带来了一定的效用。

据此，弗里德曼得出了如下货币需求函数：

$$\frac{M^{\mathrm{d}}}{P}=f\left(Y_{\mathrm{p}},\ w,\ r_{\mathrm{m}},\ r_{\mathrm{b}},\ r_{\mathrm{B}},\ \frac{1}{p}\frac{\mathrm{d}p}{\mathrm{d}t},\ \mu\right)$$

其中，$\frac{M^d}{P}$表示实际的货币需求；Y_p 表示恒久收入；w 表示非人力财富占总财富的比例；r_m 表示货币的预期名义报酬率；r_b 表示债券的预期名义报酬率；r_B 表示股票的预期名义报酬率；$\frac{1}{p}\frac{dp}{dt}$代表商品价格的预期变化率；μ 表示其他影响货币需求的因素。

在上述影响货币需求的因素中，Y_p、r_m 与货币需求成正比；w、r_b、r_B、$\frac{1}{p}\frac{dp}{dt}$与货币需求成反比。

五、马克思的货币需求理论

马克思在深入研究古典政治经济学理论的基础上提出了货币需求理论。马克思认为，货币与商品的关系，实质上是货币商品与一般商品的等价交换关系。在流通中，有多少待销售的商品，就要付出与这些商品等价的货币量。由于待销售的商品总是带着价格进入流通的，因此，在暂时不考虑其他因素的情况下，流通中所需要的货币量就等于商品价格总额或商品交易的总价格。但考虑单位货币可以多次进行商品交易，因此，由商品价格总额决定的货币量应该是货币流量而非货币存量。

商品价格总额是流通中的商品数量（Q）与商品价格（P）的乘积，可表示为 $Q \cdot P$，V 表示货币流通速度，M 表示货币需要量。则有：

$$M=PQ/V$$

这就是马克思的货币需要量公式，它说明了流通中的货币量不仅仅取决于待销售的商品价格总额，还取决于货币的流通速度。同时也表达了这三个因素的变动对货币需要量的变动关系。

第一，货币需要量与商品数量、价格水平以及商品价格总额成正比。马克思认为，货币作为流通手段的运动，实际上只是商品本身形式的运动。也就是说，只有当参加交换的商品实现其价值时，才会有货币运动。因此，商品价格总额是决定货币需要量的最基本因素。

第二，货币需要量与货币流通速度成反比。货币流通速度是单位货币一定时期内在商品交易者之间的转手次数。在商品交易中，商品被出卖后就退出流通领域，进入消费领域；而货币则不能退出流通领域，仍在买者卖者之间不停地转手。也就是说，货币流通速度可以在某种程度上代替货币的数量。

由于马克思的货币需要量模型是建立在金属货币流通基础上的，纸币和不兑现信用货币的流通使货币失去了自动适应货币需要量的功能。流通中的货币量相对于货币需要量经常存在差异，引起商品价格的变动。这种货币供给对货币需求的反作用，在现代经济中是显著的、不容忽视的。

马克思从纸币是金属货币的符号这一定义出发阐述了纸币的需求规律。他指出纸币流通的特殊规律，只能从纸币是金的代表这种关系中产生。这种规律简单地说就是：纸币的发行，限于它象征性地代表的金的实际流通的数量。这就是说，由于纸币代表金属货币量，发行得多，就以多的代表，发行得少，就以少的代表。

即：流通中全部纸币所代表的金属货币的价值=流通中必要的金属货币价值。

那么，每一单位纸币所代表的金属货币的价值就是：

$$单位纸币所代表的金属货币的价值=\frac{流通中必要的金属货币的价值}{流通中的纸币总量}$$

如果流通中的纸币总量正好与流通中所需的金属货币价值相等，那么单位纸币所代表的实际价值就与它所代表的名义价值相等，即一元纸币等于一元金属货币，如果不考虑货币流通速度，那么它就能实现一元价值的商品；如果纸币发行过度，使得流通中的纸币总量大于流通中所需的金属货币量，那么每一单位纸币所代表的金属货币的价值就会减少，出现纸币贬值的现象。

尽管纸币需求量的分析是在纸币是金的符号这一定义下展开的，但是它所揭示的纸币流通规律具有普遍意义。实际上，无论认为纸币是价值符号，还是独立的货币形式，都不能否认纸币数量对价格的影响，因而都不能否认纸币需求量具有严格的界限。因此，各国政府在对经济进行调控时，都不能忽视过量的纸币发行对经济带来的恶劣影响。

第二节　货币供给

现实经济中货币的作用是通过货币供给和货币需求共同作用来实现的。虽然货币供给与货币需求经常是在同一时间发生的，但是相对于货币需求理论而言，货币供给理论的产生比较晚。这是由于包括凯恩斯在内的大部分经济学家认为货币供给量是由中央银行控制的外生变量。事实上，中央银行并不是影响货币供给的唯一部门，金融机构、公众的行为也会对货币供给产生影响。研究货币供给的目的，是使社会实际提供的货币量与经济发展客观需求的货币相吻合，所以研究货币供给量对经济社会发展有重要意义。

一、货币供给量

分析一个国家的货币供给，首先要搞清货币供给的口径，即货币供给量的构成。货币供给量指在一个国家在一定的时点上存在于个人、企业、金融机构、政府等部门的现金和存款货币的数量。它可以是名义货币供给量，也可以是实际货币供给量。名义货币供给量是指适应物价增减幅度在名义上增减的货币供给，它是一定时点上的货币存量；实际货币供给就是指剔除了物价影响之后的一定时点上的货币存量。若将名义货币供给量记为 M_s，则实际货币供给量为 M_s/P。

货币供应量的基本结构是由现金、活期存款向各类存款和短期证券依次展开的，划分层次的标准或依据为货币的流动性强弱。货币的流动性反映了各种货币形态作为流通手段和支付手段的方便程度，它是指这种货币形态转化为现金所需要的时间和成本的多少。下面分别介绍国际货币基金组织、美国和我国的货币供应量的统计口径。

（一）国际货币基金组织的统计口径

$M0$=通货，不包括商业银行的库存现金，而是指流通于银行体系之外的现钞。

$M1$=$M0$+私人部门的活期存款，由 $M0$ 加上商业银行的活期存款构成。

$M2=M1+$定期存款、储蓄存款和其他存款，由 $M1$ 加准货币构成。

在国际货币基金组织的统计口径中，由于 $M0$ 可随时作为流通手段和支付手段，因此流通性最强；$M1$ 中包含的商业银行活期存款可以随时签发支票成为直接的支付手段，所以，它同现金一样是最具有流动性的货币；$M2$ 中所谓的准货币一般是由银行的定期存款、储蓄存款、外币存款以及各种短期信用工具如短期国库券等构成的。准货币本身虽不是真正的货币，但它在经过一定的手续后可以比较容易地转化为现实的货币，增强流通中的货币量，由此称为准货币。

（二）美国曾发布的统计口径

美国联邦储备系统于1982年1月6日公布的货币供给量概念包括 $M1$、$M2$、$M3$ 和 L 四个层次。

$M1=$流通中的现金+非银行发行的旅行支票+活期存款+其他支付存款（如：NOW、ATS 账户等）。

$M2=M1+$隔夜回购协议存款+隔夜欧洲美元存款+储蓄存款+小额定期存款（10万美元以下）+货币市场存款账户+货币市场户主储金金额。

$M3=M2+$大额定期存款（10万美元以上）+银行定期回购协议+欧洲美元定期存款。

$L=M3+$公众持有的美国储蓄债券+短期国库券+商业票据+银行承兑票据等。

（三）中国的统计口径

中国从1990年起，开始编制货币供给量口径，1994年第三季度中国人民银行正式推出货币量统计指标并按季向社会公布。《中国人民银行货币供应量统计和公布暂行法》规定：货币供应量，是一国在某一时点流通手段和支付手段的总和，一般表现为金融机构的存款、流通中的现金等负债，亦即除金融机构和财政之外，企业、居民、机关团体等经济主体的金融资产。根据国际通用按货币流动性的强弱进行划分的原则，结合我国的国情，把货币供应划分为以下三个层次：

$M0=$流通中的现金。

$M1=M0+$单位活期存款。

$M2=M1+$储蓄存款和企业定期存款。

由于经济的快速发展，中央银行在2001年对货币供给量统计口径做了调整，将证券公司客户保证金纳入 $M2$，2002年又将中国的外资、合资金融机构的人民币存款业务纳入 $M2$，至此，修改后的货币供给统计口径为：

$M0=$流通中的现金。

$M1=M0+$企业单位、农村和机关团体的活期存款。

$M2=M1+$企业单位定期存款+自筹基本建设存款+个人储蓄存款+单位其他存款+证券公司客户保证金。

我国的货币供应量借鉴了西方国家货币供应量统计的成功经验，相同点表现在以下两个方面：①以流动性的强弱作为划分货币供应量层次的依据；②根据不同层次货币供应量对经济影响的程度决定被监控对象。

不同层次的货币量，其活动和影响的经济范围也不同，它们的变化往往也反映了不同的商品市场供求关系的变化，如 $M0$ 的变化主要影响并反映了我国基本消费品供求水平的变化，而 $M1$ 和 $M2$ 的变化反映了投资的各个环节。但 $M1$ 对经济的影响比 $M2$ 更直接、更迅速，因为 $M2$ 只有当它们转变成 $M1$ 后，才会对经济产生影响。因此，货币当局总是非常注重对狭义货币供应量的调控。

依据流动性的强弱来划分货币层次，其目的在于中央银行对货币实施宏观控制。

二、中央银行体制下的货币供给

中央银行的资产负债业务与货币供给直接相关，虽然中央银行不对一般企事业单位贷款，从而不能由此派生存款，但它通过自身的资产负债规模和结构的变动，如现金发行和法定存款准备金制度，对商业银行的信用产生影响。

中央银行体制下，货币供给量取决于基础货币和货币乘数之积，所谓基础货币，又称为高能货币或强力货币，通常是指中央银行直接控制的、对货币供应起基础性作用的中央银行负债，是流通中的现金和商业银行在中央银行的准备金存款之和。中央银行的货币供给可以从四个渠道实现：第一，中央银行作为最后贷款人，为商业银行提供再贷款，相当于直接增加了商业银行的原始存款。第二，调整法定存款准备金率，可以直接扩大或减少商业银行的超额准备金，进而直接影响商业银行的可用资金，从而影响商业银行的信贷能力。第三，调整再贴现率，可以影响商业银行从中央银行借款的多少。第四，公开市场业务，中央银行可以通过买卖政府债券来影响市场上的货币供应量。

中央银行直接控制的现金发行和商业银行的存款准备金之所以被称为基础货币，是因为如果没有货币的发行和中央银行对商业银行的信贷供应，商业银行的存款准备金便不能形成，即原始存款便不复存在，可以说中央银行是商业银行派生存款的源泉。货币供给的全过程，就是中央银行提供基础货币为商业银行带来原始存款，商业银行在原始存款的基础上派生存款。

假设 B 代表基础货币，C 代表流通中的现金，R 代表商业银行在中央银行的准备金，则有：

$$B=C+R$$

货币乘数是货币供应量与基础货币的比值，也就是基础货币变动一单位所引起的货币供应量变动的单位数。货币乘数是用来说明货币供给总量与基础货币之间的倍数关系的系数，在基础货币一定的条件下，货币乘数决定货币供应总量，货币乘数越大，货币供应总量越多；反之，货币乘数越小，货币供应总量越少。

基础货币作为货币供给之源，可以引出数倍于自身的货币供给量。把货币供给量与基础货币的比率定义为货币乘数（m）；那么，货币供给（M_s）的理论模式为：

$$M_s=m\cdot B$$

假设 C 为现金，D 为活期存款，则 $M_s=C+D$，而 $B=C+R$，则有：

$$m=M_s/B=(C+D)/(C+R)$$

因为，$C=C'D$，C'为现金漏损率，也称为现金比率，$R=r_dD+r_tt'D+e'D$，r_d 为活期存款的法定准备金率，r_dD 为活期存款的法定准备金，r_t 为定期存款的准备金率，t'为定期存款与活期存款的比率，简称定期存款比率，$r_tt'D$ 为定期存款的准备金；e'为超额准备率，

$e'D$为超额准备金。则有：

$$m = [C'D+D] / [C'D+r_dD+r_tt'D+e'D]$$
$$= [C'+1] / [C'+r_d+r_tt'+e']$$

货币供给的理论模型 $Ms=m \cdot B$ 变为：

$$M_s = \{[C'+1] / [C'+r_d+r_tt'+e']\} (C+R)$$

上述货币供给模型表明货币供给量（M_s）由基础货币和货币乘数共同决定，货币乘数则由现金比率 C'、法定存款准备率 r_d、定期存款准备率 r_t、定期存款比 t'以及超额准备率 e'共同决定。与此同时，由货币供给模型引出了一个问题，即货币当局与货币供给量之间究竟是一种什么关系，即货币供给量是外生变量还是内生变量。这一问题涉及货币供给的可控性以及货币政策的选择等。

第三节 货币均衡

一、货币均衡与失衡的含义

（一）货币均衡的含义

货币均衡一般被理解为货币供求的平衡，货币均衡是一个动态的过程，它并不要求在某一具体时间上货币供给量与货币需求量完全相等，而是允许短期内货币供求间有一个可接受的不一致状态，但长期内是大体一致的。

货币均衡作为市场供求均衡的一种反映，其自身均衡对市场供求均衡的维持具有重要的作用。在市场经济条件下，货币均衡的实现离不开利率的调节。

均衡是一个由物理学引入经济学的概念，经济学引入均衡概念，一般将其用于描述市场供求的对比状态，至于货币均衡与货币非均衡，则是用来说明货币供给与货币需求之间的关系的。在现实经济生活中，无论货币怎样供应，供应多少，它都会以一定的方式为人们所持有，表现为人们对它的一种需求。从这个意义上讲，货币供给与货币需求在数量上总是相等的，不存在均衡与失衡问题。但是，这种均衡显然是根据名义的货币需求量与货币供给量的联系来判断的，这并不是真正意义的货币均衡。真正的货币均衡，是指货币供给与由经济的实际变量或客观因素所决定的货币需求相符合。这种均衡有两层含义：其一，货币均衡是货币供给与货币必要量的均衡。从费雪的交易方程式 $MV=PT$ 来看，货币供给的任何变动均可以通过 V、P、T 的变动达到新的均衡。等式反映的货币供求始终均衡。但这种始终存在的均衡，既包括物价稳定、经济增长时的均衡，也包括物价飞涨、经济萎缩时的均衡。而后者不应在货币均衡的考察范围之内，它不是经济正常发展所允许的均衡。因此，货币的均衡只能是货币供给与货币必要量的均衡。其二，货币均衡在货币供给量与货币必要量的相互作用中实现的货币均衡，也可以说是一种动态的均衡。由于货币供给的变动必然引起 V、P、T 的相应变动，使货币供求关系在新的变动中实现平衡。但如果货币供给变动后 P 的变化不明显，主要通过 V 及 T 的变化形成新的货币需求与货币供给对等，那么应该认为，在这个过程中，由于货币供给量的变动使货币必要量发生了变比，由此形成的新均衡就是货币的均衡。这种由货币供给量引起货币必要量变化所形成的货币均衡，即为货币的动态均衡。

如果用 M_r 表示货币必要量，那么货币均衡表现为 $M_s = M_r$，货币失衡则表现为 $M_s \neq M_r$，$M_s = M_1$ 中的 M_s 与 M_r 并不是严格意义上的供求相等，而是供求在一定幅度内相互偏离的“广义均衡”。这是因为：①货币需求在更多的时候是一个区间值而不是一个确定的量值；②货币供给量在一定幅度内偏离货币需求量，不会影响物价的稳定和经济的发展，即货币供给具有一定的弹性。所以说货币均衡是一种动态的均衡，是在经济性的货币失衡中需要借助调控性的机制才能恢复平衡的过程。但我们并不追求某个时点上的均衡，而是不断纠正货币需求的失衡，确保长期货币供求大体均衡，保持货币的基本稳定。

货币均衡是中央银行实现的货币政策目标之一，在均衡条件下，市场物价基本稳定、商品市场供求状况良好、生产正常增长，因此，中央银行实现货币增长有着重要的意义。

（二）货币失衡的含义

货币均衡是中央银行通过货币政策操作，使货币供求基本相适应的理想状态。但事实上，货币供求失衡的状态却是常见的。在经济发展过程中，可能出现货币供给较多，但是需求较少的状态；也可能出现需求较少，但是供给较多的状态。因此货币失衡有两种表现形态。

1. 货币供给小于货币需求

在一定时期内，若货币供给小于货币需求，意味着存在着过大的货币需求，但货币供给短缺，表现为商品积压，生产停滞，经济运行中会出现通货紧缩，经济发展停滞。

2. 货币供给大于货币需求

在纸币流通的条件下，常见的经济失衡状态便是货币供给量大于相对的货币需求。造成这种供给量大于需求量的原因很多，主要有以下几种。

（1）政府推行的高速经济增长政策需要较多的货币支持，中央银行在持有的货币资本不足的情况下，造成银行信贷规模的不当扩张，由此造成货币供求的失衡。

（2）政府出现财政赤字而向中央银行借款。政府由于突发的经济需要，造成财政赤字，如果这是在中央银行没有准备的情况下发生的，无疑会造成中央银行增加货币的发行，从而导致货币供给增加过度，造成供求失衡。

（3）货币需求的结构性失衡。这种失衡是指货币供给和货币需求大体平衡，但是货币供给结构和货币需求结构不相适应。这种结构性货币失衡常常表现为短缺与过剩并存。造成这种情况的主要原因在于社会经济结构的不合理以及在此基础之上的刚性。这种货币失衡现象主要发生在发展中国家。

（4）中央银行实施货币政策带来的“后遗症”。从经济的连续性角度看，如果前期的货币供给相对不足，造成商品积压，使得再生产无法顺利进行，为了使经济返回正常轨道，中央银行采取扩张性的货币政策，由于没有掌握好经济社会的实际货币需求，导致银根过度放松，货币供给增长速度超过了经济社会的实际货币需求，结果导致通货膨胀。

货币失衡通常并不是总量上的货币失衡与结构上的货币失衡呈此消彼长的关系，现实生活中两者往往是并行的，相互联系，以至于难以区分。因此，在货币政策操作中，货币供求均衡的控制往往以总量均衡与结构合理为目标。

二、货币均衡的实现

按照我们前面的分析，$M_s \neq M_r$ 即为货币失衡。“失衡在每一种可以想象得到的经济制度中都可能出现。”货币的失衡对经济的运行有着重要的影响。货币供需失衡后，人们的目标是采用某种方法重新实现货币供求的均衡。

在社会主义市场经济下，货币均衡的实现是通过利率表现出来的。因为在其他因素不变的条件下，只有市场利率对货币供给量和货币需求量双方都具有调节作用。利率是货币均衡实现的必然手段。

首先，从货币供给方面看，当市场利率上升时，银行贷款的收益必然增加，银行必然通过减少超额准备金来扩大贷款规模，结果导致社会货币供给量增加；社会公众则会因为持有货币的机会成本加大而减少现金提取，使货币乘数增加，同样导致货币供给增加。上述分析表明：利率越高，货币供给量就越多；反之，利率越低，货币供给越少。说明利率和货币供给量之间存在着同方向变动的关系。

其次，从货币需求方面看，利率越高，持有货币的机会成本越大，人们就会增加对金融工具和金融资产的需求而减少对货币的需求，导致货币需求量减少；反之，利率越低，货币需求量越高。可见利率与货币需求之间是反方向变化关系。

在货币市场上，当货币的供给与需求相等时，即达到了货币市场的均衡。货币供给曲线与需求曲线的交点即为货币市场的均衡点，均衡点上的利率水平为均衡利率，均衡点上的货币量即为均衡货币量。

然而随着市场利率的变化，货币量随之变化，货币市场均衡被打破。如在货币市场上，当货币供给量大于货币需求量时，引起利率下降。由于利率与货币需求呈反方向变动关系，利率下降必然引起货币需求上升，使货币需求曲线右移，这样货币供给和货币需求又会在新的利率水平上实现均衡。

货币均衡在一定程度上反映了国民经济的总体均衡状况。货币不仅仅是商品交换的媒介，而且其自身还是国民经济发展的内在要求；货币供给的相互作用制约并反映了国民经济运行的全过程，并且有机地将国民经济运行与货币供求的相互作用联系在一起。在所分析的时期内，国民经济的运行状况势必要通过货币均衡与否的状况反映出来。

【课后习题】

1. 简述各主要货币需求理论的基本内容。
2. 简述不同国家货币供给量的统计口径。
3. 简述商业银行创造派生存款的过程。
4. 简述影响商业银行创造派生存款的因素。
5. 简述货币失衡的表现形式。

第九章　货币政策与工具

学习目标

通过本章的学习，掌握货币政策的目标、工具、传导、效应；理解货币政策与财政政策及汇率政策的配合；要求在学习了解货币政策有关基本知识的前提下，结合中国实际，加深对中国货币政策若干问题的理解。

案例引入

美国量化宽松的货币政策

2008年11月25日，美联储启动第一轮量化宽松货币政策，宣布购买1 000亿美元的房地美、房利美、联邦住宅贷款银行等政府支持企业所发行的债券以及5 000亿美元由房地美、房利美、吉利美担保的抵押贷款支持证券。

值得关注的是，美联储的目的仅仅在于"稳定"市场，而不是"刺激"经济。第一轮量化宽松货币政策的主要目的是通过向市场提供流动性支持，以达到提振市场信心、平复金融市场恐慌情绪的目的。从实际效果来看，第一轮量化宽松货币政策之后，美国金融体系有所企稳，目标初步达到。

在此基础上，美国接连推出第二轮、第三轮、第四轮量化宽松货币政策。与第一轮有所不同的是，后续量化宽松货币政策日益体现了支持实体经济增长的意图，同时规模不断扩大。从第二轮开始，美国的量化宽松货币政策从原来的稳定金融体系变为通过压低长期利率刺激实体经济。

2014年10月30日，美国联邦公开市场委员会（FOMC）货币政策会议宣布，将在2014年10月末停止资产购买计划，这意味着实施6年的量化宽松货币政策结束了。

资料来源：陈登峰．金融学基础［M］．大连：东北财经大学出版社，2015.

第一节　货币政策的目标

一、货币政策的含义

货币政策是指中央银行为实现特定经济目标，运用各种政策工具调控货币供给量和利率所采取的方针和措施的总称。中央银行通常为一国货币政策的制定者和执行者。中央银行在国家法律授权的范围内制定货币政策，并运用其拥有的货币发行特权和各种政策工具组织货币政策的实施。货币政策的决策和实施必然涉及怎样运作和如何有效地影响社会经济生活中总供给与总需求平衡等问题，货币政策在调节与控制现代经济活动中有着较强的影响力和极其广泛的作用范围。

总体来看，货币政策主要包括四个方面的内容，即政策目标、政策工具、操作目标与中介目标、政策传导机制。中央银行运用货币政策工具，作用于货币政策的操作目标与中介目标，进而通过中介指标的变化实现货币政策的最终目标。这个过程就是货币政策的传导过程。

二、货币政策的目标

货币政策通常包括以下三个方面的内容：一是货币政策的目标；二是实现货币政策目标的操作工具或手段，也称为货币政策工具；三是货币政策效果。所谓货币政策目标也称为最终目标，就是货币当局通过实施货币政策所要达到的宏观经济目标，但这要经过较长时期才能够实现，这一目标基本上与宏观经济目标相一致。世界各国所追求的货币政策最终目标有所不同，但主要有四个方面：物价稳定、充分就业、经济增长和国际收支平衡。

（一）物价稳定

物价稳定是中央银行货币政策的首要目标，因为物价稳定是发展经济的首要条件。其含义是指一般物价水平的变动控制在一个比较小的区间内，在短期内不发生显著或急剧的波动。这里所指的物价不是某种商品的价格，而是一般物价水平。稳定的物价的前提或者实质是币值的稳定。在金本位制时代，稳定币值实质上就是稳定单位货币的含金量。在现代信用货币条件下，黄金不再是衡量币值稳定的指示器，取而代之的是物价指数，物价指数上升，货币贬值；物价指数下降，货币升值。为此，实现稳定物价的目标就是要有效控制通货膨胀。在通货膨胀已成为世界现象的环境下，企图把物价静止在一个绝对不变的水平上是不可能的。在现代经济中，物价如果陷于绝对静止的状态，反而是不正常的，关键是能否把通货膨胀控制在一个正常的范围内。由于一般物价水平的稳定是相对的，各国在数值上的衡量标准也各不相同，但从各国的实践操作来看，通货膨胀率一般控制在2%~3%的范围内。

（二）充分就业

充分就业是指一个国家的所有资源都得到充分合理的运用。这里的充分就业是对所有资源而言的，它不仅包括劳动力的充分就业，还包括其他生产要素的“充分就业”，即充分使用。但人们常说的充分就业是针对劳动力而言的。西方国家把充分就业作为货币政策目标之一的原因在于一个国家的劳动力能否充分就业，是衡量该国资源能否达到充分利用、经济能否正常发展的标志。它是指凡是有劳动能力并愿意参加工作的人，都能找到工作。现在各个国家的政府都把失业率作为衡量劳动力就业程度的指标。所谓失业率是指社会上失业人数占愿意就业人数的比率。失业率低表明社会的就业人数多，失业率高表明社会的就业人数少。需要说明的是，经济社会中不可能出现100%的就业，即零失业率。现实生活中，有两种失业是客观存在的：第一种是摩擦性失业，是指人们在寻找工作或转换工作过程中的失业现象；第二种是自愿失业，是指人们不满足现在的工资水平或者工作状态而造成的事业。而这两种原因造成的失业人数占社会总失业人数的比重较小。由于人口结构的变化、技术的进步、人们的消费偏好改变等因素，社会上总会存在着摩擦性失业和结构性失业。就长期而言，景气循环带来的失业情形常会消弭无踪，社会上只留下自然失业现象，“自然”的定义并不明确，没有人能明确地指出一个社会的自然失业率是多少，它会随着人口结构的变化、技术进步、产业升级而变化。

西方经济学家认为除了需求不足造成的失业率外，其他种种原因造成的失业通常都是不可避免的。中央银行的政策目标就是要消除由于总需求不足而造成的失业，从而促进资源的合理运用。事实上，统计失业人口数量并非易事。不同国家，不同的统计口径，不同的计算方法，都会影响失业率指标的界定。一般来说只能根据各个国家不同的经济发展状况对失业人口数量进行粗略的估算。

（三）经济增长

关于经济增长，经济学界至少有两种理解。一种观点认为，经济增长就是国民生产总值的增长，即一国在一定时期内所生产的商品和劳务的增长；另一种观点认为，经济增长是指一国生产商品和劳务能力的增长。目前各国对于经济增长指标的衡量，多用前一种。各国衡量经济增长的指标一般采用人均实际国民生产总值增长，即用人均名义国民生产总值年增长率剔除物价上涨率后的人均实际国民生产总值年增长率来衡量。从生产要素的投入产出角度看，有社会劳动力的增加、资本有机构成的提高、资本产出比率的提高、投资的增长等。另外，衡量经济增长的程度，不仅要从经济增长的数量指标上看，还要从经济增长的质量指标上看。如在经济增长过程中有没有造成资源的浪费、有没有对生态环境造成破坏、有没有无效的重复建设等。因此，真正的经济增长还要从国民生产总值增加中扣除环境污染、生态破坏等属于国民经济负增长的因素。只要经济增长能够提高社会公众的福利水平，使社会资源得到充分利用，并且不会产生国民经济负增长因素，那么这个经济增长率就是合理的、适度的。

（四）国际收支平衡

国际收支平衡是指一个国家对其他国家的全部货币收入和货币支出持平，或者略有顺差或逆差。国际收支平衡又可分为静态平衡和动态平衡。静态平衡是指 1 年以内的国际收支数额平衡；动态平衡是指在一定周期内的国家收支数额平衡。西方经济学家认为，每个国家都应该自谋本国的国际收支平衡，但事实上，个别国家却在为国际收支盈余而不懈地努力着。从全世界来看，一个国家的盈余势必意味着其他国家的赤字。因此，所有国家都期待国际收支盈余是不可能的事情。只能要求在短期内允许货币收支略有盈余或者赤字，长期则希望国际收支大体平衡。事实上，长期内，无论是巨额的国际收支盈余还是赤字，都会对一国经济产生较大的影响。在一个开放型的社会经济中，长期巨额的国际收支逆差，说明国内市场的商品供给增加，货币供给量相对减少，这不仅会造成国内资源的浪费，而且可能会导致外汇市场波动，本币大幅贬值，并导致严重的货币金融危机；而长期巨额的国际收支顺差，说明国外市场的商品供应增加，国内市场的商品供给减少，往往使大量外币储备闲置，对于一个经济发展中国家来说，会导致或加剧通货膨胀，带来国内市场上商品供求的矛盾。

中央银行的货币政策是一个国家宏观经济的组成部分，从这个角度看，货币政策的终极目标应当与整个宏观经济政策的终极目标一致。但是，就一个时期的货币政策目标实现的效果来看，各项目标之间又存在着程度不同的矛盾，往往是实现了某一个目标，却损害了另一个目标。下面我们具体分析一下这四个目标之间的矛盾与冲突。

第一，物价稳定与充分就业的矛盾。物价稳定与充分就业的矛盾，通常被认为是货币政策目标间相互矛盾的最集中体现。为了稳定物价，必要的措施就是抽紧银根，紧缩信用，降低通货膨胀率。但结果却会导致经济衰退，进而失业增加。而为了增加就业，又需要采取信用扩张的方法，放松银根，增加货币供给，增加投资，从而增加就业量。但结果又会导致物价上涨，通货膨胀率增加。

1958年，菲利普斯根据英国1861—1913年失业率和货币工资变动率的统计资料，提出了一条用以表示失业率和货币工资变动率之间交替关系的曲线。这条曲线表明：当失业率较低时，货币工资增长率较高；反之，当失业率较高时，货币工资增长率较低，甚至是负数。这一曲线被称为菲利普斯曲线。继菲利普斯之后，经济学家对菲利普斯曲线进行了大量的理论解释，尤其是萨缪尔森和索洛将原来表示失业率与货币工资率之间交替关系的菲利普斯曲线发展成为用来表示失业率与通货膨胀率之间交替关系的曲线。

第二，稳定物价与经济增长之间的矛盾。物价稳定与经济增长之间存在统一性，主要表现在两方面：其一，只有物价稳定才能促进技术进步，维持经济长期增长；其二，经济增长促进物价稳定。因为经济增长取决于新生产要素的投入和劳动生产率的提高，劳动生产率的提高必然导致单位产品的成本降低，因此，随着经济的增长，物价可能趋于下降或稳定。当然，物价稳定和经济增长之间也存在矛盾。现实经济中，经济增长经常伴随着物价的上涨。一些经济学家通过实证分析一些国家近百年来经济增长时期的物价资料，发现经济增长和物价水平均呈上升趋势。因此，两种目标客观地存在矛盾，追求无通货膨胀的经济增长几乎是不可能的。很多情况下，货币当局只能在两者之间做出协调，选择最佳的组合方式。

第三，经济增长与国际收支平衡之间的矛盾。就国际收支的经常项目而言，经济增长会增加商品的进口需求，如果该国的出口商品不能相应扩大，必然会使贸易收支状况恶化，引起国际收支失衡。而在国际收支不平衡时，通常必须压制国内的有效需求，其结果可能改善国际收支，但往往又带来经济的衰退。

此外，治理经济衰退所采用的手段与平衡国际收支所采取的手段往往出现冲突。在经济衰退的情况下，货币当局通常采取扩张的货币政策，其结果可能因通货膨胀或进口增加而导致国际收支逆差。当国际收支逆差时，货币当局通常采取紧缩性的政策，压缩国内总需求，结果有可能带来经济衰退。

第四，物价稳定与平衡国际收支之间的矛盾。当一国出现通货膨胀时，由于本国物价水平上涨而使外国商品价格相对低廉，导致本国商品出口减少，进口增加，加大本国的贸易逆差，使国际收支恶化。即使在本国物价稳定的情况下，也可能发生国际收支的不平衡。假设本国物价稳定而外国发生了通货膨胀，由于本国商品价格相对低于外国商品价格，使得本国商品出口增加进口减少，导致本国贸易出现顺差，从而导致本国国际收支失衡。从理论上讲，只有在世界上各国的物价稳定水平都维持在一个大致相同的状态，并且贸易状态不发生大的变化的情况下，物价稳定和国际收支平衡才可能同时存在，而事实上，这种状态是不可能实现的。

正是由于货币政策目标之间的冲突，所以同一国家同一货币政策在不同时期也有可能选取不同的终极目标。如何在这些相互冲突的目标之间做出取舍，实现经济长足发展，的确是当代各国政府最为关注的经济问题。

第二节 货币政策工具

货币政策目标是通过货币政策工具的运用来实现的，货币政策工具是中央银行为实现货币政策目标而调节货币或信用而采取的措施或手段。判断货币政策工具是否能够实现货币政策目标是有一定的标准的，比如控制货币供应量的能力、对利率的影响程度、对商业银行行为的影响、对大众预期的影响、伸缩性等。根据标准，中央银行的货币政策工具可以划分为一般性政策工具、选择性政策工具、直接信用管制工具和间接信用指导工具。

一、一般性政策工具

一般性货币政策工具是在市场经济条件下，中央银行控制货币供应量所采取的常规手段。它主要是用以调控货币的供给总量，进而影响整个经济。包括法定存款准备金政策、再贴现政策和公开市场业务。一般性货币政策工具的特点是对总量进行调节和控制。

（一）法定存款准备金政策

存款准备金是银行及某些金融机构为应付客户提取存款和资金清算而准备的货币资金。准备金占存款总额的比率称为存款准备金率。存款准备金分为法定存款准备金和超额存款准备金。法定存款准备金是金融机构按照中央银行的规定上缴的部分，超额准备金是总准备金减去法定存款准备金部分。法定存款准备金政策是中央银行在法律赋予的权利范围内，通过规定或调整商业银行缴存中央银行存款准备金的比率，控制和改变商业银行的信用创造能力，间接控制货币供应量的活动，这也称为法定存款准备金制度。存款准备金制度最初的目的是防止商业银行盲目发放贷款，保证其清偿能力，保护客户存款的安全，以维持整个金融体系的正常运行。

准备金制度的基本内容包括：①法定存款准备金资产种类的限制。一般规定可充当存款准备金的资产是银行库存现金及其在中央银行的存款。②存款准备金比率的规定。根据存款种类、存款金额、银行规模等规定存款准备金率。③法定存款准备金的计提，包括存款余额的确定及缴存基期的确定等。④法定存款准备金的调整幅度等。

使用法定存款准备金的优点是法定存款准备金对货币供应量具有极强的影响力，力度大、效果快；同时法定存款准备金政策对所有存款货币银行机构的影响是均等的。但是这项政策工具也存在很多问题：①容易导致商业银行资金严重周转不灵，陷于经济困境。法定存款准备金率的一个微调就会导致商业银行准备金状况的巨大变化，迫使商业银行调整其投资计划和相关项目以适应新的准备金率，往往损害银行利益，使其陷入资金周转不灵的困境。②冲击力太大。法定存款准备金率稍有变动，就会导致货币供给量大幅变动，不适于作为日常的货币政策操作工具。③法定存款准备金率对各类金融机构的不同存款的影响程度不同，因而政策效果可能出现复杂情况，难以把握。

（二）再贴现政策

当商业银行的准备金不足时，可以把自己持有的合格的票据向中央银行进行贴现。由于商业银行的票据多是从工商企业那里贴现来的，所以，商业银行向中央银行的贴现称为再贴现。再贴现时所使用的利率称为再贴现率。再贴现政策是指中央银行通过改变再贴现率的办法，影响商业银行等存款货币银行从中央银行获得的再贴现贷款和持有超额准备金的成本，达到增加或者减少货币供应量、实现货币政策目标的一种政策措施。

中央银行再贴现政策包括两方面的内容：一是调整再贴现率；二是规定申请再贴现的资格。前者着眼于短期，即中央银行根据市场资金供求状况，随时调整再贴现率，以影响商业银行借入资金的成本，刺激或者抑制资金需求，从而调节货币供应量。后者着眼于长期，对再贴现的票据种类和申请机构加以限制，起到抑制或者扶持金融机构的作用，改变资金的流动方向。

中央银行调整再贴现率的主要目的是：第一，影响商业银行的资金成本，借以影响商业银行的融资意向。当中央银行提高再贴现率时，商业银行或者是减少中央银行的借款，或者是按照同样的幅度提高工商企业的贷款利率。第二，产生了“告示作用”，以影响商业银行及大众的预期。比如，当中央银行提高再贴现利率时，就预示着经济要紧缩。这一作用会很大程度上对金融市场产生影响，一般情况下，商业银行会自觉与中央银行保持一致，按同样的幅度提高向企业的贷款。

再贴现政策的优点主要是：第一，有利于中央银行发挥最后贷款人作用，有利于中央银行维持银行体系的稳定。第二，再贴现政策通过对贴现对象的选择、对贴现票据的规定，可以起到一定的结构调整作用。第三，再贴现政策作用效果缓和，可以配合其他货币政策使用，可以避免影响经济的巨大波动。在大多数情况下，再贴现政策是有效的，但是随着金融市场的发展，特别是非银行金融机构的发展，其局限性也越来越明显：①就对货币供应量的控制来说，提高或降低再贴现率只能产生间接效果，其成功与否，取决于商业银行的反应。一般来说，商业银行之所以愿意从中央银行借款是因为再贴现率与市场利率之间的利差足以弥补所承担的风险和有关费用。如果商业银行预期市场利率会进一步升高，尽管再贴现率已经降低，商业银行可能也不愿意马上借款；反之，如果再贴现率已经提高了，但是商业银行认为市场利率还会进一步提高，那么他们也愿意向商业银行再贴现。②从利率角度看，再贴现率只能影响利率的总水平，无法影响利率的结构，只有当中央银行对再贴现票据进行质量管理时，才能对利率结构产生影响。③就伸缩性来看，调整再贴现率常引起利率的升降变动，若随时调整，会使商业银行及大众无所适从。

（三）公开市场业务

公开市场业务是指中央银行在金融市场上卖出或买进有价证券，吞吐基础货币，用以改变商业银行等金融机构的可用资金，进而影响货币供给量和利率，实现货币政策目标的一种政策工具。目前，公开市场业务已经成为越来越多国家的中央银行最主要的货币政策工具。

公开市场业务的过程如下：当整个社会资金短缺或者经济萎缩时，中央银行认为有必要放松银根，就在公开市场上购入有价证券、投放基础货币，增加市场货币供给量，刺激投资和需求，促进经济增长；同时，银行购买有价证券的行为会增加金融市场对有价证券的需求，引起有价证券价格上涨，利率下降，这同样有助于商业银行扩大信贷。当市场上货币过多，经济过度膨胀时，中央银行抛售有价证券，引起货币供给量的减少，利率的上升，造成银行可贷资金和信用的减少。

公开市场业务的作用主要体现在：①调整商业银行的准备金和货币供应量。中央银行买卖有价证券，直接影响商业银行的超额准备金，影响商业银行的贷款规模和货币供应量。②影响利率水平和利率结构。中央银行在市场上买卖有价证券直接引起证券价格和证券市场利率发生变化。中央银行通过买卖不同期限的证券，也会改变市场对不同期限的证券需求，使利率结构发生变化。

同前两种一般性政策工具相比，公开市场业务具有明显的优势：①中央银行可以“主动出击”，其政策效果无论在质上还是在量上都容易达到中央银行的政策目标，而不像再贴现政策那样，处于被动的位置。②公开市场业务可以进行经常性的、连续性的操作，具有较强的伸缩性。③公开市场业务具有较强的可逆性，万一发现错误，可以立即实施逆向操作进行纠正。④公开市场业务可以通过买卖有价证券把商业银行的准备金控制在中央银行希望的范围之内，这方面的作用比其他工具均有效。

公开市场业务要有效地发挥作用，必须具备以下两个条件才能顺利实施：第一，需要有一个深度、广度均相当发达的金融市场，包括证券种类必须齐全且数量必须达到一定的规模、适当的期限结构和健全的规章制度等。第二，中央银行还必须具有强大的、足以干预和控制金融市场的金融实力，并且拥有雄厚的资金实力。只有达到以上的标准，公开市场业务才能成为一个行之有效的政策工具。

在现实生活中，由于经济和金融活动错综复杂，各国中央银行在实施货币政策时，常将三大政策工具配合使用，以达到最佳的效果。

二、选择性政策工具

选择性政策工具是指中央银行针对个别部门、个别企业和某些特定用途的信贷加以控制和影响的措施。与三大政策工具相比，选择性货币供给希望在不影响货币供应总量的情况下影响银行体系的资金投资方向和不同贷款利率。各国中央银行使用过的或者正在使用的选择性货币政策工具包括消费者信用控制、证券市场信用控制、不动产信用控制、优惠利率等。

（一）消费者信用控制

消费者信用控制是指中央银行对不动产以外的各种耐用消费品的销售融资予以控制。主要内容包括：①规定以分期付款方式购买耐用消费品时的首期付款最低限额；②规定消费信贷购买商品的最长期限；③规定以分期付款等方式购买耐用消费品的种类，并就不同的耐用消费品规定相应的信贷条件。

控制消费者信用是控制社会总需求的重要措施之一。耐用消费品的需求往往与经济周期的波动同向变化，而如果不控制消费者信用，会加剧经济周期的波动，因此，对消费者信用加以控制是必要的。另外，适当的消费者信用控制也有利于引导社会消费、改进资源配置。

（二）证券市场信用控制

证券市场信用控制是指中央银行对有价证券交易的各种贷款，规定贷款与证券交易的百分比。法定的保证金比率是指证券购买人首次交付证券价款的最低比率，即通常所说的保证金比率。中央银行根据经济形势和金融市场的情况，可以随时调整保证金比率。例如当法定保证金比率由50%提高到80%，其他条件不变时，最高放款额度将减少30%。中央银行对证券市场进行信用控制的目的，一方面是为了控制证券市场的信贷资金的需求，稳定证券市场的价格；另一方面则是为了调节货币供给结构，能够限制大量资金流入证券市场，使较多的资金用于生产和流通领域。

（三）不动产信用控制

不动产信用控制是指中央银行对商业银行办理不动产抵押贷款的管理措施。中央银行控制不动产信用具有重要的意义，主要在于不动产既是一种正常的生产和生活的消费品，也是一种投资工具。

中央银行对不动产的信用控制主要包括：①规定金融机构不动产贷款的最高限额。②规定金融机构不动产贷款的最长期限。③规定首次付款的最低金额及分期还款的最低金额等。

（四）优惠利率

优惠利率是指中央银行对国家重点发展的某些经济部门，如出口工业、重工业、农业等制定较低的利率，目的在于刺激这些部门的生产，调动其积极性，以实现产业结构和产品结构的调整。优惠利率主要配合国民经济产业政策使用，不仅被发展中国家广泛使用，也被发达国家普遍采用。

三、直接信用管制工具

直接信用工具是指中央银行以行政命令或者其他形式，从总量和结构两个方面，直接对金融机构尤其是商业银行的信用活动加以控制。其手段包括利率最高限额、信用配额、规定商业银行的流动性比率、直接干预及开办特别存款等。

利率最高限额是指中央银行对定期和储蓄存款所能支付的最高利率，目的在于防止银行利用抬高利率的办法竞相吸收存款，以及为了取得高回报在资产运用方面承担过高的风险。如在1980年以前，美国有“Q条约”和“M条约”，规定对活期存款不准付息，对定期存款及储蓄存款则规定最高限额。

信用配额是指中央银行根据金融市场状况及客观经济需要，分别对各个商业银行的信用规模加以分配，限定其最高数额。在需求旺盛和资金短缺时期，中央银行对商业银行的贷款分配提出规定，并规定在各部门或地区的资金分配数量或比例。大多数发展中国家，由于资金需求迫切而资金供给不足，广泛地采用这种措施。

规定商业银行的流动性比率是指中央银行规定商业银行流动资产占存款的比率。中央银行为了限制商业银行创造信用的能力及确保存款客户与银行本身的安全，除规定存款准备金外有时候还规定流动性比率。一般来说，流动性比率与收益率成反比。商业银行为了保持中央银行规定的流动性比率，必须采取缩减长期放款，扩大短期放款和增加应付提现的资产等措施。

直接干预是指中央银行直接对商业银行的信贷业务、放款范围等加以干预。如对业务经营不当的商业银行拒绝再贴现或者采取高于一般利率的惩罚性利率；直接限制放款的额度、直接干预商业银行对活期存款的吸收、规定各家商业银行的放款方针等。

开办特别存款实际上是特定条件下中央银行为缩紧货币供应量、限制信用进一步扩张而对商业银行采取的非常措施，往往发生在高通货膨胀时期，特别存款一般不付利息。

四、间接信用指导工具

间接信用指导是指中央银行通过道义劝告、窗口指导等办法间接影响商业银行的信用创造。间接信用指导比较灵活方便，既可以对金融机构的某项业务活动进行劝告，也可以对整个金融活动进行劝告。

所谓道义劝告是指中央银行利用其声望和地位，对商业银行和其他金融机构经常发出通告、指示或者与各金融机构的负责人进行面谈，劝告其遵守和贯彻中央银行政策。例如，在信用过度扩张时期，中央银行可以劝说商业银行注意限制其贷款，使其贷款的增加额保持在一定的范围内。由于中央银行的特殊地位与声望，以及各种控制手段，所以道义劝告是有效的。

窗口指导是由日本中央银行综合道义劝告和贷款限额这两个政策工具的特点，加以灵活运用而得名的，是指中央银行根据产业动态、物价变动趋势和金融高层动向，规定商业银行贷款的重点投放方向及其规模等。这些规定虽不具有法律的强制性，但是其作用效果较好。

第三节 货币政策的中介指标

一、中介指标的作用和基本要求

所谓中介指标，是指在货币政策工具和所要达到的政策目标之间选定的那些和货币政策目标紧密相连且能反映政策效果的变量。货币政策最终目标是一个长期的、非数量化的目标，并不直接处在中央银行的控制之下，中央银行必须找到一些与最终目标密切相关的、可直接控制的并在短期内可以度量的指标作为实现最终目标的中介或者桥梁。因此，中介指标的选择是否正确以及选定后能否达到预期效果，关系到最终目标能否实现。

中介指标必须符合如下基本要求。

（一）可控性

货币政策中介指标要能为中央银行所控制，中央银行通过运用货币政策工具，能够对金融变量进行有效的调节和控制，使得该指标能在足够短的时间内受货币政策的影响，并按政策设定的方向和力度发生变化。

（二）可测性

其含义包括两个方面：一是中介指标具有较明确的定义，并且它是便于观察、分析和监测的；二是中央银行能够迅速获取有关中介指标的准确数据，便于定量分析。即中央银行所选择的变量在性质上具有明确、合理的内涵和外延，在数量上能够准确而迅速地获取数据资料。

（三）相关性

中央银行选择的中介指标必须与货币政策最终目标密切相关。中央银行通过中介指标的变化数值便能得知货币政策的实施效果，通过对中介指标的控制和调节，能够促使货币政策目标实现。

（四）抗干扰性

货币政策在实施过程中常会受到许多外来因素或非政策因素的干扰。而作为中介指标的金融变量，应能较准确地反映政策效果。只反映货币政策因素的影响，不反映其他因素的影响，这样才能把货币政策的作用与非货币政策的作用区分开，不至于对中央银行产生误导。

二、货币政策的中介指标及评价

（一）利率

市场利率与经济生活密切相关，对社会总供求也有重要的影响，选择利率作为货币政策的中介指标主要有三个理由。第一，可控性强。中央银行可以根据国民经济发展状况，通过公开市场业务买卖债券，改变债券的工期状况，从而影响利率，让市场利率沿着预定轨道运行。第二，可测性强。利率资料易于获得并能够经常汇集，中央银行在任何时候都能观察到市场利率的水平和结构。第三，相关性强。货币当局能够通过利率影响投资和消费支出，达到对总产出的控制目的。利率水平趋高，表明银根紧缩，货币市场供不应求；反之，表明银根放松，货币市场供大于求。

但是，在实践中，由于利率作为中介指标的准确性较低，逐渐暴露出以下几个方面的弱点。

（1）中央银行能够调控的只是名义利率。尽管商业银行能够准确、迅速地计量利率，但是这种准确计量的利率是名义利率，在通货膨胀条件下，名义利率和实际利率之间存在较大的差距，而我国没有计量预期通货膨胀率的直接手段，这样使得中央银行很难控制实际利率的变化。

（2）利率本身既是一个政策变量，也是一个经济变量。作为政策变量，利率与货币供给呈反方向变动关系，经济过热时，应调高利率；经济疲软时，应降低利率。而作为经济变量，其变动与经济周期是顺循环变动关系，即经济繁荣时期，贷款需求增加，利率上升；经济萧条时期，贷款需求减少，利率下降。因此，政策性效果经常与非政策性效果混杂在一起难以辨别。在这种情况下，中央银行很难判断自己的政策操作是否已经达到了预期目的。

（二）货币供应量

货币供应量是指一国在某一时期内为社会经济运转服务的货币存量。按照流动性差异，货币供应量可分为窄口径——现金，中口径——现金+活期存款，宽口径——现金+活期存款+定期存款。货币供应量作为中央银行货币政策的中介指标，其优点在于：

（1）货币供应量具有较强的可测性。无论是哪个层次的货币供应量指标都反映在中央银行和商业银行的资产负债表中，这使得货币供应量指标的统计和收集比较容易，计算和分析也比较方便。

（2）货币供应量具有较强的可控性。中央银行通过存款准备金、再贴现、公开市场业务等手段，对货币供应量加以控制，可以影响基础货币，虽然货币乘数不能完全被中央银行控制，但是中央银行通过一般性政策指标也可以对它加以影响。

（3）货币供应量具有较强的相关性。货币供应量与经济活动之间关系密切，比如说，在经济繁荣时期，减少货币供给可以抑制通货膨胀，维持物价的稳定；在经济衰退时期，增加货币供给可以刺激总需求，促进经济增长。因此把货币供应量作为货币政策中介指标，其相关性较强。

（4）货币供应量具有较强的抗干扰性。货币供应量作为经济指标时，它的变动是顺循环的，即在经济繁荣时期，银行体系会增加贷款规模，使货币供应量增加；反之，在经济衰退时期，银行体系出于自身安全考虑，会缩减贷款规模，使货币供应量增加。而货币供应量作为政策性指标，它与社会总需求呈正比关系。即社会总需求增加，货币供应量增加；反之，社会总需求减少，货币供应量减少。由于政策效果和非政策效果易于分辨，所以中央银行能够根据经济中相关指标的变化分辨出自己的政策操作是否实现了经济目标。

货币供给作为中介指标有很多优势，但是它也存在不足之处。首先，货币供给的中介指标是现金、M1 还是 M2 难以清楚确定；其次，中央银行并不能完全控制货币供应量。对于货币乘数，中央银行只能影响它，而不能控制它，因为现金漏损率、商业银行超额准备金等都不是中央银行能够完全控制的。

（三）基础货币和超额准备金

基础货币是流通中的现金和商业银行存款准备金的总和，它是货币供给量伸缩的基础。基础货币作为货币政策的中介指标，首先，它的可测性较强。中央银行直接从自己的资产负债表上计算出负债总额，就可以得出基础货币量。其次，它的可控性较强。基础货币是中央银行直接控制的货币，发行权在中央银行手中。最后，它的相关性较强。通过基础货币的变化可以影响货币供应量的变化，从而影响货币政策目标的实现。

当然，基础货币作为中介指标，也存在一定的问题，如基础货币与货币乘数的乘积为货币供应量，那么，通过基础货币指标就能掌握货币供给量的前提是货币乘数必须稳定；而货币乘数常常受现金漏损率、超额准备金等因素的影响而变动，这就使得总需求扩大的规模和中央银行的预期不相吻合。这使得中央银行对总需求的调控能力有所降低，因此，有些学者认为，基础货币作为中介指标并不可靠。

超额准备金对商业银行的资产业务规模有直接的决定作用。存款准备金率、再贴现政策和公开市场业务等货币政策工具，都是通过影响超额准备金的水平而发挥作用的。但作为中介指标，超额准备金往往取决于商业银行的意愿和财务状况，中央银行不易直接控制。

三、我国的货币政策中介指标

根据我国目前的实际情况和中介指标的选择标准，我国中介指标主要有信贷规模、货币供给量、信用总量、银行拆借利率等。

（1）信贷规模。1998年以前，我国将信贷规模作为中介指标，不仅是因为它具有可控性和可测性等，还由于我国中央银行对宏观经济的间接调控机制还不是很成熟，完全放弃信贷规模，容易使经济运行失去控制；同时，由于银行贷款仍是我国信用的主要形式，其总量构成能反映国民经济总体及其构成；此外，我国中央银行贷款约占国有银行贷款规模的一半，所以中央银行对贷款规模具有相当的控制。

（2）货币供给量。我国从1994年第三季度开始按季向社会公布货币供给量，1996年正式确立其为中介指标。由于我国金融市场发育程度较低，金融资产形式较单一，对银行的超额准备金都实行监控，所以现金漏损率、超额准备金率变化不大，因此，基础货币和货币供给量之间的关系较为稳定。所以货币供给不仅可以直接影响总需求，还便于商业银行进行日常控制。

（3）信用总量。信用总量包括银行信用量、国家信用量、证券信用量、企业间商业信用量、银行间同业拆借信用量等信用量的总和。其中，银行同业拆借信用量、企业间信用量和证券信用量起主要作用。主要原因是：①中央银行的大部分信贷资金都投放给了商业银行，占主导作用；②商业信用是信用关系的基础，通过一定的货币政策工具可以转化为银行信用，所以，银行信用对商业信用具有一定的制约作用；③证券信用是社会投资的重要形式之一，是银行信用的分流。

（4）同业拆借利率。1996年，我国统一的同业拆借市场网络系统建立，同年 5 月，放开了各种期限的同业拆借利率，由拆借双方根据资金供求状况自行确定。这使得我国银行同业拆借利率对市场资金供求变化反映更加灵敏。

【拓展知识】

西方国家货币政策目标发展的历程

西方国家的货币政策目标是随不同时期经济发展的不同形势而发展变化的。20 世纪 30 年代以前的国际金本位制时期，各国中央银行货币政策的目标主要是稳定币值和汇率。经济危机之后，凯恩斯主义的国家干预经济主张盛行，谋求充分就业成为货币政策的目标之一，到了 40 年代中期，英、美等国相继以法律形式宣称，把充分就业作为货币政策的目标之一，到了 50 年代后期，西方国家以经济增长作为货币政策的重点。60 年代后，一些国家国际收支逆差扩大，维持固定汇率出现困难，于是平衡国际收支成为一个货币政策目标。70—80 年代，随着滞胀的出现，货币主义理论占了上风，西方发达国家纷纷选择以物价稳定为主要目标的货币政策。进入 90 年代，过严的货币政策使一些国家的经济陷入深度停滞状态，经济走出低谷后十分困难，鉴于此，世界各国在制定货币政策时，对通货膨胀又有了新的认识，在货币政策目标中，经济增长和充分就业得到了新的关注。这就是西方国家货币政策目标发展的历程。

资料来源：李绍昆，曾红燕. 货币银行学［M］. 北京：中国人民大学出版社，2013.

第四节　货币政策的效果分析和衡量

一、货币政策效果分析

货币政策的效果可以从两个方面来衡量。一是从数量方面，它是用来衡量货币政策发挥作用的大小，即货币政策的数量效果；二是从时间方面，它是用来分析货币政策发挥作用的快慢，即货币政策的时间效果。衡量货币政策的数量效果，必须对现实经济状况进行全面的考察，综合分析经济与金融形势。但是宏观经济目标的实现往往是货币政策、财政政策、收入政策等多种政策分配的结果，因此准确衡量货币政策的数量效果存在一定的难度。下面着重分析货币政策的时间效果。

（一）货币政策的时滞

所谓时滞是指根据现实经济情况，从客观上需要制定某项政策开始到这项政策对经济活动的预期产生影响所需的时间。货币政策时滞是指货币政策从指定货币政策工具操作经由操作指标和远期中介指标的传导，作用于总支出，达到最终目标所经历的时间。时滞分为内部时滞和外部时滞。

内部时滞是指从经济和金融形势发生变化需要中央银行采取行动，到中央银行实际采取该行动时为止的这段时间。它又可分为认识时滞和行政时滞。认识时滞是指从经济形势发生变化需要货币当局采取行动到货币当局认识到这种需要所经历的时间。行政时滞是指从货币当局认识到需要采取行动到实际采取行动所经历的时间。内部时滞的长短取决于货币当局对经济形势的把握程度、推行货币政策的主动程度，以及它的信息和决策系统运行效率的高低。

外部时滞是指从中央银行采取行动到对货币政策目标产生影响的这段时间。外部时滞又可以分为操作时滞和市场时滞。操作时滞是指从调整货币政策工具到其对中介指标发生作用所耗费的时间。市场时滞是指从中介变量发生反应到其对目标变量产生作用所需耗费的时间。外部时滞主要受客观的经济和金融条件决定，较少受货币当局的控制。

时滞是影响货币政策效果的重要因素。时滞越长，货币政策的效果越难以预料。假设货币政策的大部分效应需要很长的时间，而在这段时间内，如果经济形势发生了变化，便很难印证货币政策的预期效应是否已经实现。

（二）微观主体的理性预期

理性预期是指经济主体充分掌握了一切可以利用的信息后作出的预期。理性预期对货币政策效果的影响是指社会经济单位和个人根据货币政策工具的变化对未来经济形势进行预测，并对经济形势的变化做出反应。这种预期之所以称为理性预期是因为它是微观主体参照过去的知识和经验，经过周密考虑之后做出的反应。理性预期可能会削弱货币政策，甚至使货币政策归于无效。例如，政府将要采取长期的扩张性货币政策，当微观经济主体通过各种渠道取得了必要信息后，他便意识到货币供给量将会大幅增加，物价将会上涨。在这种情况下，工人会要求提高工资，企业预期工资成本将大幅增加而不愿扩展经营。最后的结果只有物价的上涨，没有产量的增加。因此，只有在货币政策的取向和力度没有或者没有完全为公众知晓的情况下，才能生效或者达到预期的效果，但这几乎是不可能的。政府不可能长期不让公众知道它要采取的政策措施；即使采取的是非常规的政策措施，不久之后也会落入公众的预期之内。事实上，即便微观主体的预测非常准确，其采取相应的措施也要经过一定的时间。这说明，货币政策仍有效，但是公众的理性预期可能会使其大打折扣。

（三）政治因素

政治因素对货币政策效果的干扰很大，可能会使货币当局偏离正确的政策措施，甚至使部分货币政策失效。任何一项货币政策方案的实施，都可能给不同的阶层、团体、部门或地方的利益带来一定的影响。这些主体为了维护自身的利益而做出较强烈的反应，就会形成一定的政治压力。当这些压力足够有力时，就会迫使货币当局调整货币政策。

由于政府与中央银行的政策目标存在一定的差异，可能会置社会公众利益于不顾，所以货币政策的效果必然受到政治性经济周期的影响，从而影响货币政策的效果。

【拓展知识】

物价稳定的货币政策目标

事实上，物价稳定越来越被当作货币政策最主要的目标，在欧洲这种观点十分普遍。回顾德国在20世纪30年代的恶性通货膨胀，我们就对德国是最积极承诺将物价稳定作为货币政策首要目标的国家一点也不感到奇怪。其他欧洲国家也逐渐意识到中央银行的主要目标应当是追求物价稳定。这个目标重要性的不断提升反映在1991年12月的《欧洲联盟条约》即著名的《马斯特里赫特条约》中。这个条约建议创立欧洲中央银行体系，该体系的运行方式类似于美国联邦储备系统。欧洲中央银行的章程将物价稳定作为其主要目标，并指出，欧洲联盟的总体经济政策只有在不与物价稳定冲突的前提下，才能获得支持。

资料来源：李绍昆，曾红燕. 货币银行学［M］. 北京：中国人民大学出版社，2013.

二、货币政策效果的衡量

货币政策效果是指一国中央银行实行一定的货币政策之后，社会经济领域所做出的具体反映。衡量货币政策效应，一看发挥效应的快慢，即时滞的长短；二看发挥效力的大小，即强度。

对于货币政策效果强度的分析，通过观察实施货币政策所取得的效果与预期所要达到的目标之间的差距来判断强度的大小。以评估紧缩性政策为例，如果通货膨胀是由于社会产品供不应求造成的，而货币政策的目标就是纠正货币供求失衡，那么紧缩性货币政策效应大小甚至是否有效，就可以从以下几个方面考察。

（1）如果实施货币政策之后，货币供给紧缩，并抑制了价格水平的上涨，或者促使价格水平回落，同时产出或供给的增加并没有受到影响，那么可以说这项紧缩性的货币政策有效性最大。

（2）如果实施的货币政策主要是紧缩货币供应量，从而抑制了价格水平或者促使价格水平的回落，但同时也抑制了产出数量的增加，那么紧缩性货币政策的效用就视价格水平变动率与产出水平变动率的对比而定。如果抑制价格水平的目标接近现实，而产出水平虽有所减少，但是减少的幅度不大，则可以视为紧缩性货币政策的有效性较大；如果抑制价格水平的目标非常不理想，而产出水平的减少非常明显，则可以视为紧缩性货币政策的有效性较小；如果说紧缩性的货币政策无力抑制价格水平上涨或者无法使价格水平回落，反而抑制了产出的增长甚至使产出负增长，则可以说货币政策是无效的。这个思路同样适用于其他类型的货币政策效应的有效性分析。

但是在现实生活中，货币政策不可能作为唯一的政策措施来维持经济的正常运转，宏观经济目标的实现往往还依赖于其他的政策工具，如财政政策、收入政策等。要准确衡量货币政策的效果，也要求对货币政策与其他经济政策的相互作用及作用大小进行分析，因此，要准确评估某项货币政策的有效性是极其困难的。

【课后习题】

1. 简述货币政策目标之间的关系。
2. 货币政策目标有哪些，它们之间的关系是怎样的？
3. 货币政策传导机制包括哪些内容？
4. 常见的货币政策中介指标有哪些？这些中介指标各自的优缺点是什么？
5. 影响货币政策效果的因素有哪些？
6. 如何判别货币政策的有效性？

第十章　国际金融

学习目标

通过本章的学习，掌握外汇、汇率、国际收支的概念；理解直接标价法和间接标价法；掌握国际收支平衡表、套算汇率的内容；了解主要的国际金融机构。

案例引入

索罗斯血洗东南亚

1997年5月，以乔治·索罗斯为首的国际投机商开始对觊觎已久的东南亚金融市场发动攻击。他们抛售泰铢，买进美元，致使泰铢价格直线下跌。其目的很明确：搅乱东南亚金融市场，从而浑水摸鱼，狠捞一笔。而东南亚一些国家房地产、外汇储备、金融市场管理的混乱与失控，给投机者提供了千载难逢的机会。“吃柿子挑软的拿”，索罗斯的如意算盘是先从最不堪一击的泰国、印度尼西亚、马来西亚入手，进而搅乱亚洲“四小龙”中的新加坡、韩国、中国台湾，最后攻占中国香港，以此塑造他们无坚不摧的印象，进而击溃市场信心，引发“群羊”心理。索罗斯认为，只要击垮一个国家的金融市场，其他国家就会不可避免地一个接着一个倒下，这就是所谓的“多米诺”效应。

1997年5月，国际货币投机商开始大举沽售泰铢，兑换美元，致使汇率大幅下跌。面对投机商气势汹汹的进攻，泰国央行与新加坡央行联手入市，双管齐下，企图捍卫泰铢阵地。它们动用了120亿美元吸纳泰铢，禁止本地银行拆借泰铢给离岸投机者，大幅提高利率。一番短兵交战之后，泰铢的地位暂时保住了。

对此，国际货币投机商进行了强有力的反击，他们的招数只有一个：筹集资金，狠抛泰铢。索罗斯开始节节挺进。与此同时，泰铢贬值的浪潮一浪接着一浪，泰铢兑换美元的汇率屡创新低。泰国政府临阵换将，原财政部长庵雷·威拉旺被迫交出帅印。泰国政府此举，犹如在波涛汹涌的湖面投下一颗重磅炸弹，菲律宾成了受害者，比索汇率开始大幅起落。

庵雷·威拉旺的黯然离去未能阻止泰铢的节节失利。同年6月，投机商开始出售美国国债筹集资金，再度向泰铢发起致命一击。泰国央行奋起还击。此时，人心惶惶，人人自危，在太平盛世掩盖下的各种弊端开始一一暴露。为了稳定军心，6月30日，泰国总理差厄利发表电视讲话：“我再次重申，泰铢不会贬值，我们将让那些投机分子血本无归。”发誓归发誓，偏偏其金融市场像个扶不起的阿斗。此时的泰国央行已弹尽粮绝，仅有的300

亿美元的外汇储备早已花光。就在泰国总理讲话两天之后，泰国央行被迫宣布实行浮动汇率制，放弃长达13年之久的泰铢与美元挂钩的汇率制，当天，泰铢重挫20%。7月24日，泰铢跌至1美元兑32.63铢的历史最低水平。泰国政府被国际投机商一下子卷走了40亿美元，许多泰国人的腰包也被掏个精光。7月29日，泰国央行行长伦差·马拉甲宣布辞职。8月5日，泰国央行决定关闭42家金融机构。至此，泰铢终于失守。

索罗斯初战告捷，但他并不满足，他决定席卷整个东南亚，再狠捞一把。于是，“索罗斯飓风”很快就刮到了印度尼西亚、菲律宾、缅甸、马来西亚等国家。印尼盾、菲律宾比索、缅元、马来西亚林吉特等纷纷大幅贬值，导致工厂倒闭、银行破产、物价上涨。这场席卷东南亚的“索罗斯飓风”一举卷走了百亿美元之巨的财富，使这些国家几十年的经济增长化为灰烬。

东南亚的金融危机还迅速波及拉美和东欧及其他亚洲的外汇和证券市场，巴西、波兰、希腊、新加坡、中国台湾等国家和地区的外汇和证券市场也发生了动荡，货币与证券价格纷纷下跌，这些国家和地区政府也不得不动用国库来支持货币与证券市场。许多国家和地区已到了谈“索”色变的地步。

资料来源：陈登峰．金融学基础［M］．大连：东北财经大学出版社，2015.

第一节　外汇市场与汇率

一国内部债权债务的清偿通常是通过收付该国的法定货币实现的，但由于各国都有自己独立的货币和货币制度，一国货币一般不能在另一国流通。因此，国与国之间的债权债务的清偿，就需要将本国货币兑换成外国货币，或将外国货币兑换成本国货币。

一、外汇与汇率

（一）外汇的概念

1. 外汇的动态和静态含义

外汇，即国际汇兑，是国际经济活动得以进行的基本手段，是国际金融最基本的概念之一。我们可以从动态和静态两个不同的角度理解外汇的含义。

动态的外汇是指把一国货币兑换为另一国货币以清偿国际间债权债务关系的实践活动或过程。从这个意义上说，外汇等同于国际结算。静态的外汇是指国际间为清偿债权债务关系而进行的汇兑活动所凭借的手段和工具。

2. 外汇的广义和狭义含义

各国外汇管理法令所称的外汇就是广义的外汇。如2008年新修订的《中华人民共和国外汇管理条例》将外汇定义为“以外币表示的用作国际清偿的支付手段和资产。”包括：①外国货币；②外币支付凭证或支付工具，包括票据、存款凭证、银行卡等；③外币有价证券；④特别提款权及其他外汇资产。

而狭义的外汇，也就是我们通常所说的外汇，它是指外国货币或以外国货币表示的能用于国际结算的支付手段。

但是，不是所有的外国货币都能成为外汇。一种外币成为外汇有三个前提条件：第一，自由兑换性，即这种外币能自由地兑换成本币；第二，可接受性，即这种外币在国际经济交往中被各国普遍地接受和使用；第三，可偿性，即这种外币资产是能得到补偿的债权。这三个前提条件即外汇的三大特征，只有满足这三个条件或符合这三个特征的外币及其所表示的资产才是外汇。

照此推理，以外币表示的有价证券由于不能直接用于国际间的支付，故不属于外汇；同样，外国钞票也不能算作外汇。外钞只有携带回发行国、并贷记在银行账户上后，才能称作外汇。在这个意义上，只有存放在国外银行的外币资金，以及将对银行存款的索取权具体化了的外币票据，才构成外汇。具体来看，外汇主要指以外币表示的银行汇票、支票、银行存款等。其中银行存款是狭义外汇概念的主体，这不仅是因为各种外币支付凭证都是对外币存款索取权具体化了的票据，而且还因为外汇交易主要是运用国外银行的外币存款来进行的（见表 10-1）。

表 10-1 世界主要货币

货币代码	货币名称	货币单位	货币代码	货币名称	货币单位
AED	阿联酋迪拉姆	1 迪拉姆	KZT	哈萨克斯坦坚戈	1 坚戈
ASF	记账瑞士法郎	1 记账瑞士法郎	MOP	澳门元	1 元
AUD	澳大利亚元	1 元	MXN	墨西哥比索	1 比索
BRL	巴西雷亚尔	1 雷亚尔	MYR	马来西亚林吉特	1 林吉特
CAD	加拿大元	1 元	NOK	挪威克朗	1 克朗
CHF	瑞士法郎	1 法郎	NPR	尼泊尔卢比	1 卢比
CNY	人民币元	1 元	NZD	新西兰元	1 元
CZK	捷克克朗	1 克朗	PHP	菲律宾比索	1 比索
DKK	丹麦克朗	克朗	PKR	巴基斯坦卢比	卢比
EUR	欧元	1 欧元	RUB	俄罗斯卢布	1 卢布
GBP	英镑	1 镑	SDR	特别提款权	1 特别提款权
HKD	港元	1 元	SEK	瑞典克朗	1 克朗
IDR	印度尼西亚卢比	1 卢比	SGD	新加坡元	1 元
INR	印度卢比	1 卢比	THB	泰国铢	1 铢
IRR	伊朗里亚尔	1 里亚尔	TRY	土耳其里拉	1 里拉
JOD	约旦第纳尔	1 第纳尔	TWD	台湾元	1 元
JPY	日元	1 元	TZS	坦桑尼亚先令	1 先令
KRW	韩元	1 元	ZAR	南非兰特	1 兰特
KWD	科威特第纳尔	1 第纳尔			

（二）汇率及其标价方法

1. 汇率的概念

汇率指一个国家的货币用另一个国家的货币所表示的价格，也就是用一个国家的货币兑换成另一个国家的货币时买进、卖出的价格，换句话说，汇率就是两种不同货币之间的交换比率或比价，故又称为“汇价”“兑换率”。

2. 汇率的标价方法

（1）直接标价法与间接标价法。直接标价法是以一定整数单位的外国货币为标准，折算为若干数额的本国货币来表示汇率，或者说，以一定单位的外币为基准计算应付多少本币，所以又称应付标价法。目前，世界上除了美国、英国和欧元区外，各国一般采用直接标价法。

间接标价法是以一定整数单位的本国货币为标准，折算为若干数额的外国货币来表示其汇率。目前，世界上只有美国、英国和欧元区采用间接标价法，但是美元对英镑、欧元采用直接标价法。

（2）美元标价法。美元标价法是以一定单位的美元为标准来计算应兑换多少其他各国货币的汇率表示法。其特点是美元的单位始终不变，汇率的变化通过其他国家货币量的变化来表现出来。这种标价方法主要是随着国际金融市场之间外汇交易量的猛增，为了便于国际间进行交易，而在银行之间报价时通常采用的一种汇率表示方法。目前已普遍使用于世界各大国际金融中心，这种现象在某种程度上反映了在当前的国际经济中美元仍然是最重要的国际货币。

（三）汇率的种类

1. 基础汇率和套算汇率

基础汇率是指一国所制定的本国货币与基准货币之间的汇率。一国在对外提供自己的外汇报价时，应首先挑选出具有代表性的某一外国货币（关键货币或代表货币），然后计算本国货币与该外国货币的汇率，由此形成的汇率即为基础汇率（又可称为中心汇率或关键汇率），该汇率是本币与其他各种货币之间汇率套算的基础。关键货币往往是在国际贸易、国际结算和国际储备中使用的主要货币，并且与本国的国际收支活动密切相关。“二战”以后，美元成为重要的国际支付手段，故许多国家把本国货币对美元的汇率作为基准汇率。

套算汇率是指在基础汇率的基础上套算出的本币与非关键货币之间的汇率。如果本币与美元之间的汇率是基础汇率，那么本币与非美元货币之间的汇率即为套算汇率。在国际金融市场上，一国货币与其他外国货币的汇率可根据基础汇率推算出来。由于主要外币之间的交易十分频繁，这些外币与关键货币之间的汇率均可随时直接获得，因此根据主要货币与关键货币的汇率即基础汇率可推导出本国货币与其他非关键货币的汇率，即所谓的套算汇率。

2. 买入汇率和卖出汇率

买入汇率和卖出汇率是银行买卖外汇的汇率报价。买入汇率（也称买入价）是银行从同业或客户手中买入外汇所支付的汇率，而卖出汇率（也称卖出价）是银行向同业或客户出售外汇时所索取的汇率。通常外汇银行低价买入外汇，高价卖出外汇，买入汇率和卖出汇率之间的差额就是外汇银行的收益，一般约为 0.1%（也就是中间价上下各 0.05%），具体情况受外汇市场行情、供求关系以及外汇银行的经营策略影响。外汇银行所报出的两个汇价中，前一个数值较小，后一个数值较大。在直接标价法下，数值较小的为外汇银行买入汇率，数值较大的为外汇银行的卖出汇率。

现钞汇率是指银行买卖外国现钞的价格。一般情况下，外国现钞既不能在本国流通，也不能直接用于支付，银行买入外国现钞后，必须将其运送到货币发行国才可使用，因此需要花费一定的运费和保险费，同时也损失一定的在途利息。因此银行的现钞买入价要比外汇买入价低。

3. 即期汇率和远期汇率

按照外汇买卖成交后交割时间的长短不同，汇率可划分为即期汇率和远期汇率。

即期汇率，也称现汇汇率，是指交易双方成交后，在 2 个营业日内办理交割所使用的汇率。一般来说，即期汇率就是现时外汇市场的汇率。

远期汇率，也称期汇汇率，是指买卖双方成交时，约定在未来某一日期进行交割时所使用的汇率。

【拓展知识】

美国华尔街

美国影片《华尔街》是商战电影中的经典之作，导演奥利弗·斯通用他一贯强有力的戏剧手法拍出了股市内线交易的内幕，同时借此质疑现代人面对金钱诱惑而普遍出卖灵魂的道德问题。影片以全球金融中心的美国华尔街为背景，描写翻云覆雨的股市大亨戈登·盖柯贪婪成性，不择手段在幕后操纵股市行情，结果却败在一位具有良知的年轻营业员巴德手上的故事。影片中戈登那句意味深长的台词“贪婪就是美德”在影坛轰动一时。

2008 年，华尔街——这条位于美国纽约曼哈顿区，只有 500 米长、11 米宽的街道，无疑再次成为全世界最关注的焦点。这一次，华尔街受人瞩目，不再是因为其作为世界金融帝国中心的至上地位，也不再是因为那些出入华尔街衣着光鲜、年薪千万的资本大亨们所演绎的“玩弄阴谋、点石成金”的离奇财富故事，而是由于一场人们本以为只可能在好莱坞大片中才能看到的、百年不遇的金融危机正在华尔街真实地上演着——一场由房地产次贷危机引起的金融风暴席卷了整个华尔街。

华尔街的故事让人们重拾金融市场一边是“馅饼”、一边是“陷阱”的金科玉律。随着经济全球化程度的加深，各国资本市场的发展将融入更为广阔和开放的大背景中，也将面临更多的机遇和挑战。

资料来源：李多全．金融学基础［M］．北京：北京交通大学出版社，2014.

二、外汇市场及其影响因素

（一）外汇市场

外汇市场是由经营外汇业务的金融机构所组成、在国际间从事外汇买卖、调剂外汇供求的交易场所。国际间的一切经济往来总伴随着货币的清偿和支付，为实现国际清偿和货币支付，就需要进行国际间的货币兑换或外汇买卖活动，外汇市场就是适应外汇买卖和票据兑换的需要而产生的。

随着电子技术的广泛应用，世界各外汇市场的外汇交易大都通过电话、电报、电传等现代化通信工具进行交易，从而形成了以各外汇市场为中心、以全球为整体的世界性的统一市场，外汇交易也由局部交易发展为全球交易。从时间上看，世界外汇市场 24 小时昼夜运转不停。从我国看，凌晨 4 时起，新西兰惠灵顿、澳大利亚悉尼相继开市，8 时日本东京开市，10 时中国香港、新加坡开市，下午 3 时起巴黎、法兰克福、伦敦又相继开市，晚上 9 时纽约开市，凌晨 4 时纽约收市而惠灵顿、悉尼又相继开市，周而复始。

（二）影响汇率变化的主要因素

作为一国货币对外价格的表现形式，汇率受到国内、国际等诸多因素影响。同时，由于货币是国家主权的一种象征，因此除经济因素外还会受到政治、社会等因素的影响。下面我们仅就影响汇率变动的主要因素进行分析。

1. 国际收支状况

通俗地说，国际收支即一国对外经济活动中所发生的收入与支出。从短期看，一国国际收支是影响该国货币对外比价的直接因素。当一国的国际收入大于支出时，即一国国际收支出现顺差时，在外汇市场上则表现为外汇（币）的供应大于需求，因而本国货币汇率上升，外国货币汇率下降。相反，当一国国际收入小于支出时，该国即出现国际收支逆差，在外汇市场上则表示为外汇（币）的供应小于需求，因而本国货币汇率下降，外国货币汇率上升。

必须指出，国际收支状况并非一定会影响到汇率变动，这主要看国际收支顺（逆）差的性质。短期的、临时的、小规模的国际收支差额，可以轻易地被国际资本的流动、相对利率和通货膨胀率、政府在外汇市场上的干预和其他因素所抵消。但是，长期的、巨额的国际收支逆差，一般必定会导致本国货币汇率的下降。

2. 通货膨胀率差异

货币的对内价值是决定其对外价值（即汇率）的基础，货币对内价值的变化必然引起其对外价值的变化。对内价值具体体现于货币在国内的购买力高低，而通货膨胀正是纸币发行量超过商品流通所需货币量所导致的货币贬值、物价上涨现象。一国出现通货膨胀意味着该国货币代表的价值量下降。因此，国内外通货膨胀率差异就是决定汇率长期趋势的主导因素。当一国出现通货膨胀时，其商品成本加大，出口商品以外币表示的价格必然上涨，该商品在国际市场上的竞争力就会削弱，引起出口减少，同时提高外国商品在本国市场上的竞争力，造成进口增加，从而改变经常账户收支。此外，通货膨胀率差异还会通过影响人们对汇率的预期，作用于资本与金融账户收支。当一国通货膨胀率较高时，人们就会预期该国货币的汇率将趋于疲软，由此将手中的该国货币转化为其他货币，造成该国货币的汇率下跌。一般而言，相对通货膨胀率持续较高的国家，其货币在外汇市场上将会趋于贬值；反之，相对通货膨胀率较低的国家，其货币汇率则会趋于升值。

3. 利率差异

利率作为货币资产的一种“特殊价格”，是借贷资本的成本或收益，它与各种金融资产的价格、成本和利润紧密相关。一国利率水平高低反映借贷资本的供求状况。利率水平变化对汇率的影响主要是通过资本，尤其是短期资本在国际间的流动起作用的。当一国的利率水平高于其他国家时，表示使用本国货币资金的成本上升，由此外汇市场上本国货币的供应相对减少；另一方面也表示放弃使用资金的收益上升，国际短期资本由此趋利而入，外汇市场上外汇供应相对增加。本、外币资金供求的变化导致本国货币汇率的上升。反之，当一国利率水平低于其他国家时，外汇市场上本、外币资金供求的变化则会降低本国货币的汇率。

值得注意的有两点：第一，这里所说的利率对汇率的影响指的是相对利率水平。如果本国利率上升，但上升的幅度小于外国利率上升的幅度，或小于本国通货膨胀率的上升，则不会导致本国货币汇率的上升。第二，与国际收支、通货膨胀、总需求等因素不同，利率变动对汇率的影响更多的是对短期汇率的影响，利率对长期汇率的影响是十分有限的。

4. 经济增长率差异

经济增长率对汇率的影响是多方面的。当一国实际经济增长率提高时，一方面反映该国经济实力增强，其货币在外汇市场上易被依赖，货币地位提高，使该国货币汇率有上升趋势；另一方面，经济高速增长，其国民收入提高，可能加大该国对进口原料、设备等生产资料及消费品的需求，在该国出口不变的条件下，将使该国进口大量增加，导致国际收支项目逆差，造成该国货币汇率下降。但如果该国经济以出口导向为主，经济高增长则意味着出口的增加，从而使经常项目产生顺差，导致该国货币汇率上升。同时，一国经济增长势头好，一国的利润率也往往较高，由此吸引外国资金流入本国，进行直接投资，从而改善资本账户收支。一般来讲，高经济增长率在短期内不利于本国货币在外汇市场上的行市，但从长期看，却有力地支持着本币的强劲势头。

5. 中央银行干预

尽管第二次世界大战后西方各国政府纷纷放松了对本国的外汇管制，但政府的市场干预仍是影响市场供求关系和汇率水平的重要因素。各国中央银行为维护经济稳定、避免汇率变动对国内经济造成不利影响，往往对外汇市场进行干预，其主要通过在外汇市场买卖外汇，改变外汇的供求，从而改变汇率走势来达到其政策目的。例如当一国货币汇率处于较高水平而影响该国国际收支改善和经济发展时，该国中央银行就会向外汇市场抛出本币而收购外汇，从而使本币汇率下跌，以达到扩大出口和推动国内经济发展的目的。相反，当一国货币汇率水平过低而影响该国货币的国际信誉时，中央银行则向市场抛出外汇而收购本币，从而使本币汇率上升。政府干预汇率往往是在特殊情况下（如市场汇率剧烈波动、本币大幅度升值或贬值等），或者为了特定的目标（如促进出口、改善贸易状况等）而进行的，因而它对汇率变化的作用一般是短期的，无法从根本上改变汇率的长期走势。

6. 市场预期

市场预期有时能对汇率产生重大的影响。在国际金融市场上，短期性资金达到了十分庞大的数字。这些巨额资金对世界各国的政治、经济、军事等因素都具有高度的敏感性，受着预期因素的支配，一旦出现风吹草动，就到处流动，或为保值，或为获取高额投机利润。这就常常给外汇市场带来巨大冲击，成为各国货币汇率频繁起伏的重要根源。就经济方面而言，市场预期包括对国际收支状况、相对物价水平、相对利率水平或相对资产收益率以及对汇率本身等的预期，它常常以市场信号的变化甚至是蛛丝马迹的变化为表现。只要市场上预期某国货币不久会下跌，那么市场上立即就可能出现抛售该国货币的活动，造成该国货币的市场价格立即下降。

综上所述，影响汇率变动的因素有很多，它们之间相互联系、相互制约，甚至相互抵消，关系相当复杂。因此，我们在分析汇率变动时，不能只从某一角度和某一因素进行，而要从不同角度全面综合剖析。同时，在众多因素中，由于国家不同、时间不同，各影响因素所占的重要程度不同，因此考虑分析汇率变动还要与一定的社会经济条件和特定的时间相联系，以保证分析的客观性和全面性。

三、汇率制度

（一）汇率制度含义

汇率制度，又称汇率安排，是指一国货币当局对本国汇率水平的确定、汇率变动方式等问题所作的一系列安排或规定。

（二）汇率制度类型

最基本的汇率制度类型是固定汇率制和浮动汇率制。

固定汇率是指一国货币同另一国货币的汇率保持基本固定，汇率的波动限制在一定幅度以内。固定汇率是在金本位制和布雷顿森林货币制度下各国货币汇率安排的主要形式。在金本位制下，货币的含金量是决定汇率的基础，黄金输送点是汇率波动的界限，在这种制度下，各国货币的汇率变动幅度很小，基本上是固定的，故称固定汇率；“二战”后到20世纪70年代初，在布雷顿森林货币制度下，因国际货币基金组织的成员国货币与美元挂钩，规定它的货币平价，外汇汇率的波动幅度也规定在一定的界限以内（上下1%），因而也是一种固定汇率。

浮动汇率指一个国家不规定本国货币的固定比价，也没有任何汇率波动幅度的上下限，而是听任汇率随外汇市场的供求关系自由波动，浮动汇率是自20世纪70年代初布雷顿森林货币制度崩溃以来各国汇率安排的主要形式，但是各国所实行的浮动汇率在具体内容上还是有区别的。

四、人民币汇率问题

（一）人民币汇率制度的改革

1. 1994年以前的人民币汇率形成机制

新中国成立以来至改革开放前，在传统的计划经济体制下，人民币汇率由国家实行严格的管理和控制。根据不同时期的经济发展需要，改革开放前我国的汇率体制经历了新中国成立初期的单一浮动汇率制（1949—1952年）、20世纪五六十年代的单一固定汇率制（1953—1972年）和布雷顿森林体系后以“一篮子货币”计算的单一浮动汇率制（1973—1980年）。党的十一届三中全会以后，我国进入了向社会主义市场经济过渡的改革开放新时期。为鼓励外贸企业出口的积极性，我国的汇率体制从单一汇率制转为双重汇率制。经历了官方汇率与贸易外汇内部结算价格并存（1981—1984年）和官方汇率与外汇调剂价格并存（1985—1993年）两个汇率双轨制时期。其中，以外汇留成制为基础的外汇调剂市场的发展，对促进企业出口创汇、外商投资企业的外汇收支平衡和中央银行调节货币流通均起到了积极的作用。但随着我国改革开放的不断深入，官方汇率与外汇调剂价格并存的人民币双轨制的弊端逐渐显现出来。一方面，多种汇率的并存造成了外汇市场秩序混乱，助长了投机；另一方面，长期外汇黑市的存在不利于人民币汇率的稳定和人民币的信誉。外汇体制改革的迫切性日益突出。

2. 1994—2004年的人民币汇率形成机制

1993年11月，党的十四届三中全会通过的《中共中央关于建立社会主义市场经济体制若干问题的决定》要求，“改革外汇体制，建立以市场供求为基础的、有管理的浮动汇率制度和统一规范的外汇市场，逐步使人民币成为可兑换货币”。1993年12月，国务院正式颁布了《关于进一步改革外汇管理体制的通知》，采取了一系列重要措施，具体包括：实现人民币官方汇率和外汇调剂价格并轨；建立以市场供求为基础的、单一的、有管理的浮动汇率制；取消外汇留成，实行结售汇制度；建立全国统一的外汇交易市场等。

1994年1月1日，人民币官方汇率与外汇调剂价格正式并轨，我国开始实行以市场供求为基础的、单一的、有管理的浮动汇率制。企业和个人按规定向银行买卖外汇，银行进入银行间外汇市场进行交易，形成市场汇率。中央银行设定一定的汇率浮动范围，并通过调控市场保持人民币汇率稳定。实践证明，这一汇率制度符合中国国情，为中国经济的持续、快速发展，为维护地区乃至世界经济金融的稳定作出了积极贡献。

1997年以前，人民币汇率稳中有升，海内外对人民币的信心不断增强。但此后由于亚洲金融危机爆发，为防止亚洲周边国家和地区货币轮番贬值使危机深化，中国作为一个负责任的大国，主动收窄了人民币汇率浮动区间。随着亚洲金融危机的影响逐步减弱，我国经济持续、平稳、快速发展，经济体制改革不断深化，金融领域改革取得了新的进展，外汇管制进一步放宽，外汇市场建设的深度和广度不断拓展，为完善人民币汇率形成机制创造了条件。

3. 2005年以来的人民币汇率形成机制

近年来，我国经常项目和资本项目双顺差持续扩大，加剧了国际收支失衡。2005年7月，我国开始实行以市场供求为基础、参考一篮子货币进行调节、有管理的浮动汇率制度，人民币汇率形成机制改革迈出历史性一步。

2010年6月，进一步推进汇率形成机制改革，核心是坚持以市场供求为基础，参考一篮子货币进行调节，继续按照已公布的外汇市场汇率浮动区间，对人民币汇率浮动进行动态管理和调节。中国人民银行分别于2007年、2012年和2014年三次扩大银行间即期外汇市场人民币对美元汇率波幅，促进人民币汇率弹性逐步增强。2007年5月21日，人民币对美元汇率的日波幅从±0.3%扩大到±0.5%。自2012年4月16日起，银行间即期外汇市场人民币兑美元交易价浮动幅度由5‰扩大至1%，即每日银行间即期外汇市场人民币兑美元的交易价可在中国外汇交易中心对外公布的当日人民币兑美元中间价上下1%的幅度内浮动。自2014年3月17日起，银行间即期外汇市场人民币兑美元交易价浮动幅度由1%扩大至2%，即每日银行间即期外汇市场人民币兑美元的交易价可在中国外汇交易中心对外公布的当日人民币兑美元中间价上下2%的幅度内浮动。目前，人民币汇率双向浮动，弹性显著增强，逐渐趋于合理均衡水平，促进经济结构调整和发展方式转变、调节国际收支平衡的作用初步显现。

（二）人民币汇率制度内容

我国实行以市场供求为基础、参考一篮子货币进行调节、有管理的浮动汇率制度。其包括三个方面的内容：一是以市场供求为基础的汇率浮动，发挥汇率的价格信号作用；二是根据经常项目主要是贸易平衡状况动态调节汇率浮动幅度，发挥“有管理”的优势；三是参考一篮子货币，即从一篮子货币的角度看汇率，不片面地关注人民币与某个单一货币的双边汇率。

第二节　国际收支与国际储备

在国际经济交往过程中，各国之间贸易、投资、政治、文化和科技等方面的往来，通常都会引起相互间的债权债务关系和国际收支的变化。例如，进出口商品贸易、国际间相互提供劳动或服务、国际援助或馈赠以及国际资本的流动等，都会因国际间的货币往来关系而产生国际收支问题。国际储备不仅关系到各国调节国际收支和稳定货币汇率的能力，而且会影响世界物价水平和国际贸易的发展。因此，自第二次世界大战以来，它一直受到国际金融机构、各国政府以及国际金融学家的普遍重视。

一、国际收支和国际收支平衡表

（一）国际收支的概念

1. 国际收支的定义

国际收支是指在一定时期内一国居民与非居民之间所发生的全部经济交易的货币价值总和。

2. 国际收支概念中的几个要素

国际收支概念的内涵非常丰富，我们应从以下三方面理解和把握这一概念。

第一，国际收支是一个流量概念。当人们提及国际收支时，总是需要指明是属于哪一段时期的。这一报告期可以是1年，也可以是1个季度或1个月，但通常以1年作为报告期。

第二，正确理解国际收支概念中居民与非居民的含义。居民是指在一个国家（或地区）的经济领土内具有经济利益的经济单位，包括自然人、法人和政府机构三类。自然人一般是根据其居住地点和居住时间来判断，凡是在一国居住时间长达 1 年以上的自然人，不论其国籍如何，都是该国的居民。据此，移民属于其工作所在国的居民；逗留时间在 1 年以上的留学生、旅游者也属所在国的居民。但身在国外且代表本国政府的个人（包括官方外交使节、驻外军事人员等）一般被认为是该国的居民，是所在国的非居民。就法人组织而言，一个企业或者非营利性团体在哪个国家成立注册，就是哪个国家的居民。据此，跨国公司的母公司和子公司应该分别属于所在国的居民，母公司与子公司或者子公司与子公司之间的公司内贸易应该被记入国际收支。政府机构，包括在其境内的各级政府机构以及设在境外的大使馆、领事馆和军事机构等都是本国居民，凡设在该国的外国使领馆和国际组织机构都是该国的非居民。联合国、国际货币基金组织以及世界银行等是任何国家的非居民。

第三，国际收支是以交易为基础的，它是居民与非居民之间所发生经济交易的货币记录。交易包含四种类型：①交换，即指一个经济体向另外一个经济体提供一种经济价值（包括货物、服务、收入等实际资源和金融资产）并从对方得到等值的回报。②转移，即指一个经济体向另外一个经济体提供了经济价值，但没有得到任何补偿。③移居，是指一个人把住所从一个经济体搬迁到另一个经济体的行为。移居后，该个人原有的资产负债关系的转移会使两个经济体的对外资产、债务关系均发生变化，这一变化应记录在国际收支中。④其他根据推论而存在的交易。在一些情况下，可以根据推论确定交易的存在，即使实际流动并没有发生，也需要在国际收支中予以记录。国外直接投资者收益的再投资就是一个例子。投资者的海外子公司所获得的收益中，一部分是属于投资者本人的，如果这部分收益用于再投资，则必须在国际收支中反映出来，尽管这一行为并不涉及在两国间的资金与服务的流动。

（二）国际收支平衡表

国际收支平衡表是一国根据国际经济交易的内容和范围设置项目和账户，按照复式簿记原理，系统地记录该国在一定时期内各种对外往来所引起的全部国际经济交易的统计报表。国际货币基金组织通过出版《国际收支手册》，对编表所采用的概念、准则、惯例、分类方法以及标准构成都做了统一的规定或说明，1993年已出至第五版。本书将按照第五版的标准说明国际收支平衡表的基本内容。

1. 经常账户

经常账户是国际收支平衡表中最基本最重要的账户，它反映一个国家（或地区）与其他国家（或地区）之间实际资源的转移，包括货物、服务、收入和经常转移四个项目。

（1）货物。货物包括一般商品、用于加工的货物、货物修理、各种运输工具在港口购买的货物和非货币黄金。在处理上，货物的出口和进口应在货物的所有权在居民与非居民之间转移时记录下来。一般来说，货物的进出口都使用离岸价计价。

（2）服务。服务包括运输、旅游、通信服务、建筑服务、保险服务、金融服务、计算机和信息服务、专有权利使用费和特许费、其他商业服务、个人文化和娱乐服务、政府服务等内容。

（3）收入。收入包括职工报酬和投资收入两项内容。职工报酬是指非居民因工作而获得的现金或实物形式的工资、薪水和福利；投资收入是指因资本的国际流动所获取的利润、股息和利息等，包括直接投资收入、证券投资收入和其他投资收入等。

（4）经常转移。经常转移是指发生在居民与非居民之间无等值交换物的实际资源或金融项目所有权的变更，它包括除以下三项所有权的转移：①固定资产所有权的资产转移；②与固定资产的收买或放弃有关或以其为条件的资产转移；③债权人不要求任何补偿而豁免的债务。上述三种例外均属于资本转移。经常转移包括政府转移（如政府间经常性的国际合作）和其他转移（如人工汇款）。

2. 资本和金融账户

资本和金融账户是指对资产所有权在国际间流动行为进行记录的账户，包括资本账户和金融账户两个部分。

（1）资本账户。资本账户包括资本转移和非生产、非金融资产的收买或放弃。资本转移的含义已在经常转移部分进行了说明。非生产、非金融资产的收买或放弃是指各种无形资产如专利、版权、商标、经销权以及租赁和其他可转让合同的交易。

（2）金融账户。金融账户包括直接投资、证券投资、其他投资和储备资产四个部分。

①直接投资。直接投资的主要特征是投资者对另一经济体的企业拥有永久利益。这一永久利益意味着直接投资者和企业之间存在着长期关系，投资者可以对企业经营管理施加相当大的影响。直接投资可以采取在国外直接建立分支企业的形式，也可以采用购买国外企业一定比例以上股票的形式。在后一种情况下，《国际收支手册》中规定这一比例最低为10%。

②证券投资。证券投资的主要对象是股本证券和债务证券，后者又可以进一步细分为期限在1年以上的中长期债券、货币市场工具和其他派生金融工具。

③其他投资。其他投资是指所有直接投资、证券投资或储备资产（见下）未包括的金融交易，包括长期和短期贸易信贷、贷款、货币和存款以及其他可收支项目。

④储备资产。储备资产是指一国货币当局为弥补国际收支赤字和维持汇率稳定而持有的在国际间可以被普遍接受的流动资产，包括货币性黄金、特别提款权、在基金组织的储备头寸、外汇资产和其他债权。

3. 错误和遗漏账户

按照复式记账原则，国际收支账户的借方总额和贷方总额应该相等，借贷双方的净差额应为零，但在实际中并非如此。由于不同账户的统计资料来源不一、记录时间不同以及一些人为因素（如虚报出口）等原因，会造成国际收支账户出现净的借方或贷方余额，这就需要人为设立一个平衡账户——错误和遗漏账户，在数量上与该余额相等而方向相反与之相抵消。当经常账户、资本和金融账户总计贷方总额大于借方总额，从而出现贷方余额时，则在错误和遗漏项下的借方记入与该余额相同的数额；反之，当出现借方余额时，则在错误和遗漏项下的贷方记入相同数额。

二、国际收支失衡

国际收支表是一种平衡表，所以从表上看总是平衡的。因此，所谓国际收支失衡乃是指自主性交易项目（即经常项目和资本项目）不平衡。国际收支失衡主要由以下几种因素造成。

（一）偶发性因素造成的国际收支失衡

临时性不平衡是指由短期的、非确定或偶然因素，如自然灾害、政局动荡等引起的国际收支不平衡。这种国际收支失衡程度一般较轻，持续时间不长，带有可逆性，是一种正常现象。在浮动汇率制度下，这种性质的国际收支失衡有时根本不需要政策调节，市场汇率的波动就能将其纠正。在固定汇率制度下，一般也不需要采用政策措施，只需动用官方储备便可加以克服。

（二）周期性因素造成的国际收支失衡

周期性不平衡是指一国经济周期波动所引起的国际收支失衡。典型的经济周期具有危机、萧条、复苏和高涨四个阶段。当一国经济处于萧条期时，社会总需求下降，进口需求也相应下降，国际收支发生盈余。反之，如果一国经济处于复苏和高涨期，国内投资与消费需求旺盛，对进口的需求也相应增加，国际收支便出现逆差。周期性不平衡在“二战”前的发达资本主义国家中表现得比较明显。在战后，其表现经常受到扭曲。比如1981—1982年一些发达资本主义国家在衰退期普遍伴有巨额的贸易逆差。

（三）结构性因素造成的国际收支失衡

结构性不平衡是指因国内经济、产业结构不能适应世界市场的变化而发生的国际收支失衡。这种失衡通常反映在贸易项目或经常项目上。

结构性失衡有两层含义。①指因经济和产业结构变动的滞后和困难所引起的国际收支失衡。例如一国的国际贸易在一定的生产条件和消费需求下处于均衡状态。当国际市场发生变化，新款式、高质量产品不断淘汰旧款式、低质量产品，新的替代品不断出现的时候，该国的生产结构不能及时加以调整，其原有的贸易平衡必然遭到破坏，贸易逆差就会出现。这种性质的结构性不平衡，在发达国家和发展中国家都可能发生。②指一国的产业结构单一，或其产品出口需求的价格弹性低，或虽然出口需求的价格弹性高，但进口需求的价格弹性低所引起的国际收支失衡。这种性质的结构性不平衡在发展中国家表现得尤为突出。如在 20 世纪 70 年代，石油输出国调整了石油产量，引起世界市场石油价格上涨数倍，导致部分国家国际收支出现巨额逆差。

（四）货币性因素造成的国际收支失衡

货币性不平衡是指在一定汇率水平下，一国的物价与商品成本高于其他国家，引起出口货物价格相对高昂、进口货物价格相对便宜，从而导致贸易收支和国际收支失衡。在这里，国内商品成本与一般物价上升的原因被认为是货币供应量的过分增加，因此国际收支失衡的原因就是货币性的。货币性失衡可以是短期的、中期的或长期的。

（五）不稳定投机与资本外逃造成的国际收支失衡

在短期资本流动中，不稳定投机与资本外逃是造成国际收支失衡的另一个原因，它们还会激化业已存在的失衡。投机性资本流动是指利用利率差别和预期的汇率变动来牟利的资本流动。投机可能是稳定的，也可能是不稳定的。稳定性投机与市场力量相反，当某种货币的需求下降，投机者就买进该货币，从而有助于稳定汇率。而不稳定的投机会使汇率累进恶化，投机造成贬值，贬值又进一步刺激投机，从而使外汇市场变得更加混乱。资本外逃与投机不同，它不是追求获利，而是害怕损失。当一个国家面临货币贬值、外汇管制、政治动荡或战争威胁时，在这个国家拥有资产的居民与非居民就要把其资金转移到他们认为稳定的国家，造成该国资本的大量外流。不稳定投机和资本外逃具有突发性、规模大的特点，在国际资本流动迅速的今天，往往成为一国国际收支失衡的重要原因。

三、国际收支调节

国际收支调节分为自动调节和政策调节。

（一）国际收支的自动调节

当一国出现国际收支失衡时，在没有人为力量干预的情况下，有时经济体系内部会自发地产生某些机制，使一国国际收支失衡至少在某种程度上得以减轻，乃至能自动恢复均衡，这就是国际收支失衡的自动调节机制。英国经济学家大卫·休谟提出的“物价-金币流动机制”，揭示了在国际金本位制度下的国际收支自动矫正机制（见图 10-1）。

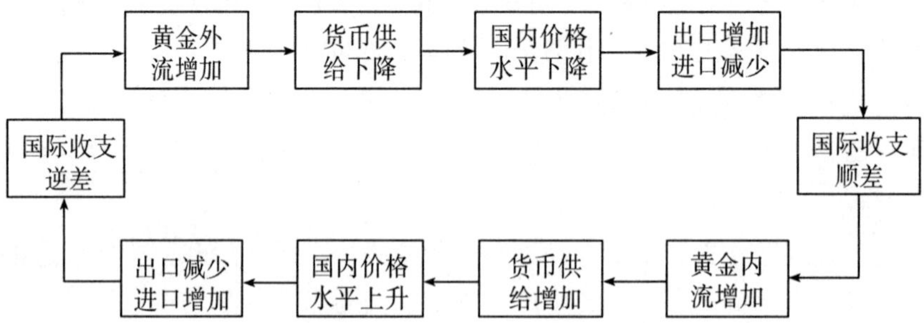

图 10-1　物价-金币流动机制

在信用货币流通的制度下，纸币流通使国际间货币流动失去直接清偿性，国际间的货币交换必须通过汇率来实现，因此“物价-金币流动机制”已不复存在。虽然如此，在出现国际收支失衡时，仍然会存在某些调节机制，具有使国际收支自动恢复均衡的作用。根据起作用的变量不同，可将自动调节机制分为四类：汇率调节机制、利率调节机制、价格调节机制和收入调节机制。

1. 汇率调节机制

当一国出现国际收支失衡时，必然会对外汇市场产生压力，促使外汇汇率的变动。如果该国政府允许汇率自发变动，而不进行干预，则国际收支的失衡就有可能会被外汇汇率的变动所消除，从而使该国国际收支自动恢复均衡。例如，当一国出现国际收支逆差时，必然会引起外汇市场上的外汇需求大于外汇供给，在政府不对外汇市场进行干预的前提下，外汇汇率将上升，而本币汇率会下跌。如果该国满足马歇尔-勒纳条件，那么本币贬值将会改善该国国际收支状况，并使其国际收支趋于均衡；反之，当一国出现国际收支顺差时，本币汇率的自发上升也会使该国的国际收支自发趋于均衡。

2. 利率调节机制

在固定汇率制度下，国际收支失衡会通过货币供应量的调整，引起利率水平的变化，从而起到减轻一国国际收支失衡的作用。例如，在出现国际收支逆差的情况下，如果货币当局采取严格的稳定汇率政策，就必然会干预外汇市场，抛售外汇储备，回购本币，从而造成本国货币供应量的下降。货币量的减少会产生一个提高利率的短期效应，导致本国资本外流减少，外国资本流入增加，从而使该国资本和金融账户得以改善，并减轻国际收支逆差的程度；反之，国际收支盈余会通过货币供应量的上升和利率水平的下降，导致本国资本外流增加，外国资本流入减少，使其国际收支盈余减少甚至消除。

3. 价格调节机制

价格的变动在国际收支自动调节机制中也发挥着重要的作用。在国际收支出现赤字时，货币供应量的下降，会使公众所持有的现金余额低于其意愿水平，该国居民就会缩减对商品和劳务的开支，从而引起价格水平的下降。本国商品相对价格的下降，会提高本国商品的国际竞争力，从而使本国的出口增加，进口减少，该国国际收支状况得以改善；反之，国际收支盈余会通过物价水平的上涨，削弱该国商品的国际竞争力，进而在一定程度上矫正国际收支盈余。

4. 收入调节机制

如果在某一均衡收入水平上发生了国际收支的失衡，经济体系内部就会自发产生使收入水平发生变动的作用力，而收入的变动至少会部分地减少国际收支的失衡程度。例如，在某一均衡收入水平上，由于一国出口的增加导致国际收支顺差，但与此同时，出口的增加又会引起国民收入水平的增加，从而会引起进口的增加，这就部分地抵消了出口的变动，从而减少了该国国际收支顺差的程度；反之，当国际收支出现逆差时，国民收入的下降将会部分地消除该国国际收支逆差。

（二）国际收支的政策调节

1. 支出转换型政策

支出转换型政策是指不改变社会总需求和总支出而改变需求和支出方向的政策，主要包括汇率政策、补贴和关税政策以及直接管制。所谓改变方向，是指将国内支出从外国商品和劳务转移到国内的商品和劳务上来。本国货币的贬值、对进口商品和劳务课以较高的关税，都会使进口商品和劳务的价格相对上升，从而使居民将一部分支出转移到购买进口替代品上来。有的教科书把直接管制列为一种单独的国际收支调节政策，它既不属于支出增减型政策，也不属于支出转换型政策。实际上，直接管制也是一种支出转换型政策。汇率和关税政策通过改变进口商品和进口替代品的相对价格来达到支出转换的目的，而直接管制则是通过改变进口商品的相对可获得性来达到支出转换的目的。直接管制包括外汇管制、进口许可证管制等形式。国际经济组织和经济学理论多半不赞成采用直接管制，但在国际收支发生较严重的困难时，发达国家和发展中国家都程度不同地采用过直接管制。

2. 支出增减型政策

支出增减型政策是指改变社会需求或支出总水平的政策，主要包括财政政策和货币政策。这类政策通过改变社会总需求或总支出水平，来改变对外国商品、劳务和金融资产的需求，达到调节国际收支的目的。财政政策是政府利用财政收入、财政支出和公债对经济进行调控的经济政策，它的主要工具包括财政收入政策、财政支出政策和公债政策。货币政策是中央银行通过调节货币供应量与利率来影响宏观经济活动水平的经济政策，它的主要工具是公开市场业务、利率以及法定准备金率。财政政策与货币政策都可以直接影响社会总需求，由此调节内部均衡；同时，社会总需求的变动又可以通过边际进口倾向影响进口和通过利率影响资金流动，由此调节外部平衡。紧缩性的财政政策和货币政策具有压低社会总需求和总支出的作用。当社会总需求和总支出下降时，对外国商品、劳务和金融资产的需求也相应下降，从而使国际收支逆差得到改善。反之，扩张性的财政政策和货币政策具有增加社会总需求和总支出的作用。当社会总需求和总支出增加时，对外国商品、劳务和金融资产的需求也相应增加，从而使国际收支逆差增加（或顺差减少）。

3. 融资型政策

融资型政策简称融资政策，主要包括官方储备的使用和国际信贷便利的使用。从一国宏观调控角度看，它主要体现为国际储备政策。对外部不平衡调控的首要问题往往是“融资还是调整”。因为，如果国际收支不平衡是由临时性的、短期性的冲击引起的，就可以用融资方法弥补，避免调整的痛苦；如果是由中长期因素导致的，那么就势必要运用其他政策进行调整。融资政策与调节社会总需求的支出政策之间具有一定的互补性与替代性。比如，当国际收支发生逆差时，一国政府既可以采取支出型政策来加以调节，也可以采用融资的办法或两者相结合的办法来加以调节。在逆差既定的情况下，较多使用资金融通，便会较少使用支出调节。反之，较多使用支出调节，便可较少使用资金融通。总之，融资政策是在短期内利用资金融通的方式来弥补国际收支赤字、实现经济稳定的一种政策。

4. 供给型政策

供给型政策简称供给政策，主要包括产业政策和科技政策。产业政策和科技政策旨在改善一国的经济结构和产业结构、增加出口商品和劳务的生产、提高产品质量、降低生产成本，以达到改善国际收支的目的。供给政策的特点是长期性，在短期内难以有显著的效果，但它可以从根本上提高一国的经济实力和科技水平，从而为实现内部均衡和外部平衡创造条件。

5. 道义与宣示型政策

道义与宣示型政策是指政府在经济和行政手段之外所采取的、没有强制约束力的收支调节政策。如政府的指导谈话、发言等。道义与宣示型政策的效果一方面取决于政府号召力和公信力的大小；另一方面也与国际收支不平衡的持续性有关，长期的收支不平衡不可能仅仅通过道义和宣示手段来消除，而必须配合经济本身的调整。

四、国际储备

（一）国际储备的概念

国际储备是指各国政府为了弥补国际收支赤字，保持汇率稳定，以及应付其他紧急支付的需要而持有的国际间普遍接受的所有流动资产的总称。

作为国际储备资产，一般必须同时具备三个条件：一是一国金融当局必须具有无条件地获得这类资产的能力；二是该资产必须具备高度的流动性；三是该资产必须得到国际间普遍接受。具备了这三个条件，才能满足国家随时对外支付的需要。

（二）国际储备的内容

1. 外汇储备

外汇储备是指一国货币当局持有的以国际货币表示的流动资产，主要采取国外银行存款和外国政府债券等形式。外汇储备一般在国际储备资产中占比重最大。

2. 黄金储备

黄金储备是指一国货币当局持有的货币性黄金。在国际金本位制度下，黄金储备是国际储备的典型形式。现在，黄金储备也是重要的国际储备。黄金价值比较稳定，不会出现像纸币币值大起大落的情况。

3. 特别提款权

特别提款权是国际货币基金组织创设的一种储备资产和记账单位，亦称“纸黄金”。它是国际货币基金组织分配给会员国的一种使用资金的权利。会员国在发生国际收支逆差时，可用它向国际货币基金组织指定的其他会员国换取外汇，以偿付国际收支逆差或偿还国际货币基金组织的贷款，还可与黄金自由兑换货币一样充当国际储备。但由于其只是一种记账单位，不是真正货币，使用时必须先换成其他货币，不能直接用于贸易或非贸易的支付。因为它是国际货币基金组织原有的普通提款权以外的一种补充，所以称为特别提款权。特别提款权按会员国所摊付的基金份额的比例进行分配，份额越大，分配得越多。

特别提款权创立初期，它的价值由含金量决定，当时规定 35 特别提款权单位等于 1 盎司黄金，即与美元等值。1974年 7 月，国际货币基金组织正式宣布特别提款权与黄金脱钩，改用“一篮子”16 种货币作为定值标准。1980年 9 月 18 日，国际货币基金组织又宣布将组成“一篮子”的货币，简化为 5 种西方国家货币，即美元、马克、日元、法国法郎和英镑，欧元诞生后，特别提款权又改用 4 种货币定值，即美元、日元、欧元和英镑。

4. 在国际货币基金组织储备的头寸

在国际货币基金组织储备的头寸是国际货币基金组织成立时各成员国缴纳的会费，我们称为份额。份额一般由各国中央银行缴纳，各国交纳的份额多少，决定各国享有贷款的数量。按照国际货币基金组织的规定，份额的 25%要用可兑换货币交纳，其余 75%用本国货币缴纳。

在国际货币基金组织储备的头寸又叫普通提款权，它是会员国按规定从国际货币基金组织中提取一定数额款项的权力，是国际货币基金组织向会员国提供的最基本的普通贷款。普通提款权也是分配给国际货币基金组织成员国的，但与特别提款权不同的是，普通提款权是信贷，而特别提款权可以作为成员国现有的外币储备。

普通提款权是为了解决会员国经常项目逆差而发放的，期限一般为 3~5 年，最大限额为其份额的 125%。它的贷款方式是：当会员国发生经常项目收支逆差时，有权以本国货币为抵押向国际货币基金组织申请提用可兑换货币。提用的数额分五档，每档占其认缴份额的 25%，条件逐档严格。

第三节 国际金融体系

国际金融体系在促进经济、金融全球化，服务于全球经济的交流和合作，维护全球金融稳定中发挥着越来越重要的作用，也可以称为现代全球经济的核心。

一、什么是国际金融体系

国际金融体系通常是指对国际货币金融关系进行调节的各种规则、安排、惯例和组织形式，主要包括国际货币、跨国金融企业集团、国际金融中心、国际金融机构和国际金融重大问题协调机制。国际金融体系的形成既要依靠市场自发的协调机制，也要借助政府间的协调与合作机制。

二、国际金融体系现状

国际货币是指在国际商品流通中发挥一般等价物作用的货币，它是随着国际贸易、国际投资和国际交往的需要而产生的。国际货币承担国际贸易定价、支付结算和国际投资等职能，有的国际货币还承担国家的外汇储备职能。自 19 世纪 70 年代以来，世界经济依次经历了由英镑主导的国际货币体系、以美元为中心的布雷顿森林体系，以及当前的牙买加国际货币体系。

（一）当前国际货币体系的主要特征和主要问题

牙买加体系是以美元为核心的浮动汇率体系。在这种以单一主权货币为核心的国际货币体系中，“特里芬难题”仍然存在，并且随着全球化进程加快而暴露出许多新弊端，与国际经济金融格局的变化呈现出越来越多的不适应性。一是美元作为主权货币的国内政策功能与其作为国际储备货币所应承担的国际责任和义务不适应；二是以单一主权货币为中心的全球储备货币结构与全球化条件下世界经济多元化的发展格局不适应；三是国际货币基金组织的代表性和有效性与维护经济金融体系稳定的需要不适应；四是对全球流动性和跨境资本缺乏约束与其规模和破坏力不适应；五是现行金融监管体系与跨国金融交易日益频繁、金融创新层出不穷的形势不相适应；六是发展中国家与发达国家的经济实力对比发生了重大变化，新兴经济体占全球 GDP 的份额已上升至一半以上。

（二）国际货币体系改革发展趋势

（1）美元仍为世界主要储备货币。多元化是国际货币体系未来的发展方向，但在今后相当长时期内，美元作为国际主导货币的地位并不会被撼动。即使美元的国际储备货币地位在2008—2009年国际金融危机后开始下降，速度也非常缓慢。一是目前尚未有能取代美元的国际货币存在；二是一种新的世界货币被各国普遍接受和广泛使用需要较长时间；三是美元的经济基础仍然较为强大，美国的金融市场和高科技产业仍然较为发达。

（2）欧元仍将发挥重要作用。1999年 1 月，欧元问世。2002年 7 月，欧元成为欧元区唯一的合法货币。欧元的出现有力地推动了国际货币体系多元化的进程。近几年，欧元区发生了主权债务危机，引发欧元区经济衰退。欧洲主权债务危机的根源不在于欧元，而在于经济发展缓慢和社会福利占财政支出比例过高，导致财政赤字和政府债务居高不下。

（3）人民币国际化大势所趋。人民币逐步成为国际货币，符合中国的根本利益，也可以为他国政府和企业提供一种币值稳定、交易方便的国际货币。人民币国际化不仅要求人民币可兑换，而且要求人民币成为国际储备货币，使人民币在全球外汇储备中的比例与中国经济总量占全球比例相当。

（三）国际金融组织体系

（1）跨国金融企业集团。跨国金融企业集团是指在许多国家和地区设置机构和开展业务经营的金融企业。其中，占主导地位的是跨国银行，此外，还包括跨国投资银行、保险公司、信托投资公司等金融企业。跨国金融企业集团是国际金融市场的重要参与者，是国际金融体系的重要组成部分。

（2）国际金融中心。国际金融中心是指聚集了大量国际金融企业，集中开展国际借贷、股票和债券发行和交易、外汇交易、保险等业务，对全球经济具有较大影响力的金融市场。在2012年第三次推出的“新华-道琼斯国际金融中心发展指数”中，综合排名前10位的金融中心城市分别为：纽约、伦敦、东京、香港、新加坡、上海、法兰克福、巴黎、苏黎世、芝加哥。

（3）国际金融组织是指从事国际金融事务管理和国际金融活动的超主权性质的金融机构，能够在重大的国际经济金融事件中协调各国行动，提供短期资金缓解国际收支逆差以稳定汇率，提供长期资金促进各国经济发展。国际金融组织主要有国际清算银行、国际货币基金组织、世界银行集团、金融稳定委员会。

（四）国际金融重大问题的协调机制

（1）20国集团领导人会议。2007年7月，美国发生次贷危机，一年之后，引发国际金融危机，造成世界经济的严重衰退。为了应对危机，时任美国总统的乔治·沃克·布什发起20国集团领导人会议，并于2008年11月在美国首都华盛顿召开了第一次会议，会议希望20国集团能够协调行动，采取措施，共同应对国际金融危机。20国集团领导人会议是一个国际经济合作论坛，其宗旨是为推动发达国家与新兴市场国家之间进行建设性的讨论和研究，以寻求合作，促进国际金融稳定和经济的持续增长。按照惯例，国际货币基金组织与世界银行列席该组织的会议。20国集团成员涵盖面广，代表性强，20国集团的GDP总和占全球经济的90%，贸易额占全球贸易的80%。现已取代八国集团峰会成为全球经济合作的最高级论坛。

（2）20国集团财长和央行行长会议。1997—1998年的亚洲金融危机使国际社会认识到，国际问题的解决需要更多的发展中国家参与。1999年9月，西方七国集团财政部部长和中央银行行长在华盛顿举行会议，在会后发表的一项声明中，七国政府承诺将在改善世界经济增长前景和稳定金融市场方面继续进行合作，并同意建立由主要发达国家和新兴市场国家组成的20国集团就国际金融改革问题进行磋商。1999年12月，20国集团财政部部长和中央银行行长会议首次在德国柏林召开。此后，每年定期或不定期举行20国集团财长和央行行长会议。

（3）八国集团会议。20世纪70年代，在法国的倡议下，法国、美国、西德、日本、英国和意大利六国领导人于1975年11月在法国巴黎郊外的朗布依埃举行了第一次首脑会议。1976年6月在波多黎各首府圣胡安举行第二次会议时增加了加拿大，形成七国集团，也被称为“七国集团首脑会议”。1997年在美国丹佛举行七国集团首脑会议时，邀请俄罗斯参加，发展成为“八国集团首脑会议”。八国集团的财政部部长和中央银行行长会议每年举行一次，通常在每年的年底举行。

（4）金砖国家峰会。传统“金砖四国”引用了巴西、俄罗斯、印度和中国的英文首字母，由于该词与英语的“砖”很相似，被称为“金砖四国”。南非加入后改称“金砖国家”。

三、国际金融机构

（一）国际清算银行

国际清算银行于1993年5月根据1930年签订的海牙国际协定由英国、法国、意大利、德国、比利时、日本的中央银行，以及美国摩根保证信托公司、纽约花旗银行和芝加哥花旗银行联合组成，地址设在瑞士的巴塞尔。国际清算银行当初创办的目的是用来处理第一次世界大战后德国对协约国赔款的支付和与处理德国赔款的“杨格计划”有关的清算等业务问题，现为促进各国中央银行之间合作和提供资金便利，以及接受委托或作为代理人办理国际清算业务等。

（二）国际货币基金组织（IMF）

国际货币基金组织是根据参加筹建联合国的45国代表于1944年7月在美国新罕布什尔州举行的会议及其所通过的《国际货币基金协定》，在1945年12月27日正式成立的国际金融组织，1947年3月开始营业，总部设在华盛顿。国际货币基金组织成立时制订了六条宗旨：①通过设立一个就国际货币问题进行磋商和合作的常设机构，促进国际货币合作。②促进国际贸易平衡发展，并借此提高和保持高的就业率和实际收入水平，开发所有成员国的生产性资源，以此作为经济政策的主要目标。③促进汇率的稳定，保持成员国之间有秩序的汇兑安排，避免竞争性通货贬值。④协助建立成员国之间经常性交易的多边支付体系，取消阻碍国际贸易发展的外汇限制。⑤在有充分保障的前提下向成员国提供暂时性资金融道，以增强其信心，使其有机会在无须采取有损于本国和国际经济繁荣的情况下，纠正国际收支失衡。⑥根据上述宗旨，缩短成员国国际收支失衡的时间，减轻失衡的程度。从上述宗旨中可以看出，IMF的基本职能是向会员国提供短期信贷、调整国际收支的不平衡、维持汇率的稳定。

（三）世界银行集团

1944年12月，根据布雷顿森林会议通过的《国际复兴与开发银行协定》，建立了国际复兴与开发银行，简称世界银行。后来陆续建立了国际开发协会、国际金融公司、多边投资担保机构和解决投资纠纷国际中心4个附属机构。

1. 国际复兴开发银行

根据《国际复兴与开发银行协定》第一条规定，世界银行的宗旨是：①为用于生产目的的投资提供便利，以协助会员国的复兴与开发，并鼓励不发达国家生产与资源的开发；②以保证或参加私人贷款和私人投资的方式，促进私人的对外投资；③用鼓励国际投资，以开发会员国生产资源的方法促进国际贸易的长期平衡发展，以维持国际收支的平衡；④在提供贷款保证时，应与其他方面的国际贷款配合。总之，世界银行的主要任务是向会员国提供长期贷款，促进战后经济的复兴，协助发展中国家发展生产，开发资源，从而起到配合IMF贷款的作用。但在成立之初，它主要是资助西欧国家恢复受到战争破坏的经济。1948年以后，欧洲各国开始主要依赖美国“马歇尔计划”的援助来复兴战后经济，世界银行便主要转向亚、非、拉发展中国家提供中长期贷款，帮助它们进行经济开发。

2. 国际开发协会

国际开发协会于1960年11月成立，是由世界银行发起成立的国际金融组织，与世界银行是两块牌子一班人马，实为世界银行的一个附属机构，但从法律、资金来源和会计制度方面看又属于独立机构。协会的宗旨是：对欠发达国家提供比世界银行条件优惠、期限较长、负担较轻、并可用部分当地货币偿还的贷款，以促进它们经济的发展和居民生活水平的提高，从而补充世界银行的活动，促成世界银行目标的实现。协会贷款只提供给低收入发展中国家。按最初规定标准，人均GNP在425美元以下，2004年的标准则为2002年人均GNP不超过865美元，才有资格获得协会信贷。

3. 国际金融公司

国际金融公司是世界银行集团的另一附属机构，在世界银行集团其他机构的协同下开展工作，同时在法律和财务上保持独立。国际金融公司通过对发展中国家，尤其是欠发达地区的重点生产性企业提供无须政府担保的贷款与投资，鼓励国际私人资本流向发展中国家，支持当地资金市场的发展，推动私人企业的成长，促进成员国经济发展，从而补充世界银行的活动。公司贷款与投资只面向发展中国家的私营中小型生产企业，而且也不要求会员国政府为偿还贷款提供担保。公司贷款一般每笔不超过200万至400万美元，在特殊情况下最高也不超过2 000万美元。公司贷款与投资的部门主要是制造业、加工业和采掘业、旅游业，以及开发金融公司，再由后者向当地企业转贷。

4. 多边投资担保机构

多边投资担保机构是世界银行集团最新的成员，创建于1988年，该机构的任务是通过减少非商业投资障碍鼓励股本投资和其他直接投资流入发展中国家。为执行上述使命，多边投资担保机构向投资者提供非商业风险的担保；为设计和执行与外国投资有关的政策、规划以及程序提出建议；就投资问题在国际商业界与有关国家政府之间发起对话。多边投资担保机构对以下四类非商业性风险提供担保：①由于投资所在国政府对货币兑换和转移的限制而造成的转移风险。②由于投资所在国政府的法律或行政行动而造成投资者丧失其投资所有权、控制权的风险。③在投资者无法进入主管法庭，或这类法庭不合理的拖延或无法实施这一项已作出的对他有利的判决时，政府撤销与投资者签订的合同而造成的风险。④武装冲突和国内动乱造成的风险。

5. 国际投资争端解决中心

国际投资争端解决中心是世界银行1966年依据《解决国家与他国国民间投资争端公约》而建立的世界上第一个专门解决国际投资争议的仲裁机构。中心的任务是调节和仲裁政府和外国投资者之间的纠纷，从而使国际投资更多地流向发展中国家。为了推动其促进投资目标的实现，它还在外国投资法领域开展一系列的研究和出版工作。

（四）金融稳定委员会

在2008—2009年国际金融危机的背景下，2009年4月，伦敦G20（20国集团）领导人会议决定建立一个全球性的金融监管体系，金融稳定委员会应运而生。其主要职能包括：评估全球金融系统脆弱性，监督各国改进行动；促进各国金融监管机构合作和信息交换，对各国金融监管政策和监管标准提供建议；协调国际标准制定机构的工作；为跨国界风险管理制订应急预案等。金融稳定委员会的成员机构包括20多个国家的中央银行、财政部和金融监管部门以及主要国际金融机构和专业委员会。中国财政部、中国人民银行、中国银监会以及中国香港金融管理局均为该委员会的成员机构。

【课后习题】

1. 什么是外汇与汇率？它有哪些种类？
2. 简述固定汇率制与浮动汇率制的优缺点。
3. 何为利率平价？试对此理论进行扼要评述。
4. 何为购买力平价？试对此理论进行扼要评述。
5. 国际收支平衡表包括哪些主要内容？
6. 国际收支失衡的含义是什么？
7. 国际收支失衡对一国经济有哪些影响？
8. 简述国际储备的构成。

第十一章　金融创新、风险与监管

学习目标

通过本章的学习，了解什么是金融创新，掌握金融创新的具体内容。能够简述金融风险的种类，同时了解在金融创新的背景下，应该如何实施有效的金融监管。

案例引入

雷曼兄弟倒闭对银行监管的启示

2008 年 9 月 15 日，拥有 158 年悠久历史的美国第四大投资银行——雷曼兄弟（Lehman Brothers）公司依据《美国联邦破产法》规定，申请破产保护。雷曼兄弟公司，曾经作为华尔街第四大投行的金融界巨人，在此次爆发的金融危机中无奈宣告破产。

雷曼兄弟公司成立于 1850 年，成立初期公司主要从事利润比较丰厚的棉花等商品的贸易，公司性质为家族企业，而且规模相对较小，其主营的目标自然是利润最大化。雷曼兄弟公司从经营干洗，兼营寄存的小店逐渐转型为金融投资公司的同时，公司的性质也从一个家族企业逐步发展成为美国乃至全球名声显赫的上市公司。在利润最大化的主营目标下，雷曼兄弟公司开始转型经营美国当时最有利可图的大宗商品期货交易，随后，公司开始涉足股票承销、证券交易、金融投资等业务。为了使公司的股票在一个比较高的价位上运行，雷曼兄弟公司自 2000 年开始连续 7 年将公司税后利润的 92%用于购买自己的股票，此举虽然对抬高公司的股价有所帮助，但同时减少了公司的现金持有量，降低了其对抗风险的能力。上市之后的雷曼兄弟公司，实现了 14 年盈利的显著经营业绩，10 年间股东回报率高达 1103%。

雷曼兄弟公司将税后利润的 92%全部用于购买自己公司而不是其他公司的股票，无疑是选择了“把鸡蛋放在同一个篮子里”的投资决策，不利于分散公司的投资风险。股东财富最大化，过多关注股价、忽视了其他债权者利益，致使公司偏离了经营重心是雷曼兄弟公司破产的原因之一。另外，雷曼兄弟公司内部各利益主体的矛盾、冲突频繁爆发，过度的金融创新和乏力的金融监管更成为其破产的推进剂。

资料来源：王雯，吕时礼，朱颖，等．金融学概论［M］．2 版．北京：清华大学出版社，2017.

第一节　金融创新理论

"创新"和"创新理论"是由经济学家熊彼特在1912年写的《经济发展理论》一书中首次提出，在其1939年所著的《经济周期》中系统完成的。按照熊彼特的观点，创新是指富有冒险精神的企业家建立一种新的函数，即把生产要素与生产条件进行新的组合并引入生产体系，从而引起对原有生产体系的震荡效应。由此引申，可将金融创新定义为金融业内部通过对金融机构的组织形式、经营管理机制、金融工具与服务、金融业务及融资方式等的一系列创造性变革，重新组合、重新设计和重新开发各种金融要素，从而构筑新的金融函数的总称。20 世纪 70 年代中期以来，一批西方经济学家陆续从不同角度提出各具特色的金融创新理论，其中，凯恩（E. J. Kane）的规避管制型金融创新理论、西尔柏（W. I. Silber）的约束诱导型金融创新理论、希克斯（J. R. Hicks）和尼汉斯（J. Niehans）的交易成本创新理论以及诺斯的制度学派理论等都是比较有代表性和影响力的理论。

一、凯恩的规避管制型金融创新理论

凯恩于1980年提出了规避管制型的金融创新理论。所谓"规避"就是指对各种规章制度的限制性措施实行回避。"规避创新"则是回避各种金融控制和管理的行为。这意味着，当外在市场力量以及市场机制与机构内在要求相结合回避各种金融控制和规章制度时，就产生了金融创新行为。各种形式的经济立法和规章制度，从宏观上可视为保持均衡和稳定的基本措施。经济个体寻求规避，实际上反映了代表公众利益的国家实行法制和个人利益中以利润最大化为基本原则的经济个体之间的经济法律关系；也表明了在市场机制约束下和法制基础上，经济个体寻求最大利润的过程。经济个体为了追求自身利益，通过有意识地寻求绕开政府管制的方法来对政府的限制做出反应，从而获取最大利润。事实上，规避已经被认为是合法的了。

由此，凯恩设计了一个制定规章制度的框架。在这个框架中，制定经济规章制度的程序和被管制人规避的过程是相互适用并且相互作用的。通过这个阶段逐步形成了比较成熟的和实用的规章制度。凯恩认为，因规避而产生的金融创新从来就是与货币信用历史联系在一起的。在过去，金融创新是对交换媒介的短缺和金融危机的反应，最为明显的例子是很早以前对《限制高利贷法》的规避，作为现代限制利率高限的先驱，《限制高利贷法》与美国 20 世纪 60 年代颁布的条例没有多大的不同。对《限制高利贷法》的规避是通过支付高于被允许利率以上的佣金或在贷款被给予前将少量余额存入贷款银行的方法实现的。对金融的控制和因此产生的规避行为是以辩证形式出现的。政府管制是有形的手，规避则是无形的手。许多形式的政府管制与控制实质上等于隐含的税收，阻碍了金融业从事已有的营利性活动和利用管制以外的利润的机会，因此，金融机构会通过创新来逃避政府的管制。金融企业对各种规章制度的适应能力是很强的。因为需求增长必须促进货币供给，扩大货币供给的过程可以采取"替代品"（即新金融工具）的形式来完成。但当金融创新危及金融稳定、政府不能按预定目标实施时，政府和金融当局又会加强管制。同时，不同于传统金融工具的“替代品”又会因为规避而不断产生。这样管制又将导致新一轮的创新。因此，静态均衡几乎是不可能存在的。管制与规避引起的创新总是不断地交替，形成了一个黑格尔式的辩证过程。以上两者相互作用的过程虽然有时滞阶段，但在这个阶段中，被管制者的适应能力增强，金融创新的效率也随之提高。这主要归因于现代科学技术进步所引起的被管制对象能力的提高和这些金融企业对于通货膨胀及其他的经济环境变异所产生的不稳定变得更警觉了。

凯恩的规避型金融创新理论主要是从外部环境制约影响的角度来认识金融创新行为，这个理论很敏锐地把握了一些金融创新行为的动因，并能得到客观实际的验证。如目前在美国银行界广为采用的货币市场存单、大额可转让定期存单、储蓄人存单等都是银行为规避政府当局的利率限制政策而采取金融创新的结果。这一理论的说服力是很强的。不过，规避创新理论似乎太绝对和抽象化地把规避和创新联系在一起，而漠视其他影响因素，例如制度学派提供的制度因素等，这不能不说是一个缺憾。

二、西尔柏的约束诱导型金融创新理论

西尔柏主要是从供给角度来探索金融创新的成因。西尔柏从寻求利润最大化的金融公司创新这个最积极的表象开始进行研究，由此归纳出金融创新是微观金融组织为了寻求最大的利润，减轻外部对其产生的金融压制而采取的“自卫”行为。

西尔柏认为，金融压制来自两个方面。其一，政府的控制管理。这种因外部条件变化而导致的金融创新要付出很大的代价。这里存在两种情况，一种情况是外部条件变化而产生的金融压制，使金融机构的效率降低，因此，金融机构必须努力通过创新来提高效率以弥补这部分损失；另一种情况是金融压制使得金融组织所付出的机会成本越来越大，创新是对金融压制的反应，其代价与压制所造成的机会成本增长是一致的，因此，金融机构通过逃避压制来尽量地降低其机会成本增加所带来的损失。其二，内部强加的压制。为了保障资产具有流动性的同时还有一定的偿还率，以避免经营风险，保证资产营运的安全，金融企业采取了一系列资产负债管理制度，其中有偿还期对称、各种资产运用比率等。这些规章制度，一方面确保了金融企业的营运稳定，另一方面却形成了内部的金融压制。两个方面的金融压制，特别是外部条件变化所产生的金融压制会使实行最优化管理和追求利润最大化的金融机构，从机会成本角度，以及金融企业管理影子价格与实际价格的区别来寻求最大程度的金融创新。这就是微观金融组织金融创新行为的诱因。

西尔柏的约束诱导型金融创新理论从本质上（即追求利润最大化）指出了金融创新的动因，其逻辑是，当内外部强加压制时，金融企业为寻求可达到的最大化利润，就会躲避压制，在此过程中就会产生各种创新行为。这一理论与凯恩的观点有相似之处，即重视外部环境的影响；但西尔柏指出，企业内在的压制措施也会使金融机构实行金融创新，其中利润动机是关键因素，显然比凯恩的理论更深入了一步。然而，金融创新活动并非金融企业的孤立行为，而是经济活动在金融领域内各种要素重新组合的反映。因此，这一理论也存在局限性，即其适用范围仅限于金融企业，而对其他与之相关联的市场及企业不适用，对由于宏观经济环境变化而引起的金融创新也不适用。

【拓展知识】

我国异常跨境资金流动的特点

当前，经济全球化和金融自由化快速发展，金融产品日趋丰富，金融交易更加便利，资本在全球配置和逐利已成为普遍现象。随着我国经济对外开放程度的不断提高，跨境资金流动规模成倍扩大，2009年通过国家外汇管理局国际收支统计监测系统申报的跨境收入和支出接近3 200万笔，国际收支交易规模达到3.6万亿美元。在正常的贸易投资活动中难免夹杂着部分异常跨境资金流动。同时，我国经济市场化程度不断深化，银行、企业、个人等市场主体的市场意识逐渐增强，对价格信号的变化更加敏感，以规避双险或套取收益为动机的交易行为有所增多。近年来，我国经济在世界范围内表现突出，人民币汇率出现一定程度的升值预期，国内外利率水平也存在差异，为一些套利资金提供了运作的空间，部分异常跨境资金的流动不可避免。

目前，我国的异常跨境资金流动在特征表现上不同于新兴经济体的“热钱”：一是主要通过合法合规的渠道流动。由于我国对跨境资本和金融交易仍有一定管制，异常跨境资金往往通过经常项目、直接投资、银行自营和个人等非管制渠道流动，而不会通过证券投资、外债等短期资本项目实现。二是大部分以长期投资方式存续。在我国经济长期高增长的前景下，人民币汇差、利差存在长期的套利空间，异常跨境资金一般不会快进快出，而是更加注重长远收益。三是许多套利资金的操作主体是境内机构。例如，国内商业银行通过调回境外资产，发放国内外汇贷款，获取国内更高的利息收益；境内机构通过境外上市或设立特殊目的的公司融资，将境外资金引入境内运用。四是一些资金的流入发挥了支持企业发展的作用。目前，我国投融资体制有待完善，许多企业尤其是中小民营企业融资较难，部分资金需要通过体制外民间融资（包括境外融资）解决，这在一定程度上弥补了国内投融资体制的不足，但需要规范和引导。总体来看，对异常跨境资金流动需要加强监测和分析，坚持疏堵并举、标本兼治，制定有针对性的政策措施，通过外汇、商务、海关、税务、工商、金融监管等部门联合监管，提高防控能力。

资料来源：安烨．货币银行学［M］．2版．上海：上海财经大学出版社，2010.

三、希克斯和尼汉斯的交易成本创新理论

交易成本创新理论是一种将降低交易成本作为金融创新动因的理论，也可称为交易成本型的金融创新理论，包含两层意思：①降低交易成本是金融创新的首要动机，而交易成本的高低决定金融业务和金融工具是否具有实际意义。②金融创新是对科技进步导致的交易成本降低的反应。在这里，交易成本主要是指买卖金融资产的直接费用，包括各方面转移资产所有权的成本、经纪人的佣金、借入和支出的机会成本等。希克斯和尼汉斯把交易

成本、货币需求与金融创新联系起来考虑，得出的结论是，交易成本是作用于货币需求的一个重要因素，而不同的货币需求则产生对不同类型金融工具的要求，交易成本的高低使经济主体对需求预期发生变化。交易成本降低的发展趋势使货币向更为高级的形式演变和发展，从而产生新的交换媒介和新的金融工具。总之，不断地降低交易成本就会刺激金融创新，改善金融服务。反之，金融创新的过程，就是不断降低交易成本的过程。

希克斯的交易成本创新理论侧重于从企业内部降低交易成本的动机来解释金融创新的成因，抓住了科技进步对金融创新的有效推动作用，以及电子技术在金融领域的广泛应用促进金融创新扩张的事实。20 世纪 70 年代以来，随着计算机技术应用而产生的自动转账服务、现金管理账户、超级可转让支付命令账户等都是科技进步、交易成本降低的结果。

交易成本创新理论将金融创新完全归因于金融微观经济结构变化引起的交易成本下降，是有一定局限性的。因为它忽视了竞争和外部经济环境变化等因素对降低交易成本的一定作用。简言之，交易成本型的金融创新理论单纯地用交易成本下降来解释金融创新的成因，把问题的内部属性看得过于简单。但从总体上讲，它仍不失为一种研究金融创新成因的有效分析方法。

四、韩农和麦道威的技术推进理论

韩农（T. H. Hannon）和麦道威（J. M. MeDowell）的技术推进理论认为，新技术的出现及其在金融方面的应用，是金融创新的主要成因，特别是电脑和电信设备的新发明在金融业的应用是金融创新的重大因素。

早期研究技术创新对经济发展贡献的是美籍奥裔著名经济学家熊彼特（J. A. Schumpeter）。1912年，熊彼特在《经济发展理论》一书中，首次提出了创新理论。他认为，创新就是建立一种新的函数，即把一种从来没有过的生产要素和生产条件的新组合引入生产体系。熊彼特把这种组合归为五种情况：①引进新产品或提供一种产品的新质量；②引进一种新技术或新的生产方法；③开辟一个新的市场；④获得原料或半成品的新的供应来源；⑤实行新的企业组织形式。

创新不同于发明，它是一个经济概念，而不是一个技术概念。熊彼特认为，创新可以通过模仿和推广来促进经济的发展。当一个企业通过创新而获得经济利益之后，其他企业会由于有利可图而进行模仿，继而在整个行业形成一股创新浪潮，使整个行业获得普遍的发展。一个行业的发展又会推动其他行业乃至整个社会经济的发展。创新浪潮的出现，会造成银行信用和生产资料的需求的扩大，形成普遍的经济高涨；当创新所带来的盈利机会趋于消失，企业对银行的信用和生产资料的需求就会减少，经济就会收缩。当新的创新浪潮出现，又会有新的经济高涨，高涨之后，又会有新的收缩。如此循环，社会经济便会不断向前发展。熊彼特关于新技术的发明、应用和推广是经济发展和企业循环的主要原因的论述，为金融创新理论及其发展奠定了理论基础，但未涉及金融创新，也没有研究技术创新对金融创新的贡献问题。

最早真正从技术创新角度研究金融创新问题的是韩农（T. H. Hannon）和麦道威（J. M. MeDowell）。经过实证研究，这两位学者发现，20 世纪 70 年代，美国银行业新技术的采用和扩散与市场结构的变化密切相关，因此认为新技术的采用是导致金融创新的主要因素。从金融学说发展史的角度考察，韩农和麦道威首次提出技术进步是促成金融创新的主要成因的观点。遗憾的是这两位经济学家的研究仅仅限于自动提款机，而未涉及电信设备方面的技术革新与金融业创新的相关性研究，如网上银行、Swift 系统等。韩农和麦道威的研究为进一步深化金融创新理论研究提供了基础，并拓展了更为宽广的空间。事实上，技术进步对金融创新的影响一直伴随着金融发展的全过程。近年来出现的信息革命应用于金融业，大大提高了金融服务的效率，降低了金融业的经营成本，并加速了金融全球化的进程。但是，技术进步的加快，在成为金融创新主要原因和素质基础的同时，也可能带来新的风险。

五、制度学派的金融创新理论

以诺斯等为代表的制度学派认为，作为经济制度的一个组成部分，金融创新实际上是一种与经济制度相互影响和互为因果关系的制度变革，这样，金融体系的任何制度变革都可视为金融创新。因此，政府行为的变化在引起金融制度变化的同时，实际上也带动了金融创新行为。例如，政府货币政策一般都要求金融稳定和防止收入分配不均，与此相伴的金融改革虽是建立了一些限制性的规章制度，但它的意义已经不是以往的“金融压制”，而是带有明显的“创新”特征。例如，1919年美国联邦储备体系和1934年联邦存款保险公司的建立，本是政府当局稳定金融秩序的管制性措施，但它们事实上导致了金融体系和金融机构的创新，一种全新的中央银行体系和存款保险机构得以建立起来，从而可将其视为一种典型的金融创新行为。

制度学派理论的特点在于抓住制度创新这一关键因素来探讨金融创新的成因，这是上述各理论流派所忽略的。众所周知，制度学派的一个优势在于它把成本-效益方式引入制度变革过程的分析，开创了一种新的经济分析方法，并显示出比其他分析方法更具有说服力。当然，建立新的金融制度本身就是一种创新行为的观点是值得商榷的。因为，在多数情况下，金融管制是金融创新的阻力和障碍，所以必须严格区分“金融管制”和“金融深化”这两个概念。作为金融管制的规章制度无疑是金融创新的对头。

六、格林包姆和海沃德的财富增长理论

财富增长理论认为科技的进步会引起财富的增加。随着财富的增加，人们要求避免风险的愿望增加，这促进了金融业发展，金融资产日益增加，金融创新便产生了。格林包姆（S. I. Greenbum）和海沃德（C. F. Haywood）在研究美国金融业的发展史时发现，科技的进步引起财富的增长，人们规避风险的要求随之增加，促使创新不断出现，金融资产日益增加。因此，财富的增长是金融创新和金融资产的需求增长的主要动因。

财富增长理论单纯地从金融资产需求或金融资产需求与供给相匹配的角度来解释金融创新的成因，无疑存在一定的片面性。当管制者出于“稳定”的目的，对金融业施加管理时，特别是在经济困难时期，管理更加严厉时，无疑会抑制因需求产生的创新动机。此外，该理论强调财富效应对金融创新的影响，忽略了替代效应，即利率变动对金融创新的影响。因此，无法用该理论解释 20 世纪 70 年代以后出现的金融创新。

七、米尔顿·弗里德曼的货币促成理论

米尔顿·弗里德曼（Milton Friedman）的货币促成理论认为，金融创新的出现主要是货币方面因素的变化所引起的。20 世纪 70 年代的通货膨胀率、汇率和利率反复无常的波动是金融创新的重要动因，金融创新是作为抵制通货膨胀、利率和汇率波动的产物而出现的。例如，20 世纪 70 年代出现的可转让支付命令账户（1972）、浮动利息债券（1974）、外汇期货（1972）、浮动利息票据（1974）、与物价指数挂钩的公债（20 世纪 70 年代中期）等对汇率与利率和通货膨胀具有高度敏感性的金融创新工具的出现，都是为了避免汇率、利率和通货膨胀率等货币因素造成的冲击，从而使人们在不稳定因素的干扰下获得相对稳定的收益。

货币促成理论的主要代表人物是货币学派的米尔顿·弗里德曼，他认为，20 世纪 60 年代，美国通货膨胀的加剧导致了1971年布雷顿森林体系的崩溃，美元与黄金的关系断裂，使世界上所有货币都直接或间接地建立在不兑现纸币的基础上。布雷顿森林体系的解体，拆除了政府实施通货膨胀政策的障碍，反过来又加剧了通货膨胀及其在世界范围的传播。通货膨胀和利率的频繁波动引起经济的不稳定，促使金融创新不断出现并形成要求放松金融管制的压力。

货币促成理论可以解释布雷顿森林体系解体后出现的多种转嫁汇率、利率和通货膨胀风险的金融创新工具和业务，但是对 20 世纪 70 年代以前的规避管制及 20 世纪 80 年代产生的信用和股权的金融创新则无法解释。

从这些理论的产生和发展来看，各种理论确实能说明一定时间和空间跨度下金融创新背后的生成机理，但都偏重于某个侧面。事实上，每一种创新都是多种因素作用的结果，而且在不同的时空条件下，各种因素所起的作用又有差异，这一点我们从金融发展的历史角度可以看得很清楚。金融创新是市场经济与金融业务发展到一定程度的必然结果。金融创新作为一种能对金融体制、货币政策机制等方面产生重大影响的重要经济现象，是在多种因素的诱发下出现的。

第二节　金融创新的内容

关于金融创新的内容，目前国内外学者对其分类和表述很多，而且极不一致。较为常见的是将金融创新分为四类：金融业务创新、金融工具创新、金融机构创新和金融市场创新。

一、金融业务创新

金融业务创新主要体现在商业银行的金融业务创新上，包括商业银行的负债、资产及清算业务的创新。

（一）负债业务创新

1. 大额可转让定期存单

大额可转让定期存单（CDs）是1961年由美国花旗银行首先推出的一种定期存款创

新，其面额在美国为 10 万美元以上，在日本为 5 亿日元以上。它与传统的定期存款有较大的区别：第一，传统的定期存款记名，不可转让，CDs 不记名，可流通转让；第二，传统的定期存款没有金额起点的限制，存款金额大小不限，CDs 有存款起点的限制，其票面金额为 10 万美元以上；第三，传统的定期存款可提前支取，但是提前支取会造成一定的利息损失，CDs 不能提前支取，但可以在二级市场上流通转让；第四，传统的定期存款通常以固定利率计息，CDs 可以采用固定利率计息，也可以采用浮动利率计息。

2. 可转让支付命令账户

可转让支付命令账户是1972年由美国的储蓄贷款协会推出的新型存款账户，这种账户的存款人可以开出可转让支付命令用于对第三者进行支付，实际上等于活期存款账户开出的支票，但存款人可以取得利息收入，因而又具有储蓄存款的性质。开立这种账户，商业银行既提供了支付上的便利，又使客户获得了利息，满足了客户对存款流动性和营利性的要求，从而吸引客户，扩大存款。这种账户类似支票账户，但又有不同点。所谓的可转让支付命令实际上等同于支票，可用来对第三者付款，但从票面上看，它只是支付命令，没有“支票”字样；银行按账户上的平均余额计息。该账户实际上是一种不使用支票的支票账户，它以支付命令取代了支票。

3. 自动转账服务账户

1975年，美国联邦储备系统的会员银行获准开办电话转账账户，即客户可以通过电话通知银行将其存在储蓄账户上的款项转移到活期存款账户上，并通过开立支票进行支付。1978年，电话转账账户进一步发展成为自动转账账户，其原理是客户可以同时在银行开立两个账户，一个是无息的活期存款账户，另一个是有息的储蓄存款账户。活期存款账户的余额可以象征性地为 1 美元，客户的平均存款平时放在储蓄账户中计收利息，需要支付的时候则转到活期账户上开出支票对外偿付。自动转账服务账户的诞生主要是针对联邦法律“不允许对活期存款付息”的规定，它可以使客户兼得活期账户和储蓄账户的双重优点。

4. 货币市场存款账户

货币市场存款账户由美国商业银行在1972年首创，是一种储蓄和投资相结合的账户，可以支付利息而没有利率上限，不属于转账账户。货币市场存款账户具有以下特点：①企业和个人均可开户，有存款限额规定，但起点不高，只需保留2 500美元的最低存款余额；②支付利息并无利率上限的限制，按货币市场利率随时调整；③向第三者支付时，不论签发发票，还是电话通知，每月不超过 6 次；④凡超过 10 万美元的存款，可得到联邦存款保险公司的保险。

5. 货币市场互助基金

货币市场互助基金是证券公司和互助基金会在美国经常推销的一种新型的信托投资。该基金的投资对象为国库券、大额存单及其他高质短期的金融资产。货币市场互助基金专门吸收小额储户，每户最低投资额一般为 500~1 000美元，具有分散风险、资金转移方便的优点。如果存款清算账户与支票存款账户上的资金超过某一金额时，可自动将多余金额转移到该基金之中。

6. 清扫账户

清扫账户是美国商业银行为改善对客户的服务、增强吸收存款的能力而设立的一种新型存款账户。在此账户内，如果存款超过一定的余额，超过的部分即可转入货币市场基金，按市场利率付息。这样，一方面，存款人可以享受到较高的利息收入；另一方面，银行既可以避开利率上限的规定，又可以防止资金从银行流失。

7. 协定账户

协定账户是一种在活期存款账户、可转让支付命令账户、货币市场基金账户之间自动转账的账户。客户与银行达成一种协议，授权银行可以将款项存在活期存款账户、可转让支付命令账户、货币市场基金账户中的任一账户上。对活期存款账户和可转让支付命令账户规定一个最低金额，超过最低金额的款项由银行自动转到货币市场基金账户，以获取较高的投资收益；如果不足最低金额，则由银行自动将货币市场基金账户上的部分款项转到活期存款账户或可转让支付命令账户，补足金额，以满足支付需要。

8. 股金汇票账户

股金汇票账户由美国信用协会创办，规定其会员存款可为其协会的股金立账，在支付时可以开出股金汇票对第三者进行支付，存款也按余额计息，这样，股金就成了活期存款，股金汇票则成了支票。这种账户实际上是一种既可使用支票又有利息收入的活期存款。

（二）资产业务创新

1. 银团贷款

银团贷款也称辛迪加贷款，是 20 世纪 60 年代末一种创新的贷款方式，在 20 世纪 70 年代迅速发展。银团贷款由牵头行牵头，若干家银行参与并按共同的条件向借款人提供贷款。借款人只需一次性向各家银行提供财务状况报告及各银团参与行所需的各种资料，与各家参与行谈妥借款条件，签署同一借款协议。银团贷款具有以下特点：①金额较大，少则千万美元多则上亿美元；②利率可以是固定利率，也可以是浮动利率；③期限长，最长可达 15 年；④风险分散，贷款银行可以避免对单个借款人承担过多的借款风险。

2. 可转让贷款合同

可转让贷款合同是为了转移信用风险和增强资产流动性而创新的贷款工具。最初贷款人的贷款承诺通过国际信贷二级市场转移给别人。具体做法是，原承诺贷款的商业银行发行与贷款总额相当且不低于规定额度的不同面值的可转让证券，证券上分别写明不同的偿还日期，并注明证券持有人享用获得原贷款协议规定的其他收益和利息。这项贷款业务实际上是通过发行证券向社会筹集资金用于贷款，而借款人通过这种方式所承担的利息较低。

3. 消费信用

消费信用是第二次世界大战之后发展起来的新的资产业务。从偿还期来看，消费信用可分为一次偿还的贷款和分期偿还的贷款，另外还有信用卡偿还。一次偿还的消费信用采取灵活透支形式，即由银行和客户约定一个透支额度，当客户开出的支票金额超过其账户金额时，透支约定立即生效；分期偿还的消费信用是近 20 年来商业银行十分重视的零售性的消费者分期付款信贷。消费信贷通常是以非抵押为基础，但也有例外，如汽车等一些耐用消费品贷款，它以购买对象作抵押，银行按其金额的一定比例发放贷款；消费信用卡既是一种支付和结算工具，又是一种特殊的消费信贷。消费信用卡可每月将购买东西的贷款一次偿还，也可每月偿还购买东西的贷款的一部分，然后再延期偿还其差额，同时，也可采取周转信用的方式来获取贷款。

4. 住房贷款

住房贷款业务创新的内容很多，主要有三大类。

（1）标准固定利率贷款。这种贷款有两种形式，即信用贷款和抵押贷款。信用贷款的资金来源于商业银行和其他吸收存款的金融机构，根据住宅建筑工程进度提供分阶段的短期资金。抵押贷款是一种以房地产作为抵押的贷款形式，银行取得抵押品的留置权，借款人同意分期偿还借款本息。

（2）浮动利率抵押贷款。这是以短期存款利率为基准的浮动利率放款方式。当市场利率变动时，发放住房贷款的银行或其他金融机构就根据规定的次数和市场利率浮动的幅度调整贷款利率或增加付款的金额和次数。

（3）可调整的抵押贷款。这是许多国家1981年开始实行的将调整利率、放款金额和到期日相结合的一种新的住房贷款方式，它与浮动利率抵押贷款有类似之处。其不同之处在于，利率可以按某些公开指数调整，但不允许用贷款银行成本计算的指数，可调整的依据还有放款金额的大小及放款期限长短等。

5. “一揽子”贷款证券化

“一揽子”贷款证券化是近 20 年来最大的金融业务创新之一，常用于抵押贷款。银行将一组贷款项目转让给某些专业金融机构，这些机构则通过发行长短期证券（大多数由政府背书）来获得作为贷款的资金。在这项贷款基础上发行的证券称为“转让所有权证券”，表示对抵押贷款的所有权。借款人将这笔抵押贷款的分期偿付金额提前偿还利息或按期支付利息给新证券的持有人。“转让所有权证券”将原来的缺乏流动性、非标准、非市场、只能为金融机构的部分资产记录的贷款变成了具有市场流动性的证券。

6. 组合性融资

组合性融资是一种灵活的融资方式，其种类较多，包括商业票据、银行承兑、短期现金预支、承诺贷款等。实际上，在贷款协议实施的过程中，借款人通常需要采取某几种融资方式来配合使用。商业银行和投资银行都可以开办该资产业务，以此来推动银行信贷市场和其他资产业务的发展。

7. 平行贷款

平行贷款是 20 世纪 60 年代初使用的一种新型贷款。其原理是不同国家两家公司经过协商以贷款形式向各自驻对方国家的子公司提供对等的本国货币，贷款期满，再由两个子公司分别向对方母公司归还所借货币。平行贷款最初由英国的银行和跨国公司所创，其目的是规避英格兰银行的资本管制，在客观上也起到了防范汇率风险的作用。目前跨国集团之间大多采用这种方式融资以防范风险。

8. 分享股权贷款

分享股权贷款是项目贷款的一种创新方式。贷款银行往往愿意接受低于市场利率，但以分享贷款项目股权作为补偿。分享股权贷款对于借款人而言，可以使其和贷款人共同分担项目各方面所涉及的风险。由于项目收益与产品定价有关，所以贷款协议内容中必须包括一些定价规定，以控制项目管理。贷款人有时会提出保险或其他补偿规定，以防范可能产生的政治风险。

（三）清算业务创新

1. 自动出纳机（ATM）

自动出纳机是计算机化的资金管理系统之一，是银行为客户提供的在银行营业处所之外办理存款、取款及资金划拨服务的工具。现代的自动出纳机不仅可以定期提款、不定额付款和接受存款，而且还可以鉴别钞票真伪等。自动出纳机的使用为银行节省了大量的工作人员，提高了银行的工作效率。

2. 自动电子支付系统

使用电子支付系统定期支付年金、工资、保险金是十分方便的。需要支付现金的企业将账务处理过程制成磁带，通过计算机输入银行，即可以利用自动电子支付系统进行支付，收款人则可以利用这个自动支付系统将已收的资金调入自动出纳机系统，然后再取款。

3. 信用卡

信用卡是一种在消费信用的基础上产生的非现金结算的金融工具，它是由银行发行的、专供使用者支付费用购买商品的一种信用证书。自 20 世纪 60 年代以来，信用卡在西方国家普遍发行，现在已经成为提供消费信贷的一种重要形式。信用卡按期限由发行银行分别与持卡人和各家承接信用卡的商店进行结算。信用卡的广泛使用，不仅减少了现金流通，而且使商业部门扩大了营业额，也使银行增加了利息和佣金的收入。

4. 电子计算机转账系统

电子计算机转账系统通过计算机系统和网络把几乎所有的银行通过各个子系统联结起来进行清算。它同传统的邮政转账系统相比，具有以下优点：①由两个系统，即邮政和银行的营运变为单纯的银行营运；②速度和效率成百倍地提高；③安全性加强，它可以取消过去为保密所采用的密押，直接用计算机语言传递；④信息流动性增强，通过对转账结算进行电脑处理，同时也实现了各种资产负债资料及双方共需情报的传递。

5. 环球银行金融电信协会（SWIFT）

环球银行金融电信协会是一个专门为国际银行业服务的通信系统，它使用标准的数据安排形式传递各种信息。通过此系统的信息不仅有资金往来的划拨，而且还有信用证的传递和有价证券的交割等业务。20 世纪 60 年代后期，国际银行业务迅猛发展，一些欧洲银行发现传统的电信通信速度较慢。为适应银行业务国际化的需要，1973年 5 月，环球银行金融电信协会在布鲁塞尔注册成立，1977年 5 月正式启用。当时参加的会员仅限于欧洲和北美 240 多家大银行，现在已发展到 60 多个国家、1 200多家金融机构参加。该协会实行会员制，各会员银行缴纳入会费、通信装备设置和有关费用后，即可享有该协会提供的专门通信服务。该系统具有严格的工作制度，并就收发电信制定了一套具有规范化的统一格式，使该电信网络具有直接、快捷、保密和可靠的优点。

6. 纽约同业电子结算系统（CHIPS）

纽约同业电子结算系统是以纽约的票据交换所为中心，由 100 多家银行参加的计算机网络，主要为国内外银行办理有关欧洲美元的交换和清算。通过这个系统的终端装置，可以把票据交换所和这个系统的所有银行的账户联系起来，进行非现金交易。1981年 8 月，纽约同业电子结算系统与纽约联邦储备银行达成协议，为其建立了一个特别的当日结算账户。每个营业日终了，纽约的各家银行通过此账户，利用联邦储备银行的电子收付网络进行最后的结算。通常情况下，营业时间为每天早上 7 点到下午 4 点。一旦发生特殊情况，纽约同业电子结算系统将向所有的成员行发出通知，指示它们推迟关机时间。为了保证资金的安全，纽约同业电子结算系统成员行都建立了信贷额度，在额度内进行正常的清算。如果超出此额度，成员行便可以拒绝进行收付，以维护成员行之间正常的清算往来。

7. 英国交换银行自动收付系统（CHAPS）

英国交换银行自动收付系统是1984年初在伦敦建立的使用电脑的收付系统。这个系统具有如下特征：①不设中央管理机构，各交换银行之间只有在必要时才进行合作；②各交换银行在规定营业时间内必须保持通道畅通，以便随时接受其他通道发来的付款传真；③付款传真一旦发出并经通道认收后，即使以后被证实这一付款指令是错误的，发报的交换银行也得在当日营业终了时保证向对方银行付款；④各交换银行必须按一致通过的协议办事。

二、金融工具创新

金融工具创新主要是指有价证券定价方法的创新及 20 世纪 80 年代以来出现的新的金融工具及融资方式。

（一）有价证券定价方法创新

传统的有价证券定价方法有两种，即固定利率定价法和浮动利率定价法。固定利率定价通常是一次性定价，在一段时期内一般不予改变，对可在市场上买卖的证券采取固定息票形式，即根据息票定期支付固定收益。浮动利率定价则是建立在市场利率指数的基础上的。对传统定价方法的创新就是围绕这两种基本定价方法进行的。

1. 固定利率定价法创新

固定利率定价法创新的金融工具主要有两类：一类是零息票债券（zero coupon bonds），这是先以不足值发行（即按照债券面值折价发行）、不要求定期支付利息、到期一次还本的长期债券；另一类是拆息票债券（stripped bonds），这是其息票与本金可分开进行交易的“可拆开”式债券，主要用于将固定利率债券转变为零息票债券或将各种债券的本金与息票拆开后重新组合。

2. 浮动利率定价法创新

在浮动利率票据基础上，以浮动利率定价法创新的金融工具主要有以下几种。

（1）利率上下限定价法。这是 20 世纪 80 年代欧洲债券市场开始浮动利率定价创新时最先采取的定价法，即发行债券时规定利率上下限，该定价法主要用于浮息证券。

（2）利率封顶和加环定价法的浮动利率票据。利率封顶浮动利率票据是指在发行时规定一个利率上限，利率下浮不受限制，但利率上浮到债权人与债务人事先确定的水平时，自动转换为固定利率债券，此后不再转换为浮动利率债券。加环浮动利率票据是指发行债券时既有利率上限也有利率下限规定，但比利率上下限定价的准固定利率票据具有更宽泛的上下限。

（3）转息浮动利率票据。这种票据的利率可由浮动利率转为固定利率。最初发行人按浮动利率票据发行，并与购买者商定一个固定利率。如果以后市场利率发生变动，低于商定利率时，根据投资人要求，可将浮动利率票据转换为商定的固定利率票据。

（4）错配浮动利率票据。错配的含义是息票期限与本票期限不同。息票期限短，本票期限长，资产期限利率弹性大，即期限的细微变化将引起利率的较大变化，错配定价方法利用这点使投资者获取较高的收益。

（5）逆向定价法。逆向定价法是息票收益率与市场收益逆向变动的一种票据定价法，这点与传统浮动利率票据恰好相反。这种定价法在票据发行时确定一个称为水准基点的高水平利率，再从水准基点减去当前市场利率，得出息票利率。这种票据被称为多头浮动利率票据，当投资者预期行市看涨时，选择这种票据会获取更大的收益。

（6）滚动定价法。这是滚动重定息票方式，是按比到期时转期更频繁的时间间隔来重新安排利率。例如，某种每 5~6 个月支付一次利息的债券，在 6 个月到期时，转期间隔可以在当前 6 个月利率的基础上把息票按月重新安排。

（7）上升和下降息票定价法。以上升息票定价的浮动利率票据包含根据已公布的时间表、随时间推移而上升的息票，由于是从低息票开始，这样债券是以它们存在期间的预期收益为基础折价发行的。上升息票债券与从事购置财产的筹资总是联系在一起的，上升息票反映了租金收入的预期增长。附有下降息票的浮动利率债券恰好相反，它对那些预期利率会随时间推移而下降、想增大其当前收入的投资者有吸引力。

（8）不加锁定价法。不加锁债券是 20 世纪 70 年代末的一个金融创新工具。它虽是浮动利率定价的债券之一，但当利率下降到低于某个特定基准点时，它会自动转换为固定利率形式债券。

（二）新的金融工具及融资方式

1. 欧洲票据信贷

欧洲票据信贷（Euro notes）是由借款人发行一系列短期票据而筹集中期资金的融资方式，欧洲票据信贷主要以美元和欧洲货币单位（ECU）发行。1984年底，欧洲票据信贷出现在欧洲货币市场，到1985年，其发行量已达 490 亿美元。欧洲票据信贷有三种主要方式：一是非承销欧洲商业票据（nonunderwriting eurocommercial paper，NEP）；二是多成分票据贷款（mutiple component facilities，MCF）；三是承销欧洲票据贷款，包括票据发行融资（note issuance facilities，NIF）和展期包销融资（revolving underwriting facilities，RUF）。

2. 展期包销融资

展期包销融资（revolving underwriting facilities，RUF）是一种介乎传统的辛迪加贷款和发行国际债券之间的融资方式。通常借款人要求获得长期资金，而贷款人却只愿意提供短期可转让贷款，这种长短之间的矛盾，可以通过在短期资金基础上提供中长期贷款加以解决，这样就满足了借贷双方的不同愿望，协调了他们之间的利益矛盾。

3. 票据发行融资

票据发行融资（note issuance facilities，NIF）是银行保证借款人在若干年内通过连续发行一系列短期票据获得中长期资金的融资方式。与浮动利率债券不同，这些票据可以灵活撤回。通常，借款人邀请一组银行对票据发行投标，或由单一机构负责安排票据发行。承销银行通过按时收购未出售完的票据（这相当于对发行人放款），或通过提供备用贷款，为借款人提供资金担保，同时银行可以随时在二级市场上出售持有的短期票据以保持一定的流动性。

4. 可转让贷款债券

可转让贷款债券（transferable loan issuance，TLI）是由贷款银行发行，卖给其他银行或债券投资者，其发行总额、期限、货币、利率都与原贷款相同的金融工具。贷款银行事先与借款人商定，通过发行债券出售贷款，证券持有者可凭券向原借款人收取本息。

5. 累进偿付贷款

累进偿付贷款（gradate payment loan）初期债务还本付息额规定得较低，甚至可能是负数，以后逐渐增大。这种贷款方式与上升息票定价法有类似特点，但也有本质区别，前者是贷款，而后者是有价证券定价发行。累进偿付贷款适用于项目筹资，因为项目收益和其偿还能力是随着项目建成及其经济效益上升而增大的。

三、金融机构和金融市场的创新

（一）金融机构创新

金融机构的创新表现在：①金融机构正在从传统的单一结构向集团化方向发展。银行持股公司是银行集团化的重要形式之一。所谓银行持股公司，是指一家公司控制了一定比例的银行股票，从而有权决定该银行的重要人事、营业政策和往来关系等事宜。目前，银行持股公司已成为现代银行的主要组织形式。②金融联合体的出现，它是一种能向顾客提供几乎任何金融服务的“金融超级市场”——欧共体国家试图建立的统一的金融市场就在此例。③金融业正在从提供单一金融服务向综合性金融服务方向发展。

1. 养老基金

养老基金是向社会退休人员、雇员、工会提供社会保险的基金组织。该基金的资金来源是参加基金的人员缴纳的款项。养老金有两种支付方式。①限定交款的支付方式，即参加养老金计划者在按计划交足养老金后，根据其所得收入决定支付养老金额。②限定福利交款的支付方式，即参加养老金计划者的养老金支付额是事先规定好的，表明这种养老金是一种既定的福利计划形式，如果完成计划交款额度，有足够的基金支付养老金，如果支付养老金的额度超过限定福利计划，则该计划设定的基金不足。养老基金分为私人养老基金和公共养老基金两种形式。私人养老基金是由银行的信托部门和人寿保险公司的养老基金经理人负责管理的一种基金，是由雇主为退休雇员提供的养老金，通常以基金负债形式存在。基金资产主要投资于股票和债券，且绝大部分为公司股票和债券。公共养老基金是一种社会保障制度，它涉及范围广泛，几乎包括所有被私人部门雇用的个人。基金来源于工人和雇主，工人的养老基金从工资中扣缴，雇主则缴工薪税。

2. 住房金融机构

在各国的金融体系中，住房金融机构是专业性较强的专门从事房屋融资的互助性非银行金融机构。其业务范围主要有：①鼓励房屋所有者储蓄；②通过实行免征税鼓励使用住房贷款；③充当政府分配住房建设资金的机构；④参与和发展住房融资市场。住房金融机构的负债业务主要是通过吸收存款来获得资金。一般而言，这些金融机构只承担零售性质的储蓄业务，但是20世纪70年代以来，为了鼓励房屋所有者储蓄，住房金融机构的负债业务多样化了。住房金融机构的资产业务主要是长期抵押贷款，这种资产业务对本国房屋建筑业有着举足轻重的作用。20 世纪 70 年代末放松金融管制以后，住房金融机构的资产业务也开始多样化了。它们一方面扩大建筑住房业务经营范围，另一方面经营大量个人购买房屋信贷和其他批发性金融业务。

3. 信用合作社

信用合作社作为一种非银行金融机构实质上与银行没有多大的区别。各个国家经济发展的不平衡决定了信用合作社具有不同的职能。一般而言，信用合作社可以分为两大类，第一类是作为农村金融机构直接服务于农业生产，第二类是作为本国中央银行直接实施货币政策的金融结构。两大类的区别是由各国政府对农业经济采取不同的扶持政策决定的。属于第一类信用合作社范畴的主要有日本和欧洲的一些国家，这些国家的信用合作社是以农业生产信用合作社、中小企业信用合作社、同业者信用合作社形式存在的。属于第二类信用合作社范畴的主要有德国、法国、荷兰、意大利、瑞典、加拿大、澳大利亚、美国等国家，这些国家之间因为金融体系的差异，信用合作社的组织结构也存在一定差异。

4. 邮政金融机构

邮政金融机构是充分利用邮政办事机构密度高、营业时间长和邮电部门电信网络广泛的有利条件经营储蓄和汇兑业务的非银行金融机构。其特点是：①负债来源于小额存款，开户较多，平均存款余额较小；②分支机构极多，因为邮政汇兑业务本来是作为邮电及电信服务的一部分来经营的，几乎每个邮局都可以办理汇兑和储蓄业务；③电子通信设备先进齐备，因为邮电系统本身需要十分先进和齐备的电子计算机系统，邮政金融机构可充分利用这些设备；④形成了有效的国际清算系统，在邮电机构中，世界各国自古就存在国际合作传统，这实际上也是国际清算系统的一种，它为邮政金融机构汇路畅通提供了极大方便。

5. 互助基金

互助基金是通过向个人投资者发行股票来筹措资金，用于购买证券的非银行金融机构，其通过发行大量小额股份筹集资金，然后再购买大量证券。在资产转化过程中，互助基金可以从推销员手续费中提取。互助基金大都采取多元化证券组合以降低证券交易成本，减少投资风险。起初，互助基金仅投资于普通股票，后来则进一步专业化，专营某种债券或专门投资于一些专业公司使基金资产运用趋向专业化。

互助基金组织形式一般分为两类。一类是“无定额基金组织”，这种基金的股份可以在任何时间予以兑现，兑现时价格与该基金资产价值挂钩。该基金股票在本基金组织的可兑现性决定了入股资金具有较高的流动性和相对稳定的营利性，因而其吸引力超过有定额基金组织；另一类是“有定额基金组织”，这种基金的资金来源是以第一次发行固定数额的不能兑现的股份为基础的。这些股份作为普通股在场外柜台交易，市场行情随着该基金所持有的股份价值波动。

6. 跨国银行

跨国银行产生于 19 世纪末，随着跨国公司国际金融联系的日益复杂化，银行依靠传统的国外代理关系从事国际业务已经不能满足生产和资本国际化迅速发展的要求，在这种背景下，跨国银行应运而生。跨国银行与一般银行相比具有以下三种特征。

(1) 跨国银行具有集中和扩散的决策系统。由于跨国银行的业务具有服从全球经营目标和全球战略一致的特点，大部分跨国银行采取集中统一的决策体系，即由总行主要负责人做出大部分国际信贷和其他业务决策，由有关职能部门负责人提出建议后予以执行。扩散型决策，即在国际业务方面大部分决策权授予直接同客户和市场打交道的业务部门负责人。

(2) 跨国银行形成了国际网络系统。第二次世界大战后，特别是20世纪60年代以来，现代跨国银行发展的结果是形成了三大网络，即国际金融中心、发达国家、发展中国家三大网络。

(3) 跨国银行具有国际银行的联合组织形式。跨国银行多侧重于综合经营，在扩展业务时总是遇到东道主庇护本国银行而带来竞争和挑战，这样必然促使跨国银行之间联合起来共同对付竞争对手。

(二) 金融市场创新

金融市场创新主要体现在金融期货、期权市场、互换市场、外汇市场等主要方面，前三种类型的市场已经在本书的第五章第五节做了介绍，这里重点介绍外汇市场创新的主要类型。

1. 可变式远期外汇交易

可变式远期外汇交易（the break forward）又称破约式远期外汇交易，由米兰蒙塔古银行（midland montego）首创，其具体做法是，交易双方签订远期外汇买卖合同，但允许期权打破它；规定一个固定汇率，低于此汇率时，客户不承担损失；规定一个破约汇率（break rate），一般由银行规定（也可由客户指定破约汇率后，银行再计算出固定汇率），客户可以打破原定交易，自己利用市场有利形势进行买卖，其损失只限于固定汇率与破约汇率之间的差额；期权保险费包括在远期汇率之内，不用另付。

2. 分利式远期外汇交易

分利式远期外汇交易（the participating forward）的“分利”，即银行与客户分享客户所获利益，这种交易把期权和远期外汇买卖结合起来，但它比可变式远期外汇交易更加灵活，最早由所罗门（Solomon）银行推出。

3. 圆筒式期权交易

圆筒式期权交易（the cylinder）是在汇率有利时，客户放弃部分应得收益，换取少付部分费用，而仍得到避免汇率风险的外汇交易方式，由花旗银行首创。其具体做法如下。

(1) 客户在买进一项期权的同时，卖出另一项同期限、同金额、但不同价格的期权，将买进期权应付的保险费与卖出期权应得的保险费相互抵消，实际只向银行支付少量保险费。

(2) 客户根据自己预备放弃多少收益和承担风险程度来调整买进期权和卖出期权的价格，并分别将其作为上限和下限。

(3) 买进期权仍受到协议价格保障，汇率低时，客户不承担损失。

4. 定幅式远期外汇交易

定幅式远期外汇交易（the ranged forward）是在圆筒式期权基础上演变而来的，它旨在将汇率波动限定在一定幅度或范围内，从而使客户在汇率涨跌不定的情况下仍能获得相对稳定的收益。它的特点和具体做法为如下。

(1) 双方签订合同，规定汇率波动的上限和下限。在上下限范围内，如果汇率上升，客户可受益；如果汇率下跌，客户可得到保障，免受损失。

(2) 客户选定合同期限和汇率上下限的一端，银行根据市场行情选定另一端，并把代客户支付的佣金差额也计人其中。

(3) 合同到期时，如果汇率在波幅之内，客户就按市场汇率买卖；如果汇率已经超越波幅，客户则按合同规定的上限或下限买卖。

5. 投标期间买汇期权

投标期间买汇期权（tender to contract option）是银行根据参加投标客户的特点而设计的一种外汇交易方式。在一般情形下，客户投标只有 1/5 的中标可能，如果采用普通远期外汇买卖方式，无论中标与否，都将获得到期的损益。而单纯外汇期权交易方式，当中标机会不大时，付出费用太多，不合算。银行推出的投标期间买汇期权克服了单独使用远期外汇交易方式或外汇期权交易方式的缺陷，使客户在参与投标的同时能有效地避免汇率风险。

6. 防止出口投标风险期权

防止出口投标风险期权（export tender risk avoidanee option）是由汉布罗斯银行首创的，其特点和做法是：①若客户中标，在市场汇率发生不利于客户的变动时，客户可以得到保护；②期权保险费事先必须交足，若未中标，银行退回一半保险费，但客户就放弃了因汇率变动有利而获利的机会。

7. 投标中分享权益的期权

投标中分享权益的期权（share currency option truder tender）是银行为了方便参加国际投标人分摊期权费用，这样投标人只需支付正常费用的一部分就能买到期权而获得保障，无后顾之忧地参加投标。无论哪个投标人中标，期权都自动属于中标人，以后中标人再按期权受益程度偿还未中标人所摊期权费用。假若未宣布中标结果或宣布结果时已超期权的有效期，那么投标人可按比例分享期权利益。

第三节　金融风险

金融自由化和金融创新活动给金融领域乃至整个经济体系和整个社会带来的最严重的问题就是金融风险的生长和蔓延。金融业在庆幸自由化和创新为其带来的巨大发展成果时，也为日益增长的金融风险和已爆发的金融危机痛心和担忧。防范和化解金融风险，已经成为当代各国政府高度重视的头号经济问题。面对日益严重的金融风险和频频发生的金融危机，各国政府和国际金融组织都开始高度重视金融安全问题。保护公众利益，保证金融体系的安全、稳定运行，被普遍提升到战略发展高度，其具体措施便是，以政府名义，在金融当局主持下，建立起全面广泛的金融监督管理制度。

一、金融风险的定义

金融风险，是指在金融活动中，由于各种随机因素的存在，使金融机构、投资者等参加金融活动的各个经济主体的实际收益与预期收益发生背离的不确定性或资产遭受损失的可能性。由于实际收益是由客观因素决定的，而预期收益则是一种主观期望，决定于人脑思维对信息的接受和处理能力，所以，金融活动者的实际收益与预期收益背离的可能性（即风险）有两种情况，一是带来额外损失，二是带来额外收益。人们通常所讲的风险实际上专指第一种情况。既然风险是一种主客观背离的可能性，那么，导致这种可能性发生的原因也无非有两个方面，一是客观经济和金融环境中的不确定性，二是金融活动者的主观预期受到有限信息和有限理性的约束。

由于金融活动的核心领域是银行和金融市场，所有的金融活动几乎都是围绕着银行的业务经营和金融市场的交易活动来展开的，所以通常说的金融风险实际上主要指的是银行业的风险和金融市场的风险。当然，对金融风险问题的具体研究往往都是针对某一个层面来说的。在微观层面上所说的金融风险，通常是指个别投资者或金融机构在投资或经营过程中发生资产或收益损失的可能性；在宏观层面上所说的金融风险，则是指银行业、金融市场或者说整个金融业存在或面临的风险，这种风险危及整个金融体系乃至国民经济的安全运行。

二、金融风险的主要特征

与发生在一般经济活动中的风险相比，金融风险有其自身的特点，主要表现在如下几个方面。

（一）扩散性

人们常讲，金融是现代经济的核心，银行是国民经济的神经中枢，这本是对金融业和银行作用的充分肯定，但是，从风险的角度看，金融业和银行的这种地位，恰恰决定了金融风险不同于其他经济风险的一个最首要和最显著的特征，即风险的扩散性或扩张性。发生于个别银行或金融机构的风险会迅速扩散到其他银行和金融机构，甚至波及整个金融体系；发生在金融领域的风险，会迅速蔓延到国民经济的各个部门、行业、企业、单位和个人，乃至殃及整个社会。银行等金融机构是凭借社会公众对它们的高度信任而经营货币资金业务的，通过银行信贷、证券经纪、结算、保险、信托、租赁等各种业务活动，国民经济中各种经济主体的生产、经营、消费等活动都被系在一根由货币资金运动来牵动的链条上，一旦发生局部的金融风险（如个别银行倒闭）就会立刻引起社会公众对金融机构的信任危机，诱发挤提风潮，使货币资金链出现断裂并产生相继破坏的“多米诺骨牌效应”。

（二）破坏性

金融风险一旦发生，不仅金融机构会蒙受经济损失，甚至破产倒闭，而且还会使客户和股东受到损失。由于金融机构与社会再生产过程是紧密联系在一起的，银行和金融市场组织连接着无数企业、家庭和个人，他们的投资、收益和风险与银行及金融市场业务活动息息相关。因此，金融风险的破坏性不仅仅表现在其给参加金融活动的主体所带来的经济损失，更重要的是它破坏了经济活动中业已形成的信用关系和资金配置秩序，当社会再生产各方面赖以正常运行的资金供给渠道受到破坏时，再生产活动就受到了重创。

（三）隐蔽性

银行等金融机构的活动是以信用为基础的，在信用的保护或掩盖下，它们可以进行大大超过其即期偿付能力的负债活动和资产经营。金融风险实际上往往在暴露之前就早已存在，只不过还没有突破社会公众的信任底线，收贷还存、借新还旧、以贷还息等信用循环过程仍能继续进行。这种在信用掩盖下的金融风险，在信用关系尚未受到冲击和破坏时，是不为人们所注意的，一旦由于某种特殊诱因或突发事件冲击和破坏了这种正常信用关系，使信用循环过程中断，金融风险便立刻暴露出来。

(四) 突发性

突发性是与隐蔽性特征相联系的。实际上，以高负债经营为特点的金融机构在任何时候都是存在风险的，就银行而言，只要发生大规模的客户挤提，其即期偿付能力肯定是远远不能抵御的。因此，金融风险的集中暴露往往都是某种偶发事件所导致的，而这种偶发事件是许许多多不确定因素随机组合的结果，人们可以通过各种各样的方法和措施去减少和防范金融风险的发生，但他们并不能知道金融风险到底会不会发生和什么时候在什么地方发生。突发性或偶然性的特点说明，金融风险是不可能被完全消除的，只要金融行业的高负债、高收益、高风险的经营特点不变，金融风险就随时可能发生。

(五) 可控性

虽然说金融风险常常是由偶发事件引起的，人们不可能完全消除它，但是，偶然性是寓于必然性之中的，人们可以从历史上众多的金融风险事件中寻求其发生的一般原因和规律，通过概率统计及现代化的技术手段来识别和预测风险，也可以通过建立严格的风险防范和管理制度最大限度地降低风险发生的概率并减少风险造成的损失。从一般经验看，在微观层面上，金融机构只要能自觉增加自有资本，减少风险资产，完善内控机制，就能大大降低风险发生的概率，也能增强抵御风险的能力；在宏观层面上，只要能加强监管当局的监管职能，并建立起有效的金融同业自律体系和存款保险制度等防范风险的机制，就可以起到遏制金融风险发生和阻止金融风险蔓延的作用。

三、金融风险的种类

从银行经营者和金融市场参与者的角度看，金融风险主要有如下几种。

(一) 信用风险

信用风险又称违约风险，是指在信用活动中，由于一方在合同期满后不能及时或根本无法履行合同而给另一方造成损失的可能性。通常主要指债务人不能履约而使债权人的本金和利息遭受损失的可能性，在特殊情况下，也包括债务人提前还款而给债权人带来的再投资的风险。就通常情况而言，信用风险是由债务人的意愿和能力这两大因素导致的。由意愿所致的信用风险是指债务人在财务状况正常和具备还款能力的情况下，缺乏履约诚意和应有的商业道德，有意隐瞒真实资信状况，以骗取债权人授信，使其蒙受损失；由能力所致的信用风险则是指债务人由于不可抗拒的财务状况恶化，如经营失败或市场环境剧变而导致的现金流收入阻断，无力偿还到期债务而给债权人造成损失。

(二) 流动性风险

流动性风险是指金融机构由于资金头寸安排不当，无力满足债权人提存和清算支付的要求，使金融机构信誉下降，甚至发生挤兑危机的可能性。存款性金融机构的经营是建立在高负债基础上的，其经营的安全性主要取决于存款人对它们的信任。一旦出现不利于金融机构的信息或环境而使存款人的预期心理普遍发生波动，就可能形成金融机构的流动性危机。金融机构在预防流动性风险时，通常是处在矛盾之中的，因为流动性压力的减轻，需要更多地安排无收益的现金资产或低收益的短期流动性资产，这与金融机构追求利润最大化的目标是相冲突的。

（三）利率风险

利率风险又称市场风险，是指在市场利率变化的情况下，由于金融机构的资产项目和负债项目利率没有随市场利率变化而调整或调整不当，而使其净利息收入减少或利息支出扩大而形成损失的可能性。在市场利率经常波动的情况下，金融机构只有准确掌握市场信息，科学判断市场利率变动的趋势和规律，正确安排利率敏感性资产和利率敏感性负债的结构，才能够有效防范利率风险。

（四）汇率风险

汇率风险是指因外汇市场汇率波动而给外汇投资者带来潜在损失或使其外汇投资的预期收益率下降的可能性。在汇率经常波动的情况下，在不同时点上买进或卖出特定的外币资产，就要承担汇率风险，其风险的大小取决于汇率波动幅度和外币投资者持有的将承受汇率风险的外币资产差额部分（又称为汇率风险敞口）。汇率风险还表现在，由于汇率波动而使经营外汇的金融机构由外币表现的资产、负债和权益，在折算成本和货币表示时发生改变，从而使经营绩效出现恶化的可能性。

（五）购买力风险

购买力风险又称通货膨胀风险，是指金融活动中的收入和本金因通货膨胀的存在而出现实际购买力相对于名义货币数量下降的可能性。当实际的通货膨胀率高于贷款人预期的通货膨胀率时，最终收回的贷款本金和利息的购买力就将低于贷款人贷出资金时所预期的购买力，这便是由通货膨胀的不确定性所导致的贷款人的损失。

（六）操作风险

操作风险又称经营风险，是指金融机构在经营活动中，由于决策失误、资产负债结构比例安排失当、过度使用金融衍生工具、内部管理失控等各种原因导致损失的可能性。

（七）政策性风险和国家风险

政策性风险是指由于国家宏观经济政策不合时宜或政府部门对金融机构的不适当干预，而造成金融业经营发展的政策环境恶化、收益下降或发生损失的可能性；国家风险是指拥有国外债权的金融机构，由于债务方所在国的政治、经济、社会环境等发生变化而导致债务人不能按合同偿还债务本息的可能性。

自 20 世纪 90 年代以来，相继爆发金融危机，金融风险问题成为世界各国普遍关注的热门话题。1992年，英国英镑和意大利里拉受到国际外汇市场上投资炒家的攻击，被迫退出欧洲汇率机制。1994年 12 月 20 日，墨西哥政府在外国投资者普遍信心动摇、撤走资本的压力下，被迫宣布新比索对美元贬值 15.3%，这一措施立刻在外国投资者中引起恐慌，资本外流势头更猛，墨西哥政府在两天之内就失掉了 40 亿~50 亿美元的外汇储备。1994

年12月22日，外汇储备几近枯竭，墨西哥政府又被迫宣布新比索自由浮动，几天之内新比索下跌了40%。1995年2月，英国老字号投资银行巴林银行，因其在新加坡的交易主管尼克·利森投机于日本股票期权市场失败而出现巨额亏空，公司进入清算状态，最后被一家荷兰银行收购重组。这是一场发生于国际大银行、源于金融衍生品投机和金融机构内部失控的特大金融风险。1997年7月2日，泰国中央银行宣布泰铢实行浮动汇率制，以取代泰铢对一篮子货币的固定汇率制，当天泰铢应声下跌20%。泰铢大幅贬值立刻引起金融恐慌，掀起了一股挤提银行存款、抢购黄金的风潮，由此点燃了金融危机的导火索。危机迅速向菲律宾、印度尼西亚、缅甸、马来西亚等国蔓延，很快演变为东南亚金融危机，后来又进一步波及韩国、日本、中国台湾和中国香港等国家和地区，危机的性质也逐渐开始由外汇市场货币危机演变为股票市场、期货市场、房地产市场等同受冲击的亚洲金融风暴。这场风暴不仅使亚洲许多国家经济遭受空前打击，也给世界各国经济带来不同程度的影响。实际上，在亚洲金融风暴肆虐之际，金融危机也在拉美各国拉响警报，危机已呈全球化蔓延趋势。

第四节　金融监管

一、金融监管的目的

从宏观上控制金融风险的最有效办法，就是以政府名义，在金融当局主持下建立起全面广泛的金融监督管理制度。金融风险对其直接承担者（金融机构或金融市场参与者）来讲，一些因素（如流动性安排、内部管理等）是可以通过自身经营管理的改善而消除的；而更多的另一些因素（如利率、汇率、通货膨胀、宏观经济政策、信用违约等）则来自外部，是风险承担者自身所不能清除或不能全部清除的。由这些因素导致的风险为系统性风险或整体性风险，它必须由来自宏观的力量进行控制。而且，通常情况下，个别金融机构的风险都不是孤立发生和存在的，风险的相互传递最终会使局部性风险演变为系统性风险，甚至酿成严重的金融危机。因此，无论哪种类型的金融风险，都会产生宏观控制和管理的要求。由一个国家（或地区）的中央银行或其他金融当局依据国家法律的授权对金融业实施监督和管理，简称金融监管。它开始于20世纪30年代后的经济和金融大危机之后，其核心目的在于保护公众利益，保证金融业的安全、稳定和效率。

【拓展知识】

西方国家金融创新的发展历程

20世纪70年代，随着布雷顿森林体系的瓦解，以新古典宏观经济学和货币主义、供给学派为代表的自由主义理论开始复兴，金融管制逐渐放松，西方金融业迎来了20世纪30年代大萧条之后最佳的创新机遇，金融创新达到了巅峰。以至默顿·米勒

(Merton Miller, 1986) 在回顾20世纪60年代中期到80年代中期的金融创新时写道:“在人类有记录的历史中，还有哪20年可曾见证过哪怕是相当于这20年中1/10的金融创新量?”

即便受到了20世纪80年代金融危机的影响，西方金融创新的脚步也丝毫没有减弱，1980—2001年，仅在公司证券领域就出现了多达1 836个证券品种 (Peter Tufano, 2002)。进入21世纪后，金融创新的脚步依然充满活力，但近年来的金融创新与1970年大量原创性的金融创新的爆炸式增长又呈现出不同的态势，其主要特点表现为：一是创新方式以衍生性为主、厚发性为辅。一方面是被誉为“20世纪最重要金融成果”(默顿·米勒) 的金融工程得到空前广泛应用，另一方面是基础性金融工具如基金、各类期权、互换等已被大量挖掘。二是信用类金融衍生产品大量出现，成为市场的重要组成部分，而且信用类金融衍生产品本身也在不断发展，早已不限于以信用保护为目的的两个交易对手之间进行交易的非融资类信用衍生产品 (unfunded credit derivatives)，如信用违约互换 (CDs)、全部收益互换 (TRS) 等，而是已经拓展出大量由金融机构或特殊目的机构 (SPV) 使用合成证券化技术发行的融资类信用衍生产品 (funded credit derivatives)，如债务抵押债券 (CDO)、信用连接票据 (CLN) 等。三是金融工具创新对经营模式创新的影响越来越大。四是产品复杂性大幅增加，同时带来了更大的风险和不确定性。

资料来源：李翰阳. 从全球金融危机看我国银行业金融创新的进一步发展问题 [J]. 载《金融研究，2009.

二、金融监管的内容

金融监管的主要内容包括以下几点。

(一) 市场准入和退出管理

市场准入管理包括两方面内容，一是对新设金融机构从业资格的规定和审批，如最低注册资本要求、金融服务基础设施、管理者的任职资格等；二是对申请者进入市场程度的规定和审批，即规定业务范围。市场退出管理是通过制定破产标准，让经营失败的金融机构依法得到清理，退出市场竞争，以保证金融业的正常市场秩序和效率。

(二) 价格限制

为了防止金融机构之间出现恶性的价格竞争，许多国家都曾规定过最高存款利率、最低贷款利率和最低手续费率。

(三) 资产流动性管理

为防止金融机构资金周转失灵而出现支付危机，各国金融当局都对金融机构的流动性资产占总资产的比例，或者流动性资产与流动性负债的匹配比例作出规定。

(四) 资本充足度管理

自有资本是金融机构信誉的基础，是抵御经营中潜在风险的重要保障，因此，金融当局要求金融机构必须保持充足的资本比率。为了统一各国商业银行资本充足度的衡量要求，国际清算银行于1988年7月在瑞士巴塞尔召开由美、英、法等12国中央银行行长参加的会议，通过了《巴塞尔委员会关于统一国际银行资本衡量和资本标准的协议》，即《巴塞尔协议》。《巴塞尔协议》主要有以下四个方面的内容：①资本的组成；②资产风险加权制；③最低资本充足率；④过渡期的实施安排。根据该协议，国际银行的资本构成分为“核心资本”和“附属资本”两个部分，国际银行的资本充足率应达到8%，核心资本充足率应达到4%。所谓“核心资本”包括银行的实收资本、公开储备、股票溢价，附属资本包括资产重估储备、普通准备金或呆账准备金以及次级长期债务等。除此之外，银行还对资产设立了风险加权制。1996年年初，为适应控制和管理市场风险的要求，巴塞尔委员会对1988年的《巴塞尔资本协议》做了修订，正式发布了《体现市场风险的资本协议修正案》，修订后的协议于1997年年底开始在成员国实施。协议将市场风险分为四类，利率风险、股票交易头寸风险、外汇风险和商品风险，并将其纳入资本充足监管的范围。1999年6月，巴塞尔委员会又提出了新的《巴塞尔协议草案》，该草案以资本充足率、监管部门监督检查和市场纪律为三大要素。经过几次修改，于2004年6月在十国集团的中央银行行长和银行监管当局负责人会议上公布了《资本计量和资本标准的国际协议：修订框架》，即《新巴塞尔协议》。《新巴塞尔协议》于2006年年底开始实施。《新巴塞尔协议》的监管思想包括三大核心内容：最低资本要求、外部监管和市场纪律。

（五）行为方式管理

为约束金融机构在追求利润最大化过程中的信用过度扩张行为，许多国家的金融当局对金融机构的业务活动都作出了限制性规定。例如，规定银行对某一行业或单一客户的贷款规模，限制银行向关联企业、银行董事、经理和职员等提供的各种“内部贷款”，要求银行对有问题贷款提取准备金，对银行涉足证券投资、外汇交易的种类和数额作出限制性规定等。

（六）保护性管理

金融监管除了对监管对象的市场准入、业务范围、行为方式等作出种种限制，以预防发生金融风险以外，还包括在监管对象即将或已经发生风险的情况下，采取保护性管理措施。保护性管理主要包括中央银行最后贷款人制度和存款保险制度。前者是指在商业银行面对存款人和其他债权人集中的支付要求，而其自身的短期筹资能力有限，清偿力发生较大困难时，中央银行负责向商业银行提供紧急资金援助，帮助其渡过危机。后者是指建立存款保险公司或存款保险基金，凡参加存款保险体系的投保商业银行，在资金周转出现严重困难时可得到保险基金的资金援助，在银行发生倒闭时，可由保险公司安排或直接接管，以保证存款人的利益受到最大限度保护。由于存款保险制度关系到大中小银行的利益关系调整，各国在实行这一制度时常常都具有各自的特点，有些国家和地区实行局部的强制性存款保险制度，有些国家和地区则始终没有法定的存款保险制度，而由银行业自发组织存款保险基金。

金融监管是与金融风险同生共长的。20世纪80年代以后迅速加快的金融创新、金融自由化、金融全球化和金融现代化，使各国的金融业进入了一个空前发展、繁荣和变革的时期，与此相伴随的则是金融风险的不断积累和金融危机的频频爆发，“金融脆弱”已不再是一个理论上争论的命题，而是一个被大量事实充分证明了的结论，并因此成为各国金融当局强化金融监管、提高监管水平的政策依据。从金融监管的发展过程和趋势看，一方面，随着金融创新与金融自由化、国际化、现代化水平的不断提高，原有的金融监管内容和方式等不断被修改或放弃，被新的内容和方式所取代，金融监管水平在不断地提高；另一方面，随着金融全球一体化进程的加快以及资金的跨国流动和跨国金融机构规模的不断扩大，各国在金融监管的目标、内容、方式等各主要方面，通过相互交流和合作，正逐渐趋于一致，国际组织在金融监管中的作用越来越受到各国的重视。1997年9月，由国际清算银行巴塞尔银行监管委员会正式公布的《有效银行监管核心原则》，对银行业的全方位风险监管提出了可供各国金融当局遵循的国际标准或原则，这些标准或原则已经和正在日益受到各国的重视，并且由此引发许多国家金融监管体制和模式的重大变化。

【课后习题】

1. 什么是金融创新？
2. 金融创新的内容有哪些？
3. 简述金融风险的主要种类。
4. 在金融创新的背景下，应如何实施有效的金融监管？

参考文献

［1］陈登峰．金融学基础［M］．大连：东北财经大学出版社，2015.

［2］胡俊霞．金融学基础［M］．上海：华东理工大学出版社，2015.

［3］李多全．金融学基础［M］．北京：北京交通大学出版社，2014.

［4］朱广其，吴义达．金融学基础［M］．合肥：安徽人民出版社，2014.

［5］董银霞．金融学概论［M］．北京：科学出版社，2019.

［6］艾永芳．金融学基础［M］．北京：清华大学出版社，2020.

［7］张伟芹．金融基础［M］.3 版．北京：中国人民大学出版社，2019.

［8］曾红燕．李绍昆．货币银行学［M］.2 版．北京：中国人民大学出版社，2017.

［9］朱耀明，宗刚．财政与金融［M］．北京：高等教育出版社，2015.

［10］许涛．超越：技术、市场与经济增长的历程［M］．北京：社会科学文献出版社，2018.

［11］曹龙骐，刘群，杨文.2015. 金融学案例与分析［M］.4 版．北京：高等教育出版社，2015.

［12］高鸿业．西方经济学（宏观部分）［M］.6 版．北京：中国人民大学出版社，2014.

［13］何宇．王增孝，周新竹．金融学概论［M］．北京：清华大学出版社，2016.

［14］黄达，张杰．金融学［M］.4 版．北京：中国人民大学出版社，2017.

［15］刘园．国际金融学［M］.2 版．北京：机械工业出版社，2016.

［16］安烨．货币银行学［M］.2 版．上海：上海财经大学出版社，2010.